中华泰山文库·著述书系

泰山风景名胜区管理委员会 编

赖非 著

僧安道壹

山东人民出版社·济南

图书在版编目（CIP）数据

僧安道壹 / 赖非著 . -- 济南 : 山东人民出版社，2024.6
（中华泰山文库·著述书系）
ISBN 978-7-209-14597-8

Ⅰ.①僧… Ⅱ.①赖… Ⅲ.①安道壹－人物研究 Ⅳ.①B949.92

中国国家版本馆CIP数据核字（2024）第112062号

项目统筹　胡长青
责任编辑　张艳艳　刘一星
装帧设计　武　斌　王园园
项目完成　文化艺术编辑室

僧安道壹
SENG ANDAOYI
赖　非　著

主管单位　山东出版传媒股份有限公司
出版发行　山东人民出版社
出 版 人　胡长青
社　　址　济南市市中区舜耕路517号
邮　　编　250003
电　　话　总编室（0531）82098914
　　　　　市场部（0531）82098027
网　　址　http://www.sd-book.com.cn
印　　装　天津裕同印刷有限公司
经　　销　新华书店

规　　格　16开（210mm×285mm）
印　　张　16.5
字　　数　275千字
版　　次　2024年6月第1版
印　　次　2024年6月第1次
ISBN 978-7-209-14597-8
定　　价　200.00元
　　　　　　　如有印装质量问题，请与出版社总编室联系调换。

立岱宗之弘毅

——序《中华泰山文库》

一生中能与泰山结缘，是我的幸福。

泰山在中国人民生活中有着广泛而深远的影响，人们常说"重于泰山""泰山北斗""有眼不识泰山"……在中国人心目中，泰山几乎是"伟大""崇高"的同义语。秉持泰山文化，传承泰山文化，简而言之，主要就是学做人，以德树人，以仁化人，归于"天人合德"的崇高境界。

自1979年到现在，我先后登临岱顶46次，涵盖自己中年到老年的生命进程。在这漫长岁月里，纵情山水之间，求索天人之际，以泰山为师，仰之弥高，探之弥深。从泰山文化的博大精深中，感悟到"生有涯，学泰山无涯"。

我学习泰山文化，经历了一个由美学考察到哲学探索的过程。美学考察是其开端。记得在20世纪80年代，为给泰山申报世界文化与自然遗产做准备，许多专家学者对泰山的文化与自然价值进行了考察评价。当时，北京大学有部分专家教授包括我在内参加了这一工作。按分工，我研究泰山的美学价值，撰写了《泰山美学考察》一文，对泰山的壮美—阳刚之美的自然特征、精神内涵以及对审美主体的重要作用，有了较深的体悟。除了理论上的探索，我还创作了三十多首有关泰山的诗作，如《泰山颂》：

> 高而可登，雄而可亲。
>
> 松石为骨，清泉为心。
>
> 呼吸宇宙，吐纳风云。
>
> 海天之怀，华夏之魂。

这是我对泰山的基本感受和认识。这首诗先后刻在了泰山的朝阳洞与天外村。

我认为泰山的最大魅力在于激发人的生命活力。我对泰山文化的学习，开端于美学，深化在哲学。两者往往交融在一起。在攀登泰山时，既有审美的享受，又有哲学的启迪（泰山自然景观和人文景观的结合，体现了一种天人合一的艺术境界）。对泰山的审美离不开形象、直觉，哲学的探索则比较抽象。哲学关乎世界观，在文化体系中处于核心地位，对人的精神影响更为深沉而持久。有朋友问我：能否用一个词来概括泰山对自己的最深刻的影响？我回答：这个词应该是生命的"生"。可以说，泰山文化是以生命为中心的天人之学，其内涵非常丰富，可谓中国文化史的一个缩影。泰山文化包容儒释道，但起主导作用的是儒家文化，与孔子思想有千丝万缕的联系。《周易·系辞下》中讲"天地之大德曰生"，天地生育万物，既不图回报，也不居功，广大无私，包容万物，这是一种大德。天生人，人就应当秉承这种德行，对于人的生命来说，德是其灵魂。品德体现了如何做人。品德可以决定一个人的人生方向、道路乃至生命质量。人的价值和意义离开德便无从谈起。蔡元培先生讲："德育实为完全人格之本，若无德，则虽体魄智力发达，适足助其为恶，无益也。"

"天行健，君子以自强不息；地势坤，君子以厚德载物。"这两句话深刻地体现了"天人合德"的思想。学习泰山文化要与时代精神相结合。泰山文化中"生"的精神对我影响很大，近四十年，我好像上了一次人生大学，感到生生不已，日新又新，这种精神感召自己奋斗、攀登，为人民事业做奉献。虽然我已经97岁，但生活仍然过得充实愉快，是泰山给了我新的生命。

泰山文化是中华民族优秀传统文化的主要象征之一，是我们民族文化的瑰宝。在这方面，历史为我们留下了浩瀚的资料，亟待整理。挖掘、整理泰山文化，是推动中华优秀文化遗产的创造性转化、创新性发展的迫切需要。

日前，泰山风景名胜区管理委员会的同志来舍下，告知他们正在编纂《中华泰山文库》。丛书分为古籍、著述、外文及口述影像四大书系，拟定120卷本，洋洋五千万言，计划三到五年完成。我听了非常振奋！这是关乎泰山文化的一件大事，惠及当今，功在后世，是一项了不起的文化工程。我对泰山风景名胜区管理委员会领导同志的文化眼光、文化自觉、文化胆识和文化担当，表示由衷钦佩；对丛书的编纂，表示赞成。我认为，编纂《中华泰山文库》丛书，将其作为一个新的文化平台，重要意义在于：

　　首先，对于泰山文化的集成，善莫大焉。关于泰山的文献，正所谓"经典沉深，载籍浩瀚"（刘勰《文心雕龙》）。从大汶口文化时期的象形符号，到文字记载的《诗经》，再到二十五史，直至今天，在各个历史阶段都不曾缺项。一座山留下如此完整、系统、海量的资料，这是任何山岳都无法与其比肩的，在世界范围内也具有唯一性。《中华泰山文库》的编纂，进一步开拓了泰山文化的深度和广度，对于古今中外泰山文化资料及研究成果的发掘、整理、集成、保存，都具有无与伦比的综合性、优越性和权威性，可谓集之大成；同时，作为文化平台，其建设有利于文化资源和遗产共享。

　　其次，对于泰山文化的研究，善莫大焉。文献资料是知识的积累，是前人智慧的结晶，是文化、文明的成果。任何研究离开资料，都是无米之炊。任何研究成果都是建立在资料的基础上。同时，每当新的资料出现，都会给研究带来质的变化。《中华泰山文库》囊括了典籍志书、学术著述、外文译著、口述影像多个门类，一方面为学术研究提供了所必需的文献资料，大大方便了研究者的工作；另一方面，宏富的文献资料便于研究者海选、检索、取舍、勘校，将其应用于研究，以利于更好地去伪存真、去粗取精，提高研究效率和研究质量。

　　再次，对于泰山文化的创新，善莫大焉。文化唯有创新，才会具有更强大的生命力。所以说，文化创新工作永远在路上。新时代泰山文化的创新，质言之，泰山文化如何引领新时代的精神文明，服务于新时代的精神文明建设，是一个重大课题。就其创新而言，《中华泰山文库》丛书的编纂本身就是一种立意高远的文化创新。它有目的、有计划、有系统地广泛征集、融汇泰山文献资料，集腋成裘，聚沙成塔，夯实了泰山文化的基础，成为泰山文化创新的里程碑。另外，外文书籍的编纂，开阔了泰山走向世界、世界了解泰山的窗口，对于泰山更好地走向世界、融入世界，具有重要的现实意义。而口述泰山的编纂，则是首开先河，把音频、影像等鲜活的泰山文化资料呈现给世人。《中华泰山文库》的富藏，为深入研究泰山的文化自然遗产，提供了坚实的物质保障。

　　最后，对于泰山文化的传承，善莫大焉。从文化的视角着眼，随着经济社会的发展变革，亟须深化对优秀传统文化重要性的认识，以进一步增强文化自觉和文化自信；通过深入挖掘优秀传统文化价值内涵，进一步激发其生机与活力；着力构建优秀传统文化传承发展体系，使人民群众得到深厚的文化滋养，不断提高文化素养，以增强文化软实力。毋庸讳言，《中华泰山文库》负载的正是这样一个优秀传统文化传承发展体系。如

　　上所述，集成、研究、创新的最终目的，就是为了增强泰山文化的生命力，祖祖辈辈传承下去，延续、共享这一人类文明的文化成果。这是一个民族兴旺发达的源泉所在。《中华泰山文库》定会秉承本初，薪火相传，继往开来。

　　更为可喜的是，泰山自然学科资料的整理和研究，也是《中华泰山文库》的重要组成部分，无论是地质的还是动植物的，同样是珍贵的世界遗产。

　　中国共产党第十九次全国代表大会报告中指出："文化自信是一个国家、一个民族发展中更基本、更深沉、更持久的力量。必须坚持马克思主义，牢固树立共产主义远大理想和中国特色社会主义共同理想，培育和践行社会主义核心价值观，不断增强意识形态领域主导权和话语权，推动中华优秀传统文化创造性转化、创新性发展，继承革命文化，发展社会主义先进文化，不忘本来、吸收外来、面向未来，更好构筑中国精神、中国价值、中国力量，为人民提供精神指引。"这是我们编纂《中华泰山文库》丛书工作的指南。

　　编纂《中华泰山文库》丛书是一项浩繁的文化系统工程，要充分考虑到它的难度、强度和长度。既要有气魄，又要有毅力；既要正视困难，又要增强信心。行百里者半于九十，知难而进，迎难而上，才能善始善终地完成这项工作。这也是我的一点要求和希望。

　　值此《中华泰山文库》即将付梓之际，泰山风景名胜区管理委员会的同志嘱我为之作序，却之不恭，写下了以上文字。我晚年的座右铭是："品日月之光辉，悟天地之美德，立岱宗之弘毅，得荷花之尚洁。"所谓"弘毅"，曾子有曰："士不可以不弘毅，任重而道远。仁以为己任，不亦重乎？死而后已，不亦远乎？"故而，名序为：立岱宗之弘毅。

杨辛
2018年7月

目 录

绪　论

一

　　为了宣传、校勘、保存经典文献，把文献镌刻在石头或摩崖石壁上，这种做法在我国已有久远的历史。大约在西周末春秋初期的秦襄公时期（前772～前766），秦国即刻了《石鼓文》。后来，官方数次组织儒家经典的大规模镌刻①，对我国文化的保存与发展起到了重要作用。《石鼓文》的镌刻是为了保存文献，千年不灭。儒家刻经则是为了正订儒生们传抄经典时出现的谬误，使天下儒经流传有则。然而未曾想到的是，它对佛教刻经在中国的出现乃至形成时风，竟产生了直接而深远的影响。

　　佛教徒们将佛典写刻在石柱、摩崖或石窟内，最早可以追溯到印度阿育王（前？～前232）时代。阿育王是孔雀王朝的第三代国王，公元前271年即位，在位期间大力扶持各种宗教，尤其注重佛教的传播与发展。他为了推广佛法，在全国各地颁布了一系列法敕，并把重点文句刻在摩崖石壁、石柱或石窟

---

　　①　相传西汉平帝元始元年（1），王莽（前45～23）曾命甄丰（？～10）将《易》《书》《诗》《左传》摹刻于石上，如属实，当为儒家经典刻石之始。有实物可考的儒家刻经有：一、东汉灵帝熹平四年（175），蔡邕（133～192）主持刊刻并亲自书写的"熹平石经"；二、三国魏齐王曹芳（232～274）正始年间（240～249），用古文、篆、隶三种字体书刻的"正始石经"（亦称"三体石经"）；三、唐文宗（809～840）开成二年（837），用楷书写刻的"开成石经"；四、五代后蜀王孟昶（919～965）广政元年（938），命毋昭裔（生卒年不详）督刻的楷书"蜀石经"；五、北宋仁宗（1010～1063）嘉祐六年（1061），用篆、隶二体书刻的"北宋石经"（亦称"嘉祐石经""二体石经"）；六、南宋高宗赵构（1107～1187）御书刻制的"南宋石经"；七、清乾隆五十八年（1793）刊刻的"清石经"。见顾炎武：《石经考》，万斯同：《汉魏石经考》，张国淦：《历代石经考》等著作。贾贵荣辑：《历代石经研究资料辑刊》（全八册），北京图书馆出版社2005年版。

内①，其内容大多是提倡佛法、推行佛教、劝导行善布施的。法敕中提到七种佛经的名称——《说初转法轮四谛经》《种经》《当来经》《牟尼经》《那罗迦经》《舍利弗经》《教诫罗睺罗庵婆檗林经》，要求僧徒们必须经常诵念。在已有经文但还没有书写长篇文章的载体材料时，写刻在石壁上的法敕文典，不失为当时宣传佛教的最好办法。虽然费工费力，但却很受欢迎。②

两汉之际，佛教传入中国，至东汉末期，已有不少从印度、西域来的僧人抵达洛阳，从事佛经翻译。从汉末到东晋十六国时期（3～6世纪），大量佛经的翻译及其传诵，提升了佛教的影响，加快了佛教在社会各阶层的传播，当然也活跃了佛教在汉土讲经、祭祠、法会、持斋、施舍、供养等一系列活动。

佛教徒们将佛、法、僧视作佛教"三宝"，是至高无上的供奉圣物。北凉昙无谶（生卒年不详）译《大方等大集经》卷三十一曰：

> 所有众生修立塔庙供养众僧，求无尽身无苦恼身，所作供养，皆作生身法身。生身供养者即是塔像，法身供养者书写读诵十二部经。③

"三宝"之中，法身尤重。隋费长房（生卒年不详）《历代三宝记》卷第十五云：

> 论益物深，无过于法。何者？法是佛母，佛从法生。三世如来皆供养法。故《胜天王般若经》云："若供养法，即供养佛。"是知法教津流，乃传万代。④

---

① 摩崖法敕见于以下地方：（1）印度河口以南附近的吉纳尔；（2）尼泊尔西部的卡尔西；（3）印度河上游的沙巴兹加希和曼塞拉；（4）东海岸的道利和乔加达；（5）孟买以北海岸的索帕拉。小摩崖法敕分布在拜拉特、卢普纳特、沙哈斯拉姆、西达普拉和马布拉等地。石柱刻七章法敕和普通法敕。现存完整的石柱法敕在劳里亚南丹加尔，石柱直接埋在土中，无柱础、台基，柱面刻敕文。石窟法敕7～8处，如比哈尔邦加雅县的巴拉巴尔石窟。参见国家文物局教育处：《佛教石窟考古概要》，文物出版社1993年版，第179～182页。

② 国家文物局教育处：《佛教石窟考古概要》，文物出版社1993年版，第177页。

③ 《大正藏》第三十一卷第214页中。

④ 《大正藏》第四十九卷第120页中。

为了佛法的供养与传播，僧侣们抄写了大量佛经卷本，还将其中的警句直接书写在洞窟崖壁上。既可作为禅观时供奉，也供禅观时诵读。甘肃永靖县炳灵寺169号窟内，即保存了一篇西秦乞伏炽磐建弘元年（晋元熙二年，420）用墨书写的佛经[①]。它是我国现存最早的石窟崖壁写经，也是后来出现的大量石刻佛经的源头——先写后刻，刻经来自写经。

二

现有资料表明，河西走廊、新疆一带出土的公元五世纪初北凉时期的小石塔刻经[②]，是我国佛教刻经的最早实物。目前统计，流传至今、包括早年流失到国外的，共发现14座。其中有纪年的7座，无纪年的7座[③]。北凉石塔由基座、塔身、覆钵、相轮、宝盖五部分组成，其中塔座上刻发愿文及施主姓名，覆钵下造佛像，塔身上刻经文，内容皆为《佛说十二因缘经》。

这些小石塔无不出土在寺院遗址中，故而人们认为，它原本是寺院殿堂或

---

① 佛经与西秦乞伏炽磐建弘元年（晋元熙二年，420）造像题记比邻，内容为《佛说未曾有经》。书写面积高38至75厘米，宽180厘米。53行，最后9行为写经发愿文。其下部字迹均残失，年款处有一"建"字，专家们推想亦是"建弘"年号。见甘肃省文物工作队、炳灵寺文物保管所编：《中国石窟·永靖炳灵寺》，文物出版社1989年版，第185页；董玉祥：《炳灵寺石窟第一六九窟内容总录》，《敦煌学辑刊》总10期，第155页。

② 史岩：《酒泉文殊山的石窟遗迹》，《文物参考资料》1956年第7期；觉明居士：《记敦煌出土六朝婆罗迷字因缘经经幢残石》，《现代佛学》1963年第1期；王毅：《北凉石塔》，《文物资料丛刊》1977年1期；《沿着古代丝绸之路》，纽约大都市艺术博物馆1982年版；宿白：《凉州石窟遗迹和"凉州模式"》，《考古学报》1986年第4期；殷光明：《敦煌市博物馆藏三件北凉石塔》，《文物》1991年第11期；殷光明：《美国克林富兰艺术博物馆所藏北凉石塔及有关问题》，《文物》1997年第4期。

③ 已发现的小石塔有：敦煌□吉德石塔（干支丙寅），酒泉马德惠石塔（承阳二年427），酒泉高善穆石塔（承玄元年，428），酒泉田弘石塔（承玄二年，429），酒泉白双旦石塔（缘禾三年435），敦煌索阿后石塔（缘禾年433～441），酒泉程段儿石塔（太缘二年436），武威石塔，酒泉残塔段，敦煌沙山石塔，敦煌王翼坚石塔，敦煌岷州庙石塔，吐鲁番宋庆石塔，吐鲁番小石塔。以上根据殷光明的统计，见其所著《北凉石塔研究》，台湾·财团法人觉风佛教艺术文化基金会2000年版。

禅室内的供奉之物①。其用途，对于世俗施主们来讲，"他们造塔是为了做功德，造福田"②，而对于寺院来说，施主们施舍而来的石塔，主要用作信仰者礼拜供养、禅行观像之用。《大般涅槃经》卷八《如来性品第十二》曰：

> 若欲尊重法身舍利，便应礼敬诸佛塔庙，所以者何？为欲化度诸众生故，亦令众生于我身中起塔庙想礼拜供养。如是众生以我法身为归依处。③

既造像又刻经的北凉小石塔，显然是将"生身供养"（观塔、像）与"法身供养"（书写、读诵佛经）结合在了一起。礼拜供养佛塔，实际上就是礼拜供养佛、法、涅槃。

造像塔外，新疆还出现了碑刻佛经，如光绪三十四年（1908）在吐鲁番厅北120里木头沟发现的《金刚经》碑。碑无年号，访查者判定为北魏时期的遗物④。如属实，当是我国最早的刻经碑作品。

北魏熙平时期（516～518），至北齐河清期间（562～564），随着佛教由西向东力度愈来愈强的传播与渗透，刻经与造像也在东部一带迅速兴起。黄河中下游的山西、河南、河北、山东4省区，陆续出现了碑刻佛经与摩崖佛经。洛阳龙门莲花洞率先刻《般若波罗蜜多心经》（节录），被认为我国"石窟刻经之始"⑤。后来的调查证明这一说法有误，但此时刻经的存在则是真实的。洛阳古

---

① 殷光明：《北凉石塔研究》第五章，台湾·财团法人觉风佛教艺术文化基金会2000年版。

② 如高善穆是为"十种父母报恩"，马德惠是"为父母报恩"，田弘是为"父母君王报恩"，□吉德是"为七世父母、兄弟宗亲，及一切众生共成无量道"，程段儿是为"成无上道"，索阿后、王翼坚是为"成最正觉"，白双旦是为"值遇弥勒"而造。总之，皆是为"现世报恩"，"来世成佛"。

③ 《大正大藏经》第12卷第385页。

④ 王树枏：《新疆访古录》卷一："北魏金刚经残碑：碑出吐鲁番厅北一百二十里木头沟，光绪三十四年，土人掘地得之。碑高二尺余，宽二尺五寸，厚一尺。共二十二行，行二十三字。书法秀逸，的是北魏时笔意。同知曾炳熿移庋厅署中。"《石刻史料新编》，台湾·新文丰出版公司印行，第二辑第15册，第11489页。

⑤ 国家文物局教育处：《佛教石窟考古概要》，文物出版社1993年版，第135页。宫大中则认为此经"落款武则天'久视元年（700年）八月廿一日皇甫元亨□□经'"。见宫大中：《龙门石窟艺术》，上海人民出版社1981年版，第102页。

代石刻艺术博物馆收藏的一件造像刻经碑，碑阴及碑侧刻《不增不减经》，是目前所见最早的造像刻经碑①。河南博爱青天河北魏永平二年（509）镌刻的造像刻经摩崖《妙法莲华经·普门品》，被看作摩崖刻经之始。②造像刻经位于河南省博爱县青天河水库上游丹河大峡谷"大石佛"身上，造像刻经距河面80米，刻在一高1.2米、宽1.5米的自然岩石面上。崖面中央刻观音像，像之右刻"妙法莲华经普门品第廿四"11字，又刻题记及施工将领人名。经文魏书，5行，行10～28字不等，共99字。

　　从北齐天保年间（550～559）开始，刻经作品迅速增多。天保元年（550），山西凤台县周村广福寺刻《大威德经》。天保三年（552），山西辽州（今左权县）刻《华严经》③。天保十年（559），河南辉县通玄寺刻《妙法莲华经》碑④。乾明元年（560），安阳小南海龟盖山南麓中窟外刻《大般涅槃经·圣行品》与《华严经偈赞》。⑤太宁、河清期间，灵泉寺司徒公娄叡（生卒年不详）刻《华严经》碑⑥。又有《华严经偈赞》碑与《无量义经·德行品偈》碑⑦，刊刻时间也不出太宁、河清（561～564）前后。此外还有山西绛州龙兴宫、河南卫辉市香泉寺、新郑卧佛寺、新城县都有刻经作品问世，时间大约也在此阶段，或去此不远。

　　从北齐天统（565～569）至北周灭亡，前后15年的时间，是我国佛教徒们大规模的刻经时期。主要出现在两个地区：一是北齐邺都近畿，二是山东泰峄山区。

　　邺都近畿以邯郸市峰峰矿区鼓山石窟、滏山石窟和涉县中皇山崖壁洞窟刻经规模最大⑧。鼓山石窟（又名北响堂寺）南洞窟内前壁刻《无量义经·德行品》，南洞窟前廊刻《佛说维摩诘经》，南洞窟外右壁刻《佛说弥勒下生成佛

---

① 宫大中：《洛阳魏唐造像碑摭说》，《文物》1984年第5期。

② 李福顺：《河南发现北魏摩崖石刻》，《中华文化画报》2002年第5期。

③ 《山西通志》卷九十七。

④ 顾燮光：《河朔新碑目》。

⑤ 武亿：《安阳金石志》；李裕群：《邺城地区石窟与刻经》，《考古学报》1997年第4期。

⑥ 武亿：《安阳金石志》；陆增祥：《八琼室金石补正》卷二十一。

⑦ 武亿：《安阳金石志》；陆增祥：《八琼室金石补正》卷二十二。

⑧ 据李裕群调查成果。见李裕群：《邺城地区石窟与刻经》，《考古学报》1997年第4期。

经》，又刻《胜鬘师子吼一乘大方便方广经》、《佛说字经抄》。南洞窟外左壁刻《无量寿经》"优波提舍愿生偈"，南洞前廊左侧角廊柱刻《佛说佛名经》（二十五佛），南洞窟顶左侧刻《摩诃般若波罗蜜经》（十二部经名），南洞窟顶左侧刻"大圣十号"，又刻《现在贤劫千佛名经》。半山腰刻《大般涅槃经·狮子吼菩萨品》。其中，《维摩诘经》《胜鬘经》《字经》《弥勒成佛经》为晋昌王唐邕捐资镌刻的。"起天统四年三月一日，尽武平三年岁次壬辰五月二十八日。"①工程持续了4年另2个月。

滏山石窟（又名南响堂寺）主要有7个洞窟，分上下两层。下层第1窟右壁和前壁刻《华严经》之《四谛品》、《光明觉品》、《明难品》、《净行品》，下层第2窟前壁窟门左侧刻《文殊般若波罗蜜经》卷下节文，又刻《大集经·海慧菩萨品》节文，后壁隧道刻《摩诃般若波罗蜜经·法尚品》，左、右、后三壁龛柱上刻《妙法莲华经·化城喻品》（十六佛名）。上层第4窟左、右、前壁刻《妙法莲华经·观世音菩萨普门品》，窟外上方刻《文殊般若波罗蜜经》卷下节文，又刻《大般涅槃经·圣行品》"诸行无常偈"。

涉县中皇山刻经在南、北洞窟内及娲皇宫梳妆楼后摩崖石壁上。刻《十地经论》《深密解脱经》《佛说思益梵天所问经》《佛说盂兰盆经》《佛垂般涅槃略说教诫经》《妙法莲华经·观世音菩萨普门品》等。

此外，邺都近畿小规模刻经还有：涉县木井村宝云寺北齐武平二年（571）刻《观世音经·普门品二十四》与《大般涅槃经·圣行品》"诸行无常偈"碑一通。武平四年（573）刻《佛垂教诫经》与《观世音经·普门品》碑一通。河南林州涧乡南庵沟洪谷寺千佛洞北齐武平五年（574）刻"赞佛偈语"，后嵌《金刚经》②。鼓山水峪寺石窟造像《题记》称造有《法华经》一部。③

山东泰峄山区的刻经最早出现在东魏时期，天平四年（537），曲阜圣果寺造释迦像，于碑阴刻《金刚经》。武定二年（544），济南历山黄石崖开窟

---

① 河北省邯郸市峰峰矿区鼓山石窟寺《晋昌郡公唐邕刻经记》。

② 任崇岳：《安阳》，中国历史文化名城丛书，第33页。

③ 马忠理：《邺都近邑北齐佛教刻经初探》，《北朝摩崖刻经研究》，齐鲁书社1991年版，第170页。造像题记曰："……武平四年岁次癸巳二月丁酉朔十二日戊申，年六十七卒，于邺城之所□。感夫妇之义，相敬之重，为造人中像一区，《法华经》一部，石堂一口……"

造像，摩崖上刻了《大般涅槃经偈》①。同时期，徂徕山石佛峪也刻《大般涅槃经偈》②。北齐皇建元年（560），东平县海檀寺刻《观世音经》碑③。皇建元年（560），泗水县泉林镇韩家村天明寺刻《维摩诘经》碑④。

河清期间（562～564），泰峄山区出现了刻经高潮。巨野石佛寺刻《华严经》碑⑤，汶上水牛山刻《文殊般若经》碑，兖州金口坝附近寺院刻《文殊般若波罗蜜经》《思益梵天所问经》碑⑥，而在摩崖上刻经则集中在如下几座山上：平阴县书院东山、天池山、云翠山、二鼓山刻"大空王佛"名，大寨山刻"阿弥陀佛"名。东平县司里山刻《诸行无常偈》《摩诃般若经·明咒品》。银山上刻"佛说摩诃般若波罗蜜"名。洪顶山刻《文殊般若经》《大集经》《仁王经》及题名《铭赞》等22处。宁阳县凤凰山、兖州嵫阳山刻"大空王佛"等名。汶上县水牛山刻《文殊般若经》。邹城峄山、阳山刻《文殊般若经》。滕州陶山刻"阿弥陁佛"，罗汉山刻《文殊般若经》。枣庄卓山刻《文殊般若经》。徐州云龙山刻"阿弥陀佛"名。新泰徂徕山刻《文殊般若经》《大般若经》（十八空）"阿弥陀佛"。武平末（576），韦氏在尖山大佛岭上刻《文殊般若波罗蜜经》《思益梵天所问经》《诸行无常偈》及"大空王佛"、"文殊般若"。泰山经石峪刻《金刚经》前半部分。大象元年（579），匡氏在铁山刻《大集经·海慧菩萨品》。大象二年（580），葛山上刻《维摩诘经·见阿閦佛品第十二》，韦氏等在冈山上刻《观无量寿佛经》《入楞伽经·请佛品》。这些刻经都是大字，效果与邺都附近的作品相比，场面阔，规模大，气势宏伟。

---

① 尹彭寿：《山左六朝碑存目》（不分卷）。

② 周郢：《石佛峪观经像记》，《泰山晚报》2023年1月5日。

③ 缪荃孙：《艺风堂金石文字目》卷二。

④ 阮元：《山左金石志》卷第十。

⑤ 段松苓：《山左碑目》卷三；周建军、徐海燕：《山东巨野石佛寺北齐造像刊经碑》，《文物》1997年第3期。

⑥ 九十年代初以来，兖州市东泗河金口坝出土（水）大量石刻残件，其中以残碑、残造像最多。时代自北魏、东魏、北齐，一直延续到唐宋。碑刻造像一经露面，即有不少人来这里挖宝。挖出的文物多被据为己有，市文物部门征集到一批，但仍有相当数量的作品秘藏民间，有的甚至被卖到外地。《思益梵天所问经》碑的收藏者说此碑出土于平阴，然平阴乃至周边地区却从未有过刻经碑出土的记录，后证实，的确来自金口坝。王大中：《兖州金口坝刻石遗珍》，中国文史出版社2016年版。

三

　　山东泰峄山区的摩崖刻经，组织者与书丹人都是僧安道壹。僧安道壹年轻时名叫僧安一、僧安、道壹，北齐河清三年（564）以后，他常把"僧安"和"道壹"两个名字连起来写，曰："僧安道壹"。武平六年（575）以后，早年的名字就再不用了，唯用"僧安道壹"。别人对他的称呼，中年有称"安公"者，晚年有称"安法师"者。

　　僧安道壹不见于文献记载，一生留下来的作品，唯有刻在山崖上的佛教文献与题名。故对其身世、籍贯、生卒、年龄的了解，只能从刻石信息中获得。关于他的籍贯，洪顶山《僧安道壹铭赞》说他是"广大乡□□里人"，铁山刻经《题名》称他为"东岭僧安道壹"。"广大乡"、"东岭"分别在哪里？文献均难以考证指实。僧安道壹刻下的作品，有的有年号，有的无年号。通过对有年号的作品"排队"分析，可以把握他书法风格演变的轨迹和规律。分析的结果告诉人们，他的早期作品都集中在济南市平阴县洪范镇周围。这给人们的印象是，其早期的活动，都与北朝时期这里盛极一时的崇梵寺有关。汇总各方面的资料分析，可以确定地说：他是本寺院的僧人，早年他在这里出家。

　　崇梵寺所在的洪范镇，周边环山，泉水凸涌，风光优美，是闻名遐迩的风景名胜地。1982年11月，镇政府沿镇中央台地北缘修公路取土时，在离台地表层约1.6米深处，发现了大隋皇帝舍利宝塔石函①。石函是为藏供舍利而做的，它的背景是一段轰动全国的舍利普惠故事。唐代道宣（596～667）《续高僧传》卷二十六记：隋文帝（581～604在位）于仁寿间（601～604），曾先后三次诏分舍利，在全国113州建起113座舍利塔供奉。其中山东地区得分舍利者有10处：敕召雍州释慧重（生卒年不详）送舍利于泰山岱岳寺；敕召并州释道贵（生卒年不详）送舍利于德州会通寺；敕召青州释僧世（生卒年不详）送舍利于莱州弘藏寺；仁寿四年，释僧世又送舍利于密州茂胜寺；敕召莒州释昙观（生卒年不详）送舍利于莒州定林寺；敕召兖州释法性（生卒年不详）送舍利于兖州普乐寺；敕召曹州释法揩（生卒年不详）送舍利于曹州法元寺；敕召怀州释智能（生卒年不

---

　　① 　邱玉鼎、杨书杰：《山东平阴发现大隋皇帝舍利宝塔石函》，《考古》1986年第4期。

详）送舍利于青州胜福寺；敕召齐州释法瓒（生卒年不详）送舍利于泰山灵通寺；敕召瀛州释明驭（生卒年不详）送舍利于济州崇梵寺。

这些分至山东诸州的舍利，以及为之而建的舍利塔，已有三处被出土实物证实。一处是青州胜福寺舍利塔，清代有舍利塔下铭出土[①]。第二处是济南神通寺四门塔，1973 年维修该塔时，于塔中心柱内发现舍利函[②]。第三处即是洪范镇崇梵寺遗址出土的舍利石函。当年释明驭奉诏护送舍利来崇梵寺的景况，道宣《续高僧传》卷二十六《释明驭传》记得清楚："仁寿中年，敕请送舍利于济州崇梵寺。寺基带危峰，多饶异树，山泉盘屈，修竹蒙天，实佳地也。克日将下，寺有育王瑞像，乃放三道神光，遍于体上，金石榴色朗晃夺精。经一食顷，乃遂渐歇。又闻磬声摇曳长远，寺东岩上唱善哉声。清畅彻心，追寻莫委。又舍利函上光高三尺，状如花树。本送舍利分为二粒，出琉璃瓶相随而转，并放光明。有黄白云从西南来，声如雨相，流音乐声正当塔上，凝住不动。复见二花从云中出，或时上下。大鸟群飞，回旋塔上。又于云中现仙人头，其数无量……"传中所描述的崇梵寺周围环境，与洪范镇环境基本吻合。

如今，崇梵寺早已坍塌成为废墟。遗址上堆积着厚约 40 厘米左右的文化层，内含大量的北朝隋唐莲花瓦当、筒瓦、板瓦、兽饰等建筑构件[③]。文化层上覆盖着 50～90 厘米的黄土层，内涵较纯，有明显的淤积痕迹，说明黄土层是由大水淤积而成。崇梵寺周围东、南、西三面是山，寺址处在中央盆地低洼处的边缘上。由此人们想到，寺院很可能在唐代中期遭遇了一场巨大的山洪暴发，顷刻间倒塌淹没，成为废墟。之后，寺院重建，另选在原址之东地势略高的东山脚下，并易名为洪福寺，明代又改为东流书院。

---

① 胜福寺《舍利塔下铭》，今藏青州市博物馆。铭曰："维大隋仁寿元年岁辛酉十月辛亥朔，十五日乙丑，囗皇帝普为一切法界幽显生灵，谨于青州逢山县胜福寺奉安舍利，敬造灵塔，愿囗太祖武元皇帝、元明皇后、皇帝、皇后、皇太子、诸皇子孙等，并内外群官，爰及民庶，六道三塗人非人等，生生世世值佛闻法，永离苦空，同升妙果。孟弼书。"阮元《山左金石志》云：舍利塔下铭，仁寿元年十月刻，并额，俱正书。碑方广二尺五寸，在益都县城南广福寺。右刻额题舍利塔下之铭，凡二行，径三寸。文十一行，行十二字，径一寸八分……段赤亭《益都金石记》云，寺在隋时名'胜福'，内有宋残石幢，作广福寺。

② 该资料未正式发表，见日本和歌山市立博物馆编：《济南历史文物》图 37，1985 年。铜函及舍利今藏济南市历城区博物馆。

③ 邱玉鼎、杨书杰：《山东平阴发现大隋皇帝舍利宝塔石函》，《考古》1986 年第 4 期。

　　遗址上北朝建筑构件的出土，说明这里在北朝时期已有寺院存在，且具相当的规模。隋代的崇梵寺当是在北朝寺院基础上扩建的，甚至连寺院名称也是沿用的。在崇梵寺还没有被隋代官府确定为济州的州寺院之前，它已经是远近闻名的寺院了。那时，管理寺院的州沙门统有一位叫道研（生卒年不详），李百药（564～648）《北齐书》说："道人道研为济州沙门统，资产巨富。"①在道研还不是沙门统之前，僧安道壹便出家在这里了。

　　崇梵寺建在北朝时期的东阿地域上，东阿与东平接壤相邻，东阿隶属济州，东平隶属兖州。崇梵寺虽然隶属济州，为济州的州寺院，僧安道壹是这里的僧人，但他的籍贯并不在济州。他一生活动的足迹，主要集中在东平郡所在的兖州辖区，即崇梵寺以南的泰山、峄山周围。崇梵寺以北的大片山区中，未发现一件他的作品。可见，他是兖州东平郡人的可能性最大②。洪顶山《僧安道壹铭赞》中的"广大乡□□里"，或许就是东平郡广大乡□□里，他引以为傲的"东岭"，拟或是他的出生地。

　　东平位于太行山以东、华北大平原的东缘，东倚泰山群峰，西望洛城邺都。山水相依，城乡相连。西望幅员辽阔，东退封闭幽静。是山东济、齐人与中原腹地交流往来的西大门，更是退避兵荒马乱的三舍地。魏晋南北朝时期，东平湖沿岸不仅建立了众多寺院，更有很多著名高僧出生驻锡在这里。

　　僧安道壹何年出生，何年出家，在崇梵寺住了多少年，何年圆寂西归，享寿几何，皆是未知数。他的刻经作品表明，大约北齐河清元年（562）后不久，他离开了崇梵寺，来到相距十几公里外东平湖边上的"洪顶山寺"。"洪顶山寺"没有留下名字，也没有任何文献记录。二十世纪九十年代，我们考察洪顶山刻经时，发现了山谷中有处北朝建筑遗址，及遗址上遗存的砖瓦。根据周围环境及南、北崖壁上的刻经佛名，认定它就是当年与刻经活动有密切关系的寺院，暂名为"洪顶山寺"。

　　洪顶山寺的主持是一位来自印度的和尚，名叫法洪（鸿）。南崖壁上的《法洪铭赞》说他"内外咸通，道隆朗出，非空不谈，非如不说"，是一位修养颇深

　　①　李百药：《北齐书·苏琼传》，中华书局1972年版，第643页。
　　②　魏收《魏书·地形志中》曰："东平郡，故梁国，汉景帝分为济东国，武帝改为大河郡，宣帝为东平国，后汉、晋仍为国。"南朝宋为东平郡，北齐仍为郡，隶兖州。

的中天竺沙门。僧安道壹仰慕法洪，感佩法洪的道业，于是离开了崇梵寺，来到法洪身边，与法洪合作，在洪顶山上大刻特刻佛经、佛名、铭赞、题名、题记，规模空前，影响深远。

河清三年（564）夏，僧安道壹南下来到兖州瑕丘城与峄山周围弘法，前后七年，在水牛山、凤凰山、瑕丘城、嶧阳山①、陶山、罗汉山、峄山、阳山、卓山、云龙山等地，镌刻了一系列佛经佛名。篇幅有大有小，内容有长有短，但都是"般若"系列的内容。

北齐武平元年（570），他离开峄山一带，来到泰山前徂徕山中，驻锡光化寺。与梁父县令王子椿父子等人，在寺旁及映佛岩上，镌下佛经两段、佛名一篇、题名若干。

本年底或次年春，僧安道壹告别光化寺，西行穿过华北大平原，辗转来到北齐都城——邺城（今河北省临漳境内）。此时，皇家在鼓山开凿的石窟造像刻经工程已接近尾声。他按捺不住弘法护法的激情，在洞窟外山坡上刻下几尊佛名。然后离开鼓山，来到相距15公里的滏山西麓。这里的开窟造像也在灵化寺和尚慧义的主持下，"紧锣密鼓"地进行中。僧安道壹很快融入工程人员之间，成为经文书丹的主笔之一。他在这里待了四年，书刻了四处佛经、一处偈语、多处佛名、题名。

武平六年（575）春，僧安道壹回到他的"根据地"兖州邹鲁一带。令人意想不到的是，他同时还带来了晋昌王唐邕妃赵氏、仪同三司陈德茂妃口氏、陈德信妃董氏的建功心愿。在尖山东岭上，联合西汉丞相韦贤的后人韦子深及其妻、息，不吝家资，慷慨功德，刻下经文两段，佛名佛号题记若干。字形硕大，场面宏阔，称得上他刻经事业中首创的满意之作。

武平六年（575）秋，僧安道壹北上来到他的家乡泰山，于泰山之阳经石峪刻下《金刚经》前半部。开工于武平六年（575）秋，干了一年半的时间，至公元577年（北齐承光元年、北周建德六年）春正月，周武帝带兵攻下北齐都城，北齐幼主高恒在青州被俘，北齐灭亡。参与工程的贵族豪强、石工及各方人士，皆闻风而散，僧安道壹也不得已离开泰山，南下暂避风头。忙碌一年多的《金

---

① 台北"中央研究院"史语所藏"大空王佛"拓片，雷德侯：《中国佛教石经·山东省》第三卷，中国美术学院出版社2014年版，第449页。认定是嶧阳山所出。

刚经》，成了只有善始、没有善终的半截子工程。

北周宣政元年（578）六月丁酉，周武帝崩，他一直主张并推进的灭佛运动也只能告终。大象元年（579）八月，僧安道壹于邹鲁故地再次出场，于铁山又一次组织起规模可与泰山《金刚经》相媲美的护法工程——《大集经》的刊刻。西汉丞相匡衡的后裔匡喆及同义人李桃等出资，宁朔将军任城郡守孙洽、任城郡主簿闾长嵩等参与助阵。刻经工程既顺利又圆满，算得上僧安道壹二十多年弘法事业的得意之作。

铁山《大集经》竣工后，紧接着，大象二年（580），他又组织了葛山《维摩诘经·见阿閦佛品》的镌刻。葛山刻经亦如铁山刻经一样称心如意，虽然规模比不上铁山《大集经》、泰山《金刚经》，但它从容、精致、完整。葛山之后，再也没有僧安道壹的讯息。这一年，邹鲁豪门韦氏家人在冈山刻《入楞伽经》。僧安道壹是否在场指导，不得而知。葛山刻经之后，僧安道壹去了哪里？没有人能给出答案。或许，他宏业已就圆寂西归了，葛山《维摩诘经》四百二十字，成了他的生花绝笔。

僧安道壹一生至少在26座山上（其中山东省24山，河北省2山）刻过佛经佛名，最初的刻经活动中，他即被称为"大沙门"（或自称，或他称，均如此）。大沙门者，"佛之尊号"也，说明那时他已经有很高的声望了。尽管如此，河清年间（562～564）在洪顶山刻经时，他仍然亲自爬到坡度50～70度的北崖壁上，书写长达9.3米的"大空王佛"4字，这说明，此时他的年龄还不算太老。年老了，站不到崖壁斜坡上。年轻了，众比丘不会如此尊重他。估计此时他的年龄应在45～50岁之间。至北周大象二年（580）书刻葛山《维摩诘经》时，他应是六十八九岁的老人了。由这个年龄上推，可知僧安大约出生在北魏宣武帝延昌年间（512～515）。

四

僧安道壹一生大部分时间是在泰峄山区兖州一带度过的。其思想形成的东魏北齐时期，正是般若"性空"思想在这一带普遍流行的时期。法无实性，诸法本相"性空"的思想，已被大部分信士接受。《般若经》是大乘之初门，其修行的法则乃是该经所主张的"一行三昧"。何为"一行三昧"？《文殊般若经》

下曰："文殊师利言：世尊，云何名一行三昧？佛言，法界一相，系缘法界，是名一行三昧。"①一行，专于一事也。"一行三昧"，即心定于一行而修三昧也。《三藏法数》四曰："一行三昧者，惟专一行，修习正定也。"《文殊般若经》下又曰："善男子善女人欲入一行三昧，应处空闲。舍诸乱意，不取相貌，系心一佛，专称名字。随佛方听，端身正向，能于一佛念念相续。即是念中，能见过去未来现在诸佛……如是入一行三昧者，尽知恒沙诸佛法界无差别相。"②一切佛即一佛，一心念佛，即是念一切佛。僧安道壹在山东、河北大刻特刻的"大空王佛"，即来自《文殊般若经》的"一行三昧"思想，其宗旨是在宣传他所信仰的"性空"理念。

大乘佛教观念认为，佛的形象及其名称是信仰者的自我感应，信仰者完全可以根据自己的感觉，随意创造自己心中的佛。僧安道壹除创造了"大空王佛"，还创造了"高山佛""大山岩佛"。在他看来，"大空王佛"即是一切佛，即是广大无边、具足千万神力、通达一切的佛。

洪顶山北崖壁风门口的《安公之碑》，是僧安道壹根据自己的名字"安""一"2字，生发出的信仰阐述。"安"谓"安心"，心期待于某一点，而安住于此。以"安心"为修道的第一着。只有安心念佛，才可以见佛，见一切佛。"一"，指心专一境的禅定，是知"道"的方式。即用禅定的修为，达到超世间无烦恼的身心状态——"安"。用"安心"的方法完成禅定，用禅定的方法达到"安"的境界。脱离世俗，摆脱烦恼，"安故能一，一故能安"。

僧安道壹将他的宗教主张刻在洪顶山北崖壁风门口——一处幽静的世外桃源里，显然不单是阐释他的名字，宣示他的主张，更是为了倡导并实践先禅宗时期的"一行三昧"思想。在这里，僧安道壹专于一行，修习正定之果。对他来讲，他的名字，就是他的行动，就是他的思想与信仰、境界与追求。

僧安道壹来洪顶山寺院是冲着中天沙门法洪来的。法洪是一位具足的大乘佛教和尚。"非空不谈，非如不说。谈空说如，是非两泯。无说无谈，有无双亡"。僧安道壹心服法洪的"空""如"大乘观主张，仰慕法洪"道隆朗出，内外闲通"的思想品格。与法洪相处的3年里，他的佛学境界得以全面升华。他们

---

① 《中华大藏经》第八卷第258页。
② 《中华大藏经》第八卷第258页。

在这里联手刻下"十三佛名",刻下《文殊般若经》(98字段两处)、《文殊般若经》(54字段一处)、《大集经·海慧菩萨品》、《仁王经》、《摩诃衍经》,有力地宣传了大乘空观思想,为北方早期禅宗的形成,进行了扎实地铺垫。从洪顶山开始,僧安道壹将他的灵魂信仰,刻遍泰峄山区,甚至刻到邺都周围。小有五十几字的精雕细琢,大有两亩多地的皇皇巨制,光风霁月,灿烂辉煌。直到圆寂,其心未泯。

在中国佛教史上,僧安道壹不过是一位无名和尚。他没有著书立说、诠经释论,没有开山立宗、显曜史册,更没有呼纳海岱、伏妖摧魔。他只是"心专一境"、期望通过"一行三昧"的禅定,弄懂世间"缘起性空"的真谛,到达阿耨多罗三藐三菩提境界的普通僧人。然而,让他自己都没有料到的是,他特殊的弘法护法行为,却为中华文化留下了一笔特殊遗产,为中国书法史创立了一宗绝无仅有的艺术宝藏。

五

僧安道壹书法独树一帜,从北朝文字发展史上看,他的作品是保守派;而从书法艺术的本质上讲,却是革新内容。它以隶书为框架,合理地吸收了楷书篆书的某些笔法,由隶、楷、篆元素融汇而成。更重要的是,他在大字榜书上进行的成功尝试,被称为"大字鼻祖"、"榜书之宗","擘窠大字,此为极则"[1]。康有为(1858~1927)《广艺舟双楫》说:榜书"作之与小字不同,自古为难。其难有五:一曰执笔不同,二曰运管不习,三曰立身骤变,四曰临仿难周,五曰笔毫难精。有是五者,虽有能书之人,熟精碑法,骤作榜书,多失故步,盖其势也。"榜书与小字自是两种"功夫"。小字运笔范围小,易于周到,可得精细;榜书运笔范围大,追求气势,难免中虚。僧安道壹深谙榜书三昧,他于宽阔的摩崖石坪上,躬身握管,全身发力,从容落墨,安详行笔。起收转折,挪让避就,不做大幅度夸张对比,但求笔画朴实,风格简约,意境广远。结字外实内虚,不侧不敧,空灵弘阔,自然高绝。在奇峻活泼的魏书时代里,他却立意于隶书审美价值的革新升华,保留了隶书开张洞达的体势,以篆书浑

---

① 杨守敬:《平碑记》。

穆简约的线条取代隶书的翻飞。又吸收楷书的峻厚，故而收到了安详、简约、含蓄、和穆的审美效果，在书法审美内涵上开辟了新的境界。作品"若有道之士，微妙圆通，有天下而不与，征肤若冰雪，绰约如处子，气韵穆穆，低眉合掌，自然高绝"①。近视之，似尊尊佛像，端庄静穆；远眺之，若高原走马，空阔从容；俯察之，如云鹤游天，翩然飞动。再衬之以山林峭壁，梵呗钟声，作品不仅与大自然融在一起，更与佛教义理化为一体。其场面之博大，气势之恢宏，意境之深远，堪称我国书史一绝，称得上书史上前无古人、后无来者的榜书至圣。铁山《石颂》中"精跨羲（王羲之303～361）、诞（韦诞179～253），妙越英（张伯英？～约192）、繇（锺繇151～230）"的赞语，不为过誉。

---

① 康有为：《广艺舟双辑》，《艺林名著丛刊》，北京市中国书店1983年版，第57页。

第一章
僧安道壹身世

僧安道壹，史无载。一生致力于佛教的弘扬宣传与护法，在山东泰山峄山地区与河北邯郸等地，镌刻了佛经、偈、名、号及题名、颂文124处（篇）。刻石中，早年用名"僧安一""僧安""道壹"，中晚年用名"僧安道壹"。约生于北魏宣武帝延昌年间（512～515），卒于北周大象二年（580）后不久。籍贯：兖州东平郡。出家崇梵寺，一生喜欢书法，信仰般若"性空"思想，遵奉"一行三昧"法则。主要活动在北齐北周时期的兖州一带。

第一节　僧安道壹名实探

　　山东泰峄山区北朝摩崖刻经，是分布在泰山、峄山周围北朝佛教摩崖刻经的总称。具体说来，分布在20多座山上：济南历山黄石崖、徂徕山石佛峪（此两处非僧安道壹刻），平阴县书院东山、天池山、云翠山、大寨山、二鼓山，东平县司里山、银山、洪顶山，宁阳县凤凰山，汶上县水牛山，兖州瑕丘金口坝寺院、嵫阳山，滕州陶山、罗汉山，枣庄卓山，徐州云龙山，新泰徂徕山光化寺映佛岩，泰山经石峪，邹城峄山、阳山、尖山、铁山、葛山、冈山。刻经场面宏大，书法精妙，在佛教文化史上占有很高的地位。在诸山刻经的题记或发愿文中，有不少人名出现，他们有的是经主，即刻经捐资人[①]，有的是当地官员或官府宗教管理人员[②]，有的是刻经组织者、书丹人[③]。其中，刻经的组织者与书丹人，是刻经工程与作品效果的关键人物。没有他们的存在，就没有刻经活动的发起与实施，当然也就没有作品的问世、好的效果以及举世无双的崇高地位。因而他是一百多年来金石艺术界备受关注的人物，他就是本书的主人翁——僧安道壹（生卒年不详）。

---

　　① 如：二鼓山刻经中有：比丘僧太、比丘道颙、僧安一、程伯仁。云翠山刻经中有：比丘宝陵、比丘智□、比丘僧太、比丘道□（颙）、比丘僧令。洪顶山刻经中有：（佛名）主法鸿、经主道门。凤凰山佛名中有：彭大卖。嵫阳山佛名中有：僧芠、道怀、僧凤、耿绍宗妻、□鸣□、耿子远等。峄山刻经中有：东莞何能、东平吕九斐、陈留□仇□、河间刘广、广弟义、赵根、孟苟儿、沙门僧万、王凤。徂徕山刻经中有：梁父县令王子椿及其子王道升、道昂、道昱、道拘、僧真、僧齐大众、维那慧遊、普憙。尖山刻经中有州主簿韦兴祖之弟韦子深妻，子深之子钦儿、伏儿，比丘尼法门、法力、慧命、法緆、闍□、善住，韦玉振、振息长达，沙门僧安道壹。铁山刻经中有：佛弟子匡喆、匡显、□祖珍及李桃、汤□□奴。葛山刻经中有发心主（残掉）。冈山刻经中有：比丘二郎、惠晖、比丘尼法会、比丘道成，僧岸，像主朝思和、唐章、韦传竹妃。

　　② 如：徂徕山刻经中有：梁父县令王子椿，中正胡宾。尖山刻经中有州主簿韦兴祖，尚书晋昌王唐邕妃赵，□□同陈德茂妃，□□□德信妃董。铁山刻经中有：任城郡守经主孙洽，任城郡主簿大都维那闾长嵩，平阳县功曹大都维那李巨敖。

　　③ 如：洪顶山刻经中有书刊人僧安道一。铁山刻经中有署经人东岭僧安道壹。

晚清以来，人们多把这批刻经的组织者与书丹人叫作"安道壹"。那么，"安道壹"是如何叫起来的呢？这要追溯到清代阮元（1764～1849）那里，是他最初把"安道壹"之"名"写进了《山左金石志》。他在跋《尖山摩崖十种》时说："安道壹又见后周小铁山题名，自称东岭僧，应是一人也。"在跋"小铁山摩崖残字八种"时云："一刻'东岭僧安道壹著经'。凡八字，一行，在宁朔将□之右。安道壹已见北齐尖山摩崖，此与宁朔将□一行连属，故仍列此。"又曰："一刻'搜扬好人、平越将军、周任城郡主簿、大都维那间长嵩'。凡二十一字，分三行，在东岭僧之右。"①在这里，阮元很明显地将"东岭僧"与"安道壹"当作两个名称概念，把"安道壹"看成了"东岭僧"，明确了他对"安道壹"其"人"的称谓。而在此前的金石学家，如汪子卿（生卒年不详）②、孙克宏（生卒年不详）③、王士懋（1536～1588）④、聂剑光（1711～1796）⑤等人，都曾著录研究过山东的某些刻经，但均没有提到"安道壹"之名。

与阮元差不多同时的黄易（1744～1802），是"邹县四山摩崖刻经"最早的实地调查人。阮元在写《山左金石志》之前，并没有亲自到过邹县四山刻经现场，《山左金石志》的大部分资料（包括拓片），都是益都段赤亭（1744～1800）带领一班人马为之收集传拓的。而邹县四山刻经的某些内容（如尖山的个别题记），则是从黄易处借录的⑥。黄易在济宁做官时，有大好的机会亲临石坪下摩挲考辨，虽然他的记录存在某些缺漏，但较之从未到过现场而仅仅根据拓片进行著录研究的文章，当是基本可信的。

黄易之后，又一位亲自到刻经现场踏访，且考辨精详者是李佐贤（1807～1876）。他在《石泉书屋金石题跋》中，对刻经书者或称"僧安"，或称"僧安道壹"，但最终还是确定为"安道壹"3字。他说："铁山之经考系僧安道

---

① 阮元：《山左金石志》卷十，清嘉庆二年阮氏小琅嬛仙馆刻本刊。

② 汪子卿：《泰山志》，海口出版社2001年版。

③ 孙克宏：《古今石刻碑帖目》。

④ 王士懋：《东游记》。

⑤ 聂剑光：《泰山道里记》。汤贵仁、刘慧：《泰山文献集成》第九卷，泰山出版社2005年版。

⑥ 阮元：《山左金石志》卷第十："尖山摩崖十种：……此与后一石皆从黄小松处借录，未及尺寸。"

壹书，则经石峪字亦属安道壹书，应无可疑。尖山齐刻经亦有安道壹题名。"①在这里，李佐贤直接把"书丹人"与"安道壹"3字挂起钩来，明确了"安道壹"的书丹权。②

而在此之前，把"安道壹"作为人名看待的虽然是阮元，但阮元并没有谈到"安道壹"的身份和作用，他只是注意到刻经题记中有这么一位经常出现的人物，至于"安道壹"是干什么的，阮氏并没有作出明确说明。尽管如此，人们仍然还是从阮元和李佐贤那里，普遍确认了"安道壹"这个"名字"，默认了"安道壹"在刻经活动中的组织、书丹地位。而且，这一传统观点一直影响到现在，以至国内外一些专门研究佛学的学者们，对"安道壹"的"名字"，仍深信不疑。

1994年，洪顶山刻经被发现后③，平阴柳文金传拓了全部拓片，出版了整套拓片集。集子认为，这一发现"不仅会解开'安道壹'之谜，而且对研究佛学、中国文字史、书法史、确认泰山经石峪金刚经的书写者都有着不可估量的意义"④。不久，山东省石刻艺术博物馆与东平县文物管理所，对洪顶山刻经进行了首次科学考察，获得了很多重要资料和信息。然而，对僧安道壹的名字却没有引起足够重视。洪顶山北崖壁西端有"僧安道壹"大字题名，另有《僧安道壹铭赞》，斑剥严重，大体可以辨清的文字有："大沙门僧安□名道壹，广大乡□□里人也……"其中"安"字后一字剥蚀不清，唯见"×"两笔，因为石花的干扰，传拓显示为"义"字，这样，笔者在编写《中国书法全集》第12卷时⑤，也未作思考地仍旧沿袭了"安道壹"的错误说法。

---

① 李佐贤：《石泉书屋金石题跋》(辛亥1851春三月江浦陈氏刊)，《石刻史料新编》第二辑第19册，台湾·新文丰出版公司印行，第14194～14196页。

② 李佐贤不知水牛山、徂徕山、尖山、泰山经石峪、铁山、葛山、冈山等七山刻经外，还有平阴县书院东山、天池山、二鼓山、云翠山、大寨山，东平县司里山、银山、洪顶山，宁阳县凤凰山，兖州嵫阳山，邹城峄山，阳山，滕州陶山、罗汉山，邯郸鼓山、滏山等地刻经，这些刻经大多是后来陆续发现的。李佐贤：《石泉书屋金石题跋》(辛亥1851春三月江浦陈氏刊)，《石刻史料新编》第二辑第19册，台湾·新文丰出版公司印行，第14194～14196页。

③ 平阴县博物馆乔修罡、青柏先后在1994年7月26日《济南日报》，1995年7月16日《中国文物报》上作了报导。

④ 柳文金：《山东平阴三山北朝摩崖·前言》，荣宝斋出版社1997年版。

⑤ 赖非分卷主编：《中国书法全集》12《北朝摩崖刻经》，荣宝斋出版社2000年版。

　　是张伟然的考证提示了我们,他在《关于山东北朝摩崖刻经书丹人"僧安道壹"的两个问题》一文中说:

　　　　"'僧安道壹'并非如以往学者认为的那样姓'安'名'道壹',而是名为'僧安',字'道壹'"……"僧人有名、有字的现象,在史传中是不乏其例的,与僧安道壹时代略同的如《续高僧传》卷六所载梁国师草堂寺智者释慧约'字德素'。从'字以表德'的原则来看,'道壹'二字正含有'表德'的意义。铁山摩崖《石颂》称'大沙门安法师者,道鉴不二,德悟一原',对此已作出了阐发。而平阴三山刻石十五号'安公之碑'更以大段文字论述'安故能一,一故能安',点明了通常所见的名与字之间的关系。"①

此后,许洪国也撰文,专作"僧安道壹"考辨。文章说:

　　　　《中国书法全集·北朝摩崖刻经》卷收入的《洪顶山安道壹题名记》(图二)云:"大沙门僧安□名道壹,广大乡□□里人也。""僧安"后的第一字《中国书法全集》释为"义",但看图版似简体之"义"。《山东平阴三山北朝摩崖》也收入该拓片(图三)云:"大沙门僧安名名道壹,广大乡□□里人也。"这里,"僧安"后第一个字释为"名"。此二拓尽管有分歧,但向我们反映的一个事实却是一致的,那就是"道壹"是"僧安"的另名。既然"僧安"是名,"道壹"又是名,由《中国书法全集》所收拓片使我们看到"僧安"后的第一个字应该是"又"字(因为"又"与"义"是相近的)。《中国书法全集》的释文应为"大沙门僧安又名道壹"。②

　　张、许二人的考证是正确的③。洪顶山《僧安道壹铭赞》中"僧安"二字后

------

　　　①　张伟然:《关于山东北朝摩崖刻经书丹人"僧安道壹"的两个问题》,《文物》1999年第9期,第65~66页。
　　　②　许洪国:《"僧安道壹"考》,《山东省书法理论研讨会论文选集》,黄河出版社2000年版,第220~221页。
　　　③　许洪国在写《"僧安道壹"考》之前,笔者把自己"×"应释为"又"的新看法,与许进行了交流。

"×"字，尽管剥蚀严重，无法从石面上看出究竟，但从字义上理解为"又"字，要比释为"义"字恰当得多。而且，在刻经的所有题名中，也流露出"僧安"之名以外还有"道壹"的又名。

诸山刻经所见"僧安道壹"的题名有：

僧安一（平阴县二鼓山《大空王佛题名》）

僧安道壹（东平县洪顶山北崖壁《僧安道壹题名》）

大沙门僧安又名道壹（东平县洪顶山北崖壁《僧安道壹铭赞》）

大沙门僧安道壹（东平县洪顶山北崖壁《大空王佛题记》）

安公（东平县洪顶山风门口《安公之碑》）

大沙门僧安（东平县洪顶山风门口《安公之碑》）

僧安道一（东平县洪顶山风门口《僧安道一题名》）

大沙门僧安（邹城尖山《韦子深题记》）

大沙门僧安道壹（邹城尖山《韦伏儿题记》）

沙门僧安道壹（邹城尖山《"支锅石"题记》）

大沙门安法师（邹城铁山《石颂》）

东岭僧安道壹（邹城铁山《题名》）

其中，称"僧安道壹（一）"者6处，称"僧安"者2处，称"僧安一"、"安公"、"安法师"、"僧安又名道壹"者各一处。这些题名，除写有"安法师"的《石颂》，与题有"安公"的《安公之碑》二文，可能是由别人撰写的外，其余10处文字均为僧安自己撰写。看来，僧安最喜欢把自己的两个名字连在一起书写，其用意和目的，洪顶山风门口《安公之碑》就是最好的注释。《安公之碑》云：

> 大沙门僧安，不安所安，安所不能安。大道一，不一所一，一所不能一。不安所安，不安于安，安所不安，能安于安。不一所一，不一其一，一所不一，能一其一。词曰：安故能一，一故能安，安一一安，岩上雕刊。

碑文辩证地阐释了"安"与"一"的关系，禅义深刻，胸襟邃阔。碑文作者虽不一定是安公本人，但安公对这篇韵文的认可，是毫无疑义的，不然不会把它与佛经一起镌刻在北崖壁上。"僧安"、"僧安道壹"两名之外，还有"安公"、"安法师"、"僧安一"、"僧安又名道壹"，则是他认可的、常称以外的偶尔称谓。清代以来，人们对刻经书者称谓的不确定，或因为刻经中名字"换来换去"的原因。但最主要的，还是因为没有认真追究的缘故。

其实，早在清道光二十年（1840），魏源（1794～1857）在《岱山经石峪歌》跋中，就确定了僧安道壹的书丹权。他说："泰山经石峪摩崖，隶书《金刚般若经》，字大如斗，雄逸高古，与徂徕山水牛洞及邹县冈山之《文殊般若经》如出一手，皆北齐僧安道一所书，有《冈山石颂》题名可证。"①

第二节　僧安道壹的籍贯与出家

一、籍贯及其环境

僧安道壹的籍贯与身世，也是刻经研究者们一直关心的问题。一般认为，他镌刻了那么多的鸿篇巨制，佛教史籍应该为之留下记录。甚而有人提出，南朝梁慧皎（497～554）《高僧传》卷五《竺道壹传》中的竺道壹（生卒年不详），是否即是"安道壹"？事实上，竺道壹生活在三国、晋时，与僧安道壹有大跨度的年代差距，竺道壹不可能是僧安道壹。

又有日本学者提出，僧安道壹是否即是唐代道宣《续高僧传》卷二十五《感通篇》中的释僧安（生卒年不详）？②

《感通篇》云：

> 释僧安，不知何人，戒业精苦，坐禅讲解，时号多能。齐文宣时，在王屋山，聚徒二十许人讲《涅槃》……武平四年，安领徒至越州行头陀……从学者众矣。

---

① 魏源：《魏源集》，中华书局1976年版，第732页。
② 〔日〕田熊信之：《北朝摩崖刻经与安道壹》，山东省石刻艺术博物馆编：《北朝摩崖刻经研究》（续），香港天马图书有限公司2003年版，第190～192页。

释僧安与僧安道壹虽然生活的年代大体同时，但释僧安的经历与其从事的事业，与僧安道壹的事迹及活动范围均不吻合。僧安道壹一生从事宣教护法，而释僧安则是坐禅讲法。故可判定，僧安道壹与《续高僧传》中的释僧安绝非一人。

魏收《魏书》列传第四十九《毕众敬传》载毕众敬第四代孙有名僧安者，袭爵东平侯。或猜测与僧安道壹同为一人，然此僧安并未出家，后来是否出家，无记录，因此目前无直接证据证明两人的关系。

典籍中没有僧安道壹的片言记录，人们对他籍贯身世的了解，只能依靠刻经中的蛛丝信息。铁山刻经《题名》中有"东岭僧安道壹"6字，洪顶山《僧安道壹铭赞》中有"广大乡□□里人也"之语。张伟然认为：

值得注意的是题记"东岭"的仅铁山一处，由此笔者怀疑"东岭"甚至有可能就在此地附近；唯其如此，其他地方的题记才未将"东岭"作为僧安道壹的限定语。综上，笔者推断僧安道壹的乡贯在今平阴一带，而其居地"东岭"就在邹鲁。①

2002年8月，第二次国际刻经学术讨论会期间②，邹城市文物局胡新立先生透漏消息说，2001年，在峄山五华峰《文殊般若波罗蜜经》（98字段）③东侧发现一篇题记，斑剥较甚，但仍可依稀辨出如下文字：

①　张伟然：《关于山东北朝摩崖刻经书丹人"僧安道壹"的两个问题》，《文物》1999年第9期，第67页。
②　"中国·山东北朝摩崖刻经考察与学术研讨会"，山东省石刻艺术博物馆、山东孔子国际旅行社联合主办。2002年8月在山东济南、泰安、邹城举行。来自日本东京大学、立正大学、明治大学、武藏野女子大学、昭和女子大学、爱媛大学、大谷大学，韩国汉城大学、东国大学，美国哥伦比亚大学、普林斯顿大学，及中国社会科学院世界宗教研究所、历史研究所、中国艺术研究院、中央美术学院、宗教文化出版社、敦煌研究院、邯郸市文物局和省内有关单位80余人参会。
③　僧安道壹常刻的经文选段，《文殊般若波罗蜜经》98字段为其一，内容是："文殊师利白佛言：世尊，何故名般若波罗蜜？佛言：般若波罗蜜，无边、无际、无名、无相，非思量、无归依，无州渚，无犯、无福，无晦、无明，如法界无有分齐，亦无限数。是名般若波罗蜜，亦名菩萨摩诃萨行处。非行，非不行处，悉入一乘，名非行处。何以故？无念无作故。"见《中华大藏经》八卷第257～258页。以下所谈《文殊般若波罗蜜经》98字段，皆为此段。

　　东平何□ / 东平僧安 / 陈留福仉 / 河间刘广 / 广弟子 / 赵根 / 孟茜儿 / 莺巧 / 屈凤 / □石。

　　2002年，又辨认出"河清三年""般若"等字①。这样一来，僧安的籍贯之谜似乎有了可靠的谜底——僧安乃东平郡人也。这一发现引起了人们不小的欣喜，包括笔者在内的很多学人都在引用这份资料。然而，山东省石刻艺术博物馆在2003年10月的调查传拓中，对题记内容辨认的结果，却与2002年传拓的"资料"有很大出入，其中最关键的一条——"东平僧安"，并不能确定。我们认定的文字是：

　　般若，东莞何能，东平吕九斐，陈留□仉□，河间刘广，广弟义，赵根，孟苟儿，沙门僧万，王凤，佛石，河清三年。

如此说来，僧安的籍贯问题还不能有最后结论，铁山《题名》中所写的"东岭"，洪顶山《僧安道壹铭赞》中的"广大乡□□里"，分别在哪里？它们是什么关系？是佛教"性空"境界中的虚指呢，还是北朝时期真实的地名或行政区划，不得而知。

　　典籍中没有僧安道壹的任何信息，山林摩崖上却镌刻着他一生的事业鸿迹。在这些遗迹里，是否隐藏着有关他籍贯的蛛丝马迹呢？我们研究了北齐北周两朝、山东河北两地所有的刻经作品，对有"僧安道壹"题名的作品进行了笔迹分析，掌握了他用笔、结体、取势的习惯动作，理清了他二十几年间（北齐皇建前至北周大像二年）书法演变的轨迹特点，排列出僧安道壹刻经活动的早晚顺序（图1-1），寻找到他最早活动的地点，从而推测他出家的寺院乃至籍贯。

　　僧安道壹刻经活动的顺序为：

　　平阴县书院东山刊刻"大空王佛"名（无年月）。

　　平阴县天池山刊刻"大空王佛"名（无年月）。

---

　　①　胡新立：《峄山五华峰北朝刻经题记考》，山东省石刻艺术博物馆编：《北朝摩崖刻经研究》（续），香港天马图书有限公司2003年版，第166页。

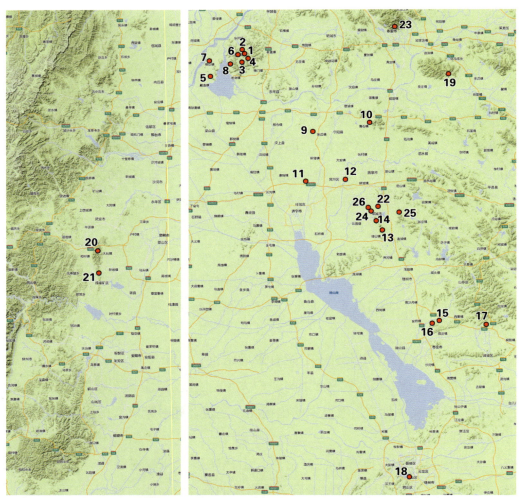

1.平阴书院东山　2.平阴天池山　3.平阴云翠山　4.平阴大寨山　5.东平司里山　6.平阴二鼓山　7.东平银山　8.东平洪顶山　9.汶上水牛山
10.宁阳凤凰山　11.兖州嵫阳山　12.金口坝寺院　13.邹城峄山　14.邹城阳山　15.滕州陶山　16.滕州罗汉山　17.枣庄卓山
18.徐州云龙山　19.新泰徂徕山　20.邯郸鼓山　21.邯郸滏山　22.邹城尖山　23.泰山经石峪　24.邹城铁山　25.邹城葛山　26.邹城冈山

图1-1

　　平阴县云翠山刊刻"大空王佛"名（无年月）。

　　平阴县大寨山刊刻"阿弥陀佛"名（无年月）。

　　东平县司里山刊刻《诸行无常偈》（北齐皇建二年之前，561年前）。

　　平阴县二鼓山刊刻"大空王佛"名（河清元年562）。

　　东平县司里山刊刻《摩诃般若经·明咒品》（无年月）。

　　东平县银山刊刻《佛说摩诃般若波罗蜜》佛经名（无年月）。

　　东平县洪顶山刊刻《文殊般若波罗蜜经》《大集经》《摩诃衍经》《仁王经》
及佛名、铭赞、题记、碑铭等（河清三年，564。或前或后）。

汶上县水牛山刊刻《文殊般若波罗蜜经》（54字段，无年月）。^①

宁阳县凤凰山刊刻"弥勒佛""大空王佛"名（无年月）。

兖州嵫阳山刊刻"大空王佛"名（无年月）。

兖州金口坝寺院刻《文殊般若波罗蜜经》（98字段）（无年月）。

邹城峄山刊刻《文殊般若波罗蜜经》（98字段）两处（河清三年，564）。

邹城阳山刊刻《文殊般若波罗蜜经》（98字段）（无年月）。

滕州陶山刊刻"阿弥陀佛""观世音佛"及"般若波罗蜜"名（无年月），另有经文（有"经主"2字可证），书写后未镌刻。

滕州罗汉山刊刻《文殊般若波罗蜜经》（98字段）（无年月）。

枣庄卓山刊刻《文殊般若波罗蜜经》（98字段）（河清□年）。另有"般若"2字。

徐州云龙山"阿弥陁佛"名（无年月）。

新泰徂徕山刊刻《大般若经》《文殊般若波罗蜜经》（98字段）及佛名题名6处（武平元年，570）。

邯郸鼓山刊刻"大空王佛""宝火佛""无垢佛"等佛名（无年月）。

邯郸滏山刊刻《文殊般若波罗蜜经》（98字段）《大集经·海慧菩萨品》《摩诃般若经·法上品》《文殊般若波罗蜜经》（54字段）《诸行无常偈》"大空王佛"等（无年月）。

邹城尖山刊刻《思益梵天所问经》、《文殊般若波罗蜜经》（98字段）等（武平六年，575）。

泰山经石峪刊刻《金刚经》（无年月）。

邹城铁山刊刻《大集经》（大象元年，579）。

邹城葛山刊刻《维摩诘经》（大象二年，580）。

邹城冈山刊刻《入楞伽经》《佛说观无量寿佛经》（大象二年，580。僧安道壹主持？）。

以上是僧安道壹刻经的顺序。具体到某一作品，或许有年代穿插的情况，

---

① 僧安道壹常刻的经文选段，《文殊般若波罗蜜经》54字段为其一，内容是：佛言："舍利弗，汝问云何名佛，云何观佛者。不生、不灭，不来、不去，非名、非相，是名为佛。如自观身实相，观佛亦然。唯有智者，乃能知耳。是名观佛。"见《中华大藏经》第八卷第251页。以下所谈《文殊般若波罗蜜经》54字段，皆为此段。

或说，同一山上的作品，有可能不是同一时间内完成的。例如司里山的《诸行无常偈》刻在北齐皇建二年（561）前，《摩诃般若经·明咒品》则晚一两年。但从每座山上的最早工程来看，这一顺序是不乱的。

从这一顺序上看，僧安道壹最早的刻经活动，是在今东平湖沿岸的书院东山、天池山、云翠山、大寨山、司里山、二鼓山、银山等7座山上进行的。这些山上，只刻了简单的佛名、佛号与偈语，而且以僧安自创的"大空王佛"佛名为主。

东平湖西岸司里山上所刻《诸行无常偈》，被北齐皇建二年（561）的一篇造像题记①破坏，可知此《偈》的年代，必在皇建二年（561）之前。推前几年不能确定，而从字的风格看，它与湖东岸的书院东山、天池山、二鼓山、云翠山、大寨山上的佛名，差不多在同一时期刊刻。

洪顶山刻经的时间，比书院东山、天池山、云翠山、大寨山、二鼓山的佛名略晚一两年，但不会晚于北齐河清三年（564）。

总之，书院东山、天池山、云翠山、大寨山、司里山、二鼓山、银山的佛名佛号佛偈，字体为隶书，笔法单调，书风拘谨，作品规模较小，与后来在泰峄山区的几件大作品风格大相径庭。

频繁地镌刻同样内容的佛名，同样拘谨的隶书书风，同样身份的佛名主（镌刻捐资人）——寺院比丘，说明东平湖沿岸的佛名偈语刻经是在同一时间段内镌刻的。与泰峄山区其他作品相比，应是僧安道壹最早刻的一批作品。由此推断，僧安道壹二十几年的刻经活动，是从东平湖一带开始的。

这里东倚泰山，西临大清河（黄河），隔华北大平原与洛、邺二都遥遥相望，湖光山色，富庶而幽静。著名的崇梵寺、"洪顶山寺"、石佛寺、东阿寺、龙泉寺、"司里山寺院"②、前弥陀院、海檀寺、云门寺……坐落在这一区域，僧安道壹早年即生活在这片浓郁的佛教环境之中。

这是一处什么样的环境呢？有资料表明，泰峄山区至少在东汉桓帝（147～168在位）、灵帝（168～189在位）时期，已经有了佛教的传播。该区域内

---

① 题记曰："大齐皇建二年□□，佛弟子□类 □□敬造弥勒下生□□皇家师僧父母□□，普为一切众生□□道善愿。"

② 根据我们的考古调查，洪顶山今水库内北侧、司里山顶开阔地上，都有北朝砖瓦遗存，可判断为寺院遗址。因无历史记录，故不知寺院名称。

出土的汉代画像石上，可见到佛教元素的题材内容①。至三国时期，东平湖北岸的佛事活动已相当频繁了。史载：曹植（192～232）为东阿王时，曾在湖北岸的鱼山上听到梵音缭耳，产生兴趣并由此而创梵呗。释道世（？～683）《法苑珠林》卷四载：

> 又至魏时，陈思王曹植字子建，魏武帝第四子也……世间术艺，无不毕善……植每读佛经，辄流连嗟玩，以为至道之宗极也……尝游鱼山，忽听空中梵天之响，清雅哀婉，其声动心，独听良久，而侍御皆闻。植深感神理，弥悟法应，乃摹其声节，写为梵呗，撰文制音，传为后式。

又，释慧皎《高僧传》卷十三《经师第九》曰：

> 自大教东流，乃译文者众，而传声盖寡，良由梵音重复，汉语单奇。若用梵音以咏汉语，则声繁而偈迫；若用汉曲以咏梵文，则韵短而辞长。是故金言有译，梵响无授。始有魏陈思王曹植深爱声律，属意经音，既通般遮之瑞响，又感鱼山之神制。于是删治《瑞应》《本起》，以为学者之宗，传声则三千有余，在契则四十有二。其后帛桥、支籥亦云祖述陈思，而爱好通灵，别感神制，裁变古声，所存止一千而已……原夫梵呗之起，亦肇自陈思。

曹植一生频封频徙、汲汲无欢，而对东阿鱼山却情有独钟。三国西晋间陈寿（233～297）《三国志·陈思王植传》云：“初，植登鱼山，临东阿，喟然有终焉之心，遂营为墓。”《东阿县志》（道光版）云：

> 三国魏东阿王墓，在城西八里鱼山西麓。《水经注》曰：鱼山即吾山

---

① 山东济宁泰安地区出土的汉画像石资料，被学术界公认的佛教元素有：（1）滕州出土画像石“六牙白象”画像。见傅惜华：《汉代画像全集》，北京中法汉学研究所1950年版，图113。（2）济宁喻屯画像石“大象光头”画像。见山东省博物馆、山东省文物考古研究所编：《山东汉画像石选集》，齐鲁书社1982年版，图139。（3）邹城汉画像石“观乐舞僧人”画像。胡新立、王军、郑建芳：《山东邹城高李村汉画像石墓》，《文物》1994年第6期。

也，汉"武瓠子歌"所语吾山平者。山上有柳舒城，魏东阿王曹子建每登鱼山，有终焉之志。后徙王陈，薨。其子志遵治命返葬于阿，即山为坟。元时以王为东阿城隍，后令宫钦改，正其讹，别祠王于邑城，其后城迁祠废。明隆庆间，县令田乐建祠于墓下，有屋三楹，未设庙貌。

东阿鱼山在今山东省东阿县鱼山镇鱼山村东，南临黄河，海拔82.1米。鱼山在自然环境上，并无优势可言，为什么能引起曹植的特殊兴趣？推究起来，应与这里的佛教氛围有关。晋宋间刘敬叔（生卒年不详）《异苑》卷五云：

> 陈思王曹植字子建，尝登鱼山，临东阿。忽闻崖岫里有诵经声，清通深亮，远谷流响，肃然有灵气，不觉敛衿祗敬，便有终焉之志，即效而则之。今梵唱皆植依拟所造。一云陈思王游鱼山，忽闻空里诵经声，清远道亮，解音者则而写之，为神仙声。

如今，鱼山被村民开山采石削去一半，曹植墓于1951年6月被文物部门清理发掘①。1977年，文物部门在整修墓室时，于墓室内壁上发现了当年建墓工匠刻写的一块铭文砖。铭文云：

> 太和七年三月一日壬戌朔十五日丙午，兖州刺史侯昶，遣士朱周等二百人，作毕陈王陵，各赐休二百日。别督郎中王纳，主者司徒从掾位张顺。

砖的尺寸与风格为汉末三国，铭文的语法与书法风格亦三国特点，砖铭没有造假。其内容可以证明，曹植葬此是可信的。

三国之后两晋时期，东阿东平湖一带的佛教活动延续不断。北魏开始，全国的佛教传播出现了新的高潮，这里的佛教活动自然也在热火朝天之中，当时所建的众多寺院很能说明问题。

---

① 曹植墓于1951年6月由原平原省文管会会同东阿县文化部门发掘，见刘玉新：《山东省东阿县曹植墓的发掘》，《华夏考古》1999年第1期。后收入《鲁西文博论丛》，齐鲁书社2000年版。

　　见于记录最早的寺院是东阿寺。南朝梁沈约（441～513）《宋书·垣护之传》载：垣阆，"元嘉中，为员外散骑侍郎。母墓为东阿寺道人昙洛等所发，阆与弟殿中将军闳共杀昙洛等五人"①。东阿寺，具体地点不详，或在东阿城东。南朝宋时，东阿城已迁至阿城镇，今济南平阴县东阿镇。

　　东阿镇附近还有石佛寺，在白洋村，初创年代不详。《东阿县志》卷之四《古迹》载：在今运河西岸白洋村石刻大士像一区，字镌背上。文曰：

　　　大魏武定二年岁次甲子十二月辛亥朔四日甲寅，东阿县王双虎法仪五十五人等，知身无常，财非己有，是以谨竭家珍，敬造观世音石像一区。上为皇帝陛下、州郡令长、师僧父母、因缘眷属，一切众生，咸同福庆……②

　　东魏《王双虎造石佛像记》的存在，证明该寺院的创建年代最迟不晚于东魏。

　　东阿镇以东有龙泉寺，今属平阴县地，在平阴县城东南20公里，北齐天统间（565～569）建。元于钦（1283～1333）《齐乘》卷五云：

　　　龙泉寺在平阴东南四十里，齐天统中建。下寺，有石刻。刘豫阜昌三年皇子皇弟符改甲乙院，亦有碑文。又，阜昌中题名最多。佛像古雅皆数百年物，上方大佛与龙泉观音非晚唐人不能造。

　　东平湖之西有"司里山寺院"，在司里山上。司里山有纪年的佛教遗迹中，时代最早者是北齐皇建二年（561）的造像及其题记，题记破坏掉其左侧的《大般涅槃经·圣行品》"诸行无常偈"，知"偈"比"记"还早。主峰东侧刻大字《摩诃般若波罗蜜经·明呪品》（北齐），小山崖上刻《大涅槃经·憍陈如品》（隋代）。除外，山之主峰四周还遍刻佛像，早自北齐早期，晚至宋元明清，历代皆有。不大的山峰上，大作品打破小作品，晚期的覆盖着早期的，密密麻麻，

<hr>

①　沈约：《宋书·垣护之传》，中华书局1974年版，第1452页。
②　民国版《东阿县志》卷之四《古迹》又载："石佛寺有王右军书。《苫山志》载明参政许用中诗云：'磨蝎解传摩诘偈，惊蛇犹见右军书。'然亦不载其所书字"。

错列复杂。如此密集的作品，表明这里的佛事活动经久不衰，也意味着主峰前开阔地带间，曾有一座烟火不断的寺院。

东平湖之西还有云门寺，在阳谷县阎楼乡关庄村。1955年秋，此地出土一件唐代石塔，塔上有铭文569字，其中右壁铭文中有"云门寺"之名。铭文曰："云门寺上坐僧叔神贞，比丘尼姑惠□……"[①]说明塔由云门寺僧尼主持建造。1983年，此地又出土一件北朝造像碑，上刻铭文4行28字，但没有提到寺院的名称[②]。尽管如此，仍可判断云门寺在北朝时期即已存在，不知当时是否已用此名。

东平湖西北岸六工山西峰南麓有弥陀院，唐武后时建。初名弥陀院，后改名为建福寺[③]。有盛唐造像47躯，题记18处，刻工精湛，保存完好[④]。由该寺西行4公里即银山，山半腰摩崖石壁上刻北齐佛号，曰："佛说摩诃般若波罗蜜"。唐建弥陀院之前，这里很可能已有小规模的寺院存在了。

东平湖之东有海檀寺，在今东平县老湖镇北山庄村北偏山与小望山相交的山谷间。始建于北齐或东魏，唐以后曾多次增修，明代改名为书堂寺。以后，寺院逐渐废弃。寺院规模不大，遗址东西长约60米，南北宽约26米。靠近北部、紧贴山根处为殿堂建筑范围，有北朝及后代砖瓦出土。遗址南部现立有北齐皇建元年（560）《观世音经》碑一通[⑤]，中部有明代成化年间妆饰佛像记事碑。距寺院遗址约0.7公里小望山前，立有明代和尚墓塔3座。另有唐代《佛顶尊胜陀罗尼经》幢一节被移至山下，该经幢六棱，楷书，字迹清晰，保存完好[⑥]。

---

① 聊城地区博物馆：《山东阳谷县关庄唐代石塔》，《考古》1987年第1期，第49页。

② 聊城地区博物馆：《山东阳谷县关庄出土北朝造像碑》，《考古》1987年第1期。

③ 建福寺地藏殿壁上石记曰："六工山古弥陀院／建福寺修盖地藏殿，发心弟子／满庆、助缘僧了钦、／本寺助道施石□僧题名／元明续璋清玉满训、／满逊续瑕、满见清贾、／住侍满学。／石雕工傅升、石成、赵竖、柳子玉／李买、冯朗、李得。／木工王聪、王名、王睿、王智"。

④ 张总、郑岩：《山东东平理明窝摩崖造像》，《文物》1998年第8期，第72页。

⑤ 缪荃孙《艺风堂金石文字目》："重修□檀寺碑：正书，题篆额，皇建元年庚辰九月己酉朔三日辛亥。在山东东平州城北三十五里塔山下。碑阴《观世音经》，正书。"见《石刻史料新编》第一辑第26册，台湾·新文丰出版公司，第19549页。

⑥ 2004年3月，我们调查海檀寺遗址时，看到经幢存放在北山庄村一村民院中，该村民家在村的最北位置，靠近去海檀寺遗址的小路旁。我们叮嘱县文管所工作人员，务必将此经幢运藏文管所。

东平湖东岸有"白佛山寺院"，位于东平县须城乡焦村北一公里。山阳有石窟4座，其中第一窟为隋开皇间开凿，有"大隋开皇七年寺主王子华"等造像题记。第二、三窟为唐代所凿，第四窟为五代作品①。白佛山石窟规模虽然不大，却是泰峄山区少见的几座石窟之一。它由隋至五代，前后延续了二百多年，说明白佛山的佛事活动虽然时冷时热，却未曾绝断。可以推测，附近若无寺院存在，当不会支持这种延续。

山下前方不远处有一古镇，名曰须城。汉置须昌县，晋置东平国，南朝宋为东平郡治所在，北齐郡治迁至泰山前，隋复置须昌县。也就是说，汉以来，须昌一直是东平人口聚散与文化交流的中心。这样的重镇里建有寺院，其可能性是毋庸怀疑的。而且，从城北白佛山开皇石窟的规模看，隋之前这里已有了相当深广的佛教基础。

东平湖东北、泰山西麓还有著名的灵岩寺、静默寺、衔草寺、"五峰山寺院"、"黑峪寺院"。

灵岩寺在长清区万德镇东北方山前，初建于甘露泉西，遗址面积7000余平方米。清唐仲冕（1753～1827）《岱览》记：灵岩，古方山也，在岱西北四十余里。《水经注》谓之玉符山，《齐乘》谓东晋竺僧朗（生卒年不详）事佛图澄（232～348），硕学渊通，降锡琨瑞山，尝往来于此说法。猛兽降伏，顽石点头，人以告朗，朗曰：此山灵也，因名灵岩。今为长清县境，在县东南九十里。山自泰山西北仙台岭、长城岭，经西碁子岭，又西而北为朗公山东天门，蜿蜒而入。北倚南向，左右如环雉堞，周回六十里。旧址在甘露泉西，今寺东南。唐贞观时徙于西南麓，宋熙宁间始移建今寺，历代修葺加隆。

灵岩寺的初创年代，一说在晋、宋之际，唐代《灵岩寺颂》有载②。但多数

---

① 泰安市文物考古研究室：《山东东平白佛山石窟造像调查》，《考古》1989年第3期。
② 《灵岩寺颂》："真（疑为"直"字）晋、宋之际，有法定禅师者，景城郡人也。尝行兰若，若是者历年，禅师口劳，一人逝将辞去。忽有二居士建立僧坊，宏宣佛法，识者以为山神耳。因夫山者土之至厚，谷者墟之至深，水者因定而清林。贝叶之经，衡廓莲花之独。人存法立，事著名扬。空矧乎辟支、佛牙、灰骨起塔。"《颂》为李邕撰。唐仲冕《岱览》卷第二十四《灵岩上》云："右颂李邕撰，并行书。见《金石录》，今佚。钱唐黄易小松有藏旧本，亦多残阙，不可读。姑仍其装册，而录之于右。"见汤贵仁、刘慧：《泰山文献集成》第四卷，泰山出版社2005年版，第519页。

人认为该寺建在北魏时期，宋《灵岩千佛殿碑》云："案地志，后魏正光中，有僧法定者倡首，揆土以兴焉。"①

宋张公亮（生卒年不详）《寺记》云：

> 泰山西北阯，群山拥翼，连属百余里……苍岩之下，绀殿崛起。峻塔贯云，宝楼结瑶。高门嵯峨，长廊连延。远而望若画图中物，即是寺也。按《图经》，本希有佛出现之地。后魏正光年，法定师始置寺。②

大约在隋初，寺院由甘露泉旁迁至今址。1995年，文物部门发掘了"鲁班洞"的石砌拱券式门洞，洞内石壁上嵌有唐天宝元年（742）李邕（678～747）撰写的《灵岩寺颂》残碑，及其他唐、宋、明时期的题记。券洞北端有7级石台阶，直通上部平台，平台上有方形建筑，辟有东、西、北三门，东、西两门均有石阶通向顶部的山门殿。山门殿面阔三间，进深两间，殿后为一石拱桥，桥面中央刻有纵向排列的四朵莲花。发掘者认为，"鲁班洞"门前两侧的石狮，及北门石楣上的人面雕饰，都具有北朝末隋代的风格，因此"鲁班洞"的初建年代不会晚于隋代，它应是寺院迁址后进出寺院的山门。

自法定禅师（生卒年不详）始，灵岩寺代不乏高僧栖居之。唐代道宣（596～667）《续高僧传》卷二十二《释慧萧传》载：慧萧（生卒年不详）"闻泰山灵岩寺幽栖洁行之宅也"，乃往从焉。释道辩（生卒年不详）年轻时也曾在这里住过。道宣《续高僧传》卷二十五《释道辩传》载："释道辩，齐人，住泰山灵岩寺。居无常所，游行为任。经史洞达，偏解数术。"

济南历城区张夏镇小寺村东部建有静默寺，遗址今被民房占压。北魏正光间（520～525）创建，唐改名神宝寺。今见有唐"四方佛"立原处，头皆残去，身、座保存完好。西北不远处原有《大唐齐州神宝寺记》碑立其遗址上，南向，60年代移藏泰安市博物馆。碑通高2.82米，宽1.31米，厚0.285米，记文隶书，

---

① 唐仲冕：《岱览》卷第二十四《灵岩上》，清嘉庆十二年刻本，第十九页上。
② 汪子卿：《泰山志》卷之二《灵宇》，明嘉靖三十四年1555年刻本。

35行，行54字。[1]明汪子卿（生卒年不详）《泰山志》记：土人凿井，不得水于泉源，开池潴蓄。遇秋泉旺，则溢成溪。下为渍米峪，言水仅可渐也。北流西折注中川，中川详岱阴之西，北魏正光初，定公建神瑶寺于泉东上，今废。《金石文跋尾续》云：本沙门明公驻锡之所，唐时改今名，以寺北有宝山，东有神峪故也。

衔草寺，传求那跋摩（367～431）建，在济南长清区崮山镇大刘大队王庄村南人头山西北山谷中。人头山，其顶形似人头骷髅，故有此名。唐代道宣《续高僧传》卷二十八《释志湛传》云：

> 释志湛，齐州山茌人，是朗公曾孙之弟子也……住人头山邃谷中衔草寺，寺即宋求那跋摩之所立也。读诵《法华》，用为常业。

唐代道世（？～683）《法苑珠林》也云："衔草寺，宋求那跋摩之所立也。"

据慧皎（497～554）《高僧传》卷三《求那跋摩传》载：宋元嘉元年（424）九月，京师沙门慧观（生卒年不详）、慧聪（生卒年不详）面启文帝，求迎请求那跋摩。先至南海，路经始兴，以元嘉八年（431）正月达于建邺，入定林下寺。讲《法华》、《十地》，补译《菩萨善戒》。其年九月二十九日卒于此，享年65岁。可见，求那跋摩不仅没有来过衔草寺，甚至没有到过北方，寺院假托高名始祖拱抬身价者是常有的。衔草寺殿房早已坍塌，后人曾多次维修重建，今可见清代殿基，坐北朝南。

---

① 碑文曰："神宝寺者，宝山□面，岱宗北阴。冈峦□□，而石壁万寻。林薮蒙茏，而□□千仞。貔豹蹯躅，人绝登临。虺蟒纵横，鸟道飞路。粤有沙门讳朗，不知何许人也。禅师德隆四辈，名优六通。僧徒具归，郡生宗仰。晨□棘□，四念经□，夜宿榛□，六时礼敬。貔豹枕膝，禅心寂而不惊；虺蟒萦身，戒定澄而不乱。水瓶朝满，羽仗夜来，事迹非凡，故非凡测。亲题□记，自叙因由曰：明以正光元年，象运仲秋，于时振锡登临，思同鹫岭，徘徊引望，想若鸡□，欻弹指法声，此为福地。遂表请国主，驰策人神，立此伽蓝，以静□为号。自梁齐已来，不易题榜。属隋季经纶，生人版荡，革鼎推变，真俗各虚，今之所存，殆将半矣。至我大唐御宇，重迁九鼎，再修二仪，四海廓清，万邦壹统，用光正道。建三宝以传灯，化洽垂衣。统□生于寿域，乃格命天下，有因废伽蓝先有额者，并使屯修。于时，有乡人王□应答州县申闻，以此寺北有宝山，东有神谷，因改为神宝寺尔。"唐仲冕：《岱览》卷第二十六《灵岩下》，见汤贵仁、刘慧：《泰山文献集成》第四卷，泰山出版社2005年版，第596页。

　　"五峰山寺院"在长清区五峰乡石窝村南部，遗址面积约10000平方米，大部分被民房占压。不远处山腰中有一洞窟曰莲花洞，《长清县志·五峰志略》载，莲花洞又名千佛洞，内刻主佛三尊，壁有千佛。又刻大像主锺、崔等54人题名，魏书，无年月[①]。莲花洞又有北齐乾明元年（560）比丘尼慧承（生卒年不详）等造像记，今藏泰安岱庙东庑内。石长0.6米，宽0.6米，厚0.19米，魏书，21行，行6字。[②]

　　此造像为比丘尼主持建造，又有众比丘尼参与，说明此地除有僧寺外，还有比丘尼寺。石窝村近邻有名小庵村者，地处五峰山之北谷凹中，风光秀丽，环境幽静，从其地理环境与该村村名来看，北朝时期的比丘尼寺或许就在这里。小庵村之名乃历史延续的结果。

　　"黑峪寺院"在长清区五峰乡黑峪村西部，遗址面积约9000平方米，被村委办公大院占压。院内随处可见宋明以来的残碎碑刻，民国四年（1915），遗址内出土了东魏武定五年（547）王盖周（生卒年不详）等造像记方石座，今藏泰安岱庙东庑内，石座长0.9米，宽0.7米，厚0.22米，题刻魏书，第一面23行，满行8字。[③]第二面线刻一供养人，题名15行，行4字。[④]

　　以上资料可以看出，僧安道壹最早的生活与活动，即是在这样五里一小寺、十里一大寺的佛教环境中度过的。

---

　　① 见〔日〕常盘大定：《中国佛教史迹》图片。

　　② 《造像记》曰："大齐乾明元年岁在庚辰八月辛巳朔廿五日，比丘尼慧冰、比丘尼静游、赵迎□义姜，率镇诸邑同建洪业，□敬造弥勒像一区。上为皇帝陛下、群臣、宰守、诸师、父母、含生之类，愿使电转冥昏，三空现证法界，共修等□正觉。邑义主比丘尼□究，邑义主比丘尼僧炎，白衣大像主张苟生兄弟等。邑义樊兴，□主榮伏□□□。"见北京图书馆金石组编：《北京图书馆藏中国历代石刻拓本汇编》007，中州古籍出版社1989年版。

　　③ 《造像记》曰："大魏武定五年岁次丁卯七月丙申朔四日己亥，邑仪一百卅四人等敬造石像一躯。上为国祚永隆，后愿七世父母居家眷属，一切埪仪咸同斯福。锺盖世　像主王盖周、锺道明，菩萨主锺令、王惠兴，菩萨主锺助、李弥陁，起像主王念、邹文憘，光明主僧烋、王贵，宝塔主马庆林，都维那王承祖、王怀，都维那锺文渊、尹世，都维那徐普勇、□贵，维那邹□、王迴洛，维那王思贤、臧惠匠，维那王思贵、徐萨保，维那王腊生、王双晖，荣袱，锺方□，□□，锺□□。"

　　④ 曰："命过王若吉，比丘僧贵、比丘贵纂、比丘僧云、比丘保侍、比丘德闰、比丘道灵、比丘明宣、比丘僧敬、比丘惠思、比丘法藏、比丘僧晖、比丘惠银、比丘惠宝、比丘惠遵。"见王丽娟：《泰安岱庙东魏造像石座》，《文物》1997年第7期，第64页。

二、出家崇梵寺

济南平阴县洪范镇周边环山（图1-2），泉水突涌，风光优美，是闻名遐迩的风景名胜地。清道光版《东阿县志·山水》称：洪范池、玉女池、东流泉、扈泉、墨泉……茂林修竹间，以流泉亭台池沼为一方之胜。"东流泉……西为东流书院，即洪福寺也，明嘉靖中有诏毁寺改为书院。"二十世纪八十年代初，我们调查东流书院时，书院只剩下清代修建的几间破房子了。洪福寺的踪迹、模样，早已无处探寻。

1982年11月，洪范镇政府沿镇中央台地北缘修公路取土时，在离台地表层约1.6米深处，发现了大隋皇帝舍利宝塔石函（图1-3）。平阴县文化馆文物工作者随即清理了现场，有清理简报报告：

"石函出土于台地的东北部，周围是一片夯土……夯土厚2.5米，夯层厚10～15厘米。石函周围夯土层纯净，不包含砖石等任何建筑材料，亦未发现地宫建筑痕迹"。"石函分内外两重……内函通高97厘米，平面呈正方形，边长83厘米。函身用整块石头凿成……函盖盝顶……盖顶分两行镌刻'大隋皇帝舍利宝塔'八个字"。"外函通高135厘米，系由六块石板组

图1-2

图1-3

成"。"在外函底板之上，内函与外函边板之间，周匝相迭排列360余枚隋五铢钱……在四个角上各放置一枚北周'永通万国'钱。"①

舍利宝函的出土，说明今洪范镇政府院内是一处十分重要的寺院遗址。

大隋皇帝舍利宝塔石函，是为藏舍利而做，这一点毫无疑问。2019年，洪范镇书院村东流泉旁又发现了《文皇帝等身碑》碑额（图1-4）。残存的碑额虽无年月，但雕刻式样与额题书法风格，定为隋代遗物无疑。"等身碑"是象征意义的，意喻文皇帝御驾至此。这两件文物共同印证，背后的故事都与隋文帝当年颁分舍利有关。

图1-4

---

① 邱玉鼎、杨书杰：《山东平阴发现大隋皇帝舍利宝塔石函》，《考古》1986年第4期，第375页。

隋文帝（在位581～604）于仁寿间（601～604）颁分舍利的盛举，很多文献都有记载。唐代道宣《续高僧传》卷二十六记，隋文帝诏分舍利先后有三次，在全国113州建起113座舍利塔供奉。其中山东地区得分舍利者有10处，具体寺院有：敕召雍州释慧重（生卒年不详）送舍利于泰山岱岳寺；敕召并州释道贵（生卒年不详）送舍利于德州会通寺；敕召青州释僧世（生卒年不详）送舍利于莱州弘藏寺；仁寿四年，释僧世又送舍利于密州茂胜寺；敕召莒州释昙观（生卒年不详）送舍利于莒州定林寺；敕召兖州释法性（生卒年不详）送舍利于兖州普乐寺；敕召曹州释法措（生卒年不详）送舍利于曹州法元寺；敕召怀州释智能（生卒年不详）送舍利于青州胜福寺；敕召齐州释法瓒（生卒年不详）送舍利于泰山灵通寺；敕召瀛州释明驭（生卒年不详）送舍利于济州崇梵寺。

这些分至山东诸州的舍利，以及为之而建的舍利塔，已有三处被出土实物证实。

第一处是青州胜福寺舍利塔，清代有舍利塔下铭出土[1]。阮元《山左金石志》云：

舍利塔下铭，仁寿元年十月刻，并额，俱正书。碑方广二尺五寸，在益都县城南广福寺。右刻额题舍利塔下之铭，凡二行，径三寸。文十一行，行十二字，径一寸八分……段赤亭《益都金石记》云，寺在隋时名"胜福"，内有宋残石幢，作广福寺。

第二处是济南神通寺四门塔，1973年维修该塔时，于塔中心柱内发现舍利函。铜质，高13厘米，长、宽皆9.1厘米，盖为盝顶型，内置琉璃瓶1个，装舍利（佛齿、佛骨）2粒，函内有隋五铢2枚。[2]

第三处即是洪范镇崇梵寺，遗址上出土的舍利石函，与《文皇帝等身碑》

---

[1]　胜福寺《舍利塔下铭》，今藏青州市博物馆。铭曰："维大隋仁寿元年岁辛酉十月辛亥朔，十五日乙丑，□皇帝普为一切法界幽显生灵，谨于青州逢山县胜福寺奉安舍利，敬造灵塔，愿□太祖武元皇帝、元明皇后、皇帝、皇后、皇太子、诸皇子孙等，并内外群官，爰及民庶，六道三塗人非人等，生生世世值佛闻法，永离苦空，同升妙果。孟弼书。"

[2]　该资料未正式发表，见日本和歌山市立博物馆编：《济南历史文物》图37，1985年。铜函及舍利今藏济南市历城区博物馆。

表明，寺院在隋代接受过文帝颁分的舍利。唐道宣《续高僧传》卷二十六《释明驭传》记载得清楚，当年颁分给济州崇梵寺的舍利，是由释明驭护送而来：

仁寿中年，敕请送舍利于济州崇梵寺。寺基带危峰，多饶异树，山泉盘屈，修竹蒙天，实佳地也。克日将下，寺有育王瑞像，乃放三道神光，遍于体上，金石榴色朗晃夺精。经一食顷，乃遂渐歇。又闻磬声摇曳长远，寺东岩上唱善哉声。清畅彻心，追寻莫委。又舍利函上光高三尺，状如花树。本送舍利分为二粒，出琉璃瓶相随而转，并放光明。有黄白云从西南来，声如雨相，流音乐声正当塔上，凝住不动。复见二花从云中出，或时上下。大鸟群飞，迴旋塔上。又于云中现仙人头，其数无量……

道宣《广弘明集》卷十七《佛德篇》的描述是：

济州舍利本一，至彼现二。放光焰现，闻异香气，云间出音，自然钟声。及以讚善，大鸟群飞塔下。

《释明驭传》中描写的寺院周边气氛，与洪范周围环境完全相符[①]。可见，出土舍利石函的洪范镇政府大院，就是当年著名的崇梵寺遗址所在（图1-5）。

崇梵寺地属东阿，东阿归济州济北郡管辖[②]。济州的范围相当于今之平阴县西部、东阿镇以北至茌平县南一带，在北朝算是一个小州。州治所碻磝城[③]，在

---

① 这里群山环抱，山上茂林修竹，山间群泉吐涌，最著名的有洪范池、东流泉。《东阿县志》（民国版）云："洪范池在城东南十五里，群山之中突起一高阜，周围咸巨壑，泉仰吐其上。甃石为池，方十余丈，深三仞，澄澈见底……水从龙口喷出，引之遶池，可以流觞……""东流泉在天池山下，亦甃石为池，方十余丈，泓澄莹澈，可鉴毛发。《水经》谓之西流。左丞严实据有数州之地，以奉元故改之曰东流。其西为东流书院，即故洪福寺也。明嘉靖中有诏毁寺，改以为书院。中丞刘隅因构精舍，其旁茂林修竹，间以流泉、亭台、池沼，为一方之胜。"

② 魏收《魏书·地形志中》曰：济北郡有临邑、卢、东阿三县，属济州。北齐时，谷城并入东阿，属济州济北郡不变。隋建国，东阿属济北郡，隶兖州。见《魏书》，中华书局1974年版，第2528页。

③ 魏收《魏书·地形志二》中："济州：治济北碻磝城。泰常八年（423）置。"见《魏书》，中华书局1974年版，第2528页。

图 1-5

今茌平县高垣墙，距洪范镇大约40公里。翻检历史文献，北魏以来，北齐至隋代的济州境内，再也找不到像崇梵寺这样的大寺院了。隋文帝能把舍利颁分给该寺，说明它是济州最有代表性的寺院，这与文献记载完全相符。

由于洪范周边经常发现佛名佛像，所以，崇梵寺的兴衰历史及遗址的堆积状况尤为引人关注。八十年代修公路用土留下的寺院遗址断崖上，既可看到大量的隋唐时期的莲花瓦当、筒瓦、板瓦、兽饰建筑构件[①]，也能发现北朝时期的绳纹砖瓦等遗物（图1-6）。北朝时期建筑构件的出土，说明这里在那时已有寺

图 1-6

① 邱玉鼎、杨书杰：《山东平阴发现大隋皇帝舍利宝塔石函》，《考古》1986年第4期，第375页。

院存在，且具有相当的规模。隋代的崇梵寺本是在北朝寺院基础上扩建的，甚至连寺院名称也是沿用的。在崇梵寺还没有被隋代官府确定为济州的州寺院之前，它就已经是远近闻名的寺院了。那时，管理寺院的州沙门统叫道研（生卒年不详），唐李百药（564～648）《北齐书·苏琼传》曰："道人道研为济州沙门统，资产巨富。"①

崇梵寺遗址堆积层厚约40厘米，其上覆盖着50～90厘米的黄土层。黄土层内含较纯，有明显的淤积痕迹，说明黄土层是由大水淤积而成。崇梵寺周围东、南、西三面是山，寺址处在中央盆地低洼处的边缘上。淤积层的形成让人们推测，寺院很可能在唐代中期某日遭遇一场巨大的山洪暴发，山水顺山势咆哮而下，顷刻间将寺院冲垮倒塌淹没，寺院成一片废墟。之后，寺院重建，另选在距原址一公里地势略高的东山脚下，并易名为洪福寺，明代又改为东流书院。《东阿县志》（民国版）卷七曰：

> 东流书院：在城南十五里东流泉上，即故洪福寺也。嘉靖中拆毁淫祠改为书院，祀宋儒程张朱五贤……今院祀久废。

早在北朝即盛极一时的崇梵寺，招来了众多信奉佛教的善男信女，也招来为弘法宣教而奋斗的僧安道壹。僧安初来崇梵寺的因缘与经过，后人无法猜测，入寺时的年龄，也只能从他的刻经经历进行大体推算。

僧安道壹一生在二十多座山上（山东24山，河北2山）或寺院里刻过佛经佛名。最早的刻经活动中，他即被称为"大沙门"（或自称，或他称，均如此），大沙门者，"佛之尊号"也，说明那时他已经有了很高的声望了。虽然如此，河清年间（562～564）在洪顶山刻经时，他仍能亲自爬到坡度50～70度的北崖壁上，书写长达9.3米的"大空王佛"4字。表明此时僧安道壹年龄还不算太老，年老了，站不到崖壁斜坡上，年轻了，众比丘不会如此尊重他，估计此时应在45～50岁之间。

洪顶山刻经之后，僧安道壹连续不断地用了20多年时间，在泰峄山区与北齐邺都近畿刻了一系列佛经，至北周大象二年（580）书刻葛山《维摩诘经》时，他

---

① 李百药：《北齐书·苏琼传》，中华书局1972年版，第643页。

已经是六十八九岁的老人了。此后再也没有见到他的笔迹。葛山刻经之后，僧安去了哪里？没有人能给出答案。或许，他功成名就，圆寂西去也！由大象二年（580）的年龄上推，可知僧安大约出生在北魏宣武帝延昌年间（512～515）。

起初，僧安在崇梵寺周围山上（东山、天池山、云翠山、大寨山、司里山、二鼓山……）大刻佛名的时候，年龄不到50岁，可谓年富力强、思想成熟之际。此之前，他未在任何地方留下作品。也就是说，僧安最早的作品都与崇梵寺有关系。所以我们推测，他出家的寺院很可能就在崇梵寺。当年和他一起刻佛名的比丘僧太（生卒年不详）、比丘道颙（生卒年不详）、比丘僧令（生卒年不详）、比丘道□、比丘智□、比丘宝陵（生卒年不详）等人，也是崇梵寺的人。他们是僧安刻经事业最初的支持者、见证者。

僧安道壹出家在崇梵寺，估计他的家离此寺不太远。崇梵寺建在东阿地域上，东阿与东平接壤相邻，东阿隶属济州，东平隶属兖州。从他一生活动的足迹主要集中在兖州辖区而不是济州来看[1]，他是兖州东平郡人的可能性最大[2]。洪顶山《僧安道壹铭赞》中的"广大乡□□里"，或许就是东平郡广大乡□□里，他引以为傲的"东岭"，应是其出生地。

东岭在哪里呢？1999年，东平县文物管理所在第三次全县文物大普查时，于东平湖北岸六工山上玉皇庙内，发现了清嘉庆、光绪时期的两通重修庙碑。业务人员杨浩、张琨随后撰写了《安道壹籍贯"东岭"新考》一文[3]，认为六工山东岭即为僧安道壹的家乡。用清代碑刻印证1200年前的"地名"，显然非常牵强。更何况，两通碑中有关"东岭"的语境语意表述[4]，指的是山岭方位，而不是实际地名。杨、张二先生关于"东岭"的寻找，难以令人信服。

虽然如此，我们仍然觉得僧安道壹的家乡就在今东平湖周围一带，因为这里很早就存在着非同一般的佛教氛围。

---

① 僧安在泰峄山区的刻经有三个小区：一，东平湖沿岸小区。二，泰山徂徕山小区。三，峄山周围小区：以峄山为中心，北至汶上、宁阳、兖州、曲阜，南到滕州陶山、罗汉山，枣庄卓山。济州也有群山，但未发现他一件作品。

② 魏收：《魏书·地形志中》曰："东平郡，故梁国，汉景帝分为济东国，武帝改为大河郡，宣帝为东平国，后汉、晋仍为国"。南朝宋为东平郡，北齐仍为郡，隶兖州。

③ 杨浩、张琨：《安道壹籍贯"东岭"新考》，《泰安文物》2008年第3期。

④ 其一："重修碑记：六工山东岭旧有……"其二："重修六工山东岭玉皇行宫碑记"。

此地位于太行山以东、华北大平原的东缘，东倚泰山群峰，西望洛城邺都。山水相依，城乡相连。西走幅员辽阔，东退封闭幽静。是山东济、齐人与中原腹地交流往来的西大门，更是退避兵荒马乱的三舍地。魏晋南北朝时期，东平湖沿岸建立了众多寺院，还培养出众多远近闻名的高僧。高僧们的出现与影响，定然也是僧安道壹决意出家的诱因之一。

释慧静（刘宋元嘉中），姓王，东阿人。少游学伊洛之间，晚历徐兖，澄审敏捷，识悟清远。每法轮一转，辄负帙千人，海内学宾无不必集。诵《法华》《小品》，注《维摩》《思益》，著《涅槃略记》《大品旨归》及《达命论》并《诸法师诔》，多流传于北土[1]。释慧静的出现，给这一带的佛教发展带来很大影响。

释慧静弟子众多，释慧亮为其佼佼者。慧亮姓姜（生卒年不详），"少有清誉，时人呼静为大师，亮为小师。虽年望未逮，而风轨继之。后立寺于临淄，讲《法华》《大、小品》《十地》等，学徒云聚，千里命驾。后过江，止何园寺"[2]。

释慧静的学宾中，法珍（生卒年不详）也很有名。"释法珍，姓杨，河东人，少而好学，寻问万里，……后听东阿静公讲，众屡请覆述，静叹曰，吾不及也。元嘉中过江……"[3]

又有释法安（生卒年不详），东平人，姓毕，魏司隶校尉规之后。讲《涅槃》《维摩》《十地》《成实论》，著《净名》《十地义疏》并《僧传》五卷。[4]

释法护（生卒年不详），东平人，姓张。善草隶，雅好博古，多讲经论，从其学者百有余人。[5]

---

①　慧皎：《高僧传》卷七《释慧静传》。《历代高僧传》，上海书店1989年版，影印《大正大藏经》第五十卷版本，原页码369。

②　慧皎：《高僧传》卷七《释慧亮传》。《历代高僧传》，上海书店1989年版，影印《大正大藏经》第五十卷版本，原页码373。

③　慧皎：《高僧传》卷七《释法珍传》。《历代高僧传》，上海书店989年版，影印《大正大藏经》第五十卷版本，原页码374。

④　慧皎：《高僧传》卷八《释法安传》。《历代高僧传》，上海书店1989年版，影印《大正大藏经》第五十卷版本，原页码380。

⑤　道宣：《续高僧传》卷五《释法护传》。《历代高僧传》，上海书店1989年版，影印《大正大藏经》第五十卷版本，原页码460。

释法洪（生卒年不详），天竺人，洪顶山寺院主持。①

道门（生卒年不详），姓氏籍贯不详，洪顶山北崖壁《大集经·海慧菩萨品》经主，应是洪顶山寺院的僧人，与法洪有一定关系。②

因战乱隐于泰山的外地僧人也很多，见于记载的有：释宝积（生卒年不详），"姓朱，冀州蓚人，……齐亡法毁，隐太山。……讲扬《智论》及《摄大乘》"③。释僧昕（生卒年不详），"潞州上党人，……暨周灭二教，逃隐泰山。"学《十地》《涅槃》，咸究宗领④。他们为泰山的佛教发展，也做出了一定贡献。

正是由于这些高僧的讲习、传教、法会，东平东阿一带的佛教氛围才会如此浓厚，影响着众多热衷于佛学的青少年皈依佛门，为大教传播发展贡献终生。僧安道壹即是这些志向宏远的青年之一。

---

① 出自洪顶山《法洪铭赞》。
② 出自洪顶山《大集经·海慧菩萨品》题名。
③ 释道宣：《续高僧传》卷二十六《释宝积传》。《历代高僧传》，上海书店1989年版，影印《大正大藏经》第五十卷版本，原页码669。
④ 释道宣：《续高僧传》卷二十六《释僧昕传》。《历代高僧传》，上海书店1989年版，影印《大正大藏经》第五十卷版本，原页码673。

第二章
僧安道壹刻经背景

　　北魏造像，北齐刻经，是北朝两个时代不同的事佛特点。北魏造像以云冈石窟、龙门石窟为代表，北齐刻经以邺都近畿鼓山、滏山、中皇山，及山东泰峄山区为最大规模。

　　佛教将文献刻在石头上，印度阿育王时代（公元前271年即位）即曾有过。佛教传入中国后，公元四世纪初，北凉时期出现了一批刻在小石塔上的经文。随着佛教更大规模、更广层次地向东渗透，佛教"三宝"越来越受到社会各阶层的吹捧、礼拜、供养，河南、河北、山西、山东陆续出现了刻经碑、刻经崖壁。至北齐时期，刻经在邺都近畿与山东泰峄山区出现了高潮。

僧安道壹生活的南北朝时期，"五胡"少数民族纷纷进入中原，陆续在黄河流域、长城内外建立了自己的政权。不同政权间的战争及其更替，给中原带来连年灾难，人们在水深火热中挣扎求生。佛教看准发展的时机，大肆宣传自己的主张，使动荡社会中惶惶不可终日的统治者，把希望投向佛教，利用佛教进行统治，同时也寻求佛的护佑。劳苦大众在挣扎中寻求厄运的解脱，把希望寄予大慈大悲的西方救世主身上。于是，佛教各类人物、各种文献、各色师说，潮水般涌进中原大地，推动着佛教出现了传入中国后的第一次大发展。据魏收（507～572）《魏书·释老志》记载：北魏太和元年（477）有寺院6478所，僧尼77258人。延昌中（513～515）有寺院13727所，比太和时期增加了一倍多。至东魏末年（550），魏境"略而计之，僧尼大众二百万矣，其寺三万有余"。"正光（520～525）已后，天下多虞，王役尤甚，于是所在编民，相与入道，假慕沙门，实避调役，猥滥之极，自中国之有佛法，未之有也。"唐代法琳（572～640）《辩证论》卷三称："元魏……国家大寺四十七所……其王公贵室、五等诸侯寺八百三十九所，百姓造寺三万余所，总度僧尼二百万人。"寺、僧数量如此惊人，标志着北魏佛教的发展已出现鼎盛。北齐北周世乱祚短，但佛教仍然延续着狂热的发展势头，北齐文宣（550～560在位）之世，"佛法大盛"①。北周武帝（566～578在位）虽有灭佛之法难，但佛教仍能临危不灭，旋即重兴。

在尊佛礼教的形式上，南朝重"义学"，理论上取得重大发展；北朝重"实践"，偏重于开窟造像，面壁修禅，兴办福业，降妖行善。明元帝（420～424在位）于都城平城（今山西大同）四方建造了足量佛像。文成帝（452～466在位）任命昙曜为昭玄沙门统，于平城之西武州塞开凿五所石窟，奇伟无匹，规模空前。献文帝（466～471在位）建永宁寺，造七级佛图，冠绝天下。孝文帝（471～500在位）为乃父资福，度僧营寺。宣武帝（500～516在位）于都城洛阳伊阙山凿窟两处，造像精绝。孝明帝（516～528在位）于洛阳城内起永宁寺，佛图九级，辉煌无比。孝静帝（534～550在位）在位，高欢迁静帝于邺都（今河北省临漳），洛阳大批僧尼随迁邺城，邺城成了北方佛教都城。公元550

---

① 法琳：《辩证论》卷三。

年，高洋（526～559）取代东魏建立北齐，以佛教为国教，邺都建有大寺4000所，僧尼近8万，齐境内寺院4万所，僧尼200万。文宣帝以法上为昭玄大统，拿出国储的三分之一供养僧尼，僧尼得到了前所未有的礼遇。皇家在鼓山开凿了大型石窟，僧徒们又于滏山石窟镌刻了大量佛经。

北魏造像，北齐刻经，是北朝两个时代不同的事佛特点。北魏造像以著名的云冈石窟、龙门石窟为代表，北齐刻经则以邺都近畿和泰峄山区最集中。僧安道壹即是在这样的背景下，参与了山东河北造像刻经的宏大事业，主持并书写了泰峄山区绝大多数经文的镌刻，成为北齐佛教弘法护法的中坚干将。

第一节　刻经的起源

将经典文字镌刻在石头上，在我国已有很久远的历史，现存资料表明，至迟在秦襄公时期（前772～前766），刻石就有了大件作品（如《石鼓文》）。相传西汉平帝元始元年（1），王莽（前45～23）曾命甄丰（？～10）摹《易》《书》《诗》《左传》于石上，如属实，当为儒家经典刻石之始。有实物可考的儒家刻经有以下几宗：一是东汉灵帝熹平四年（175），蔡邕（133～192）主持刊刻并书写的"熹平石经"；二是三国魏齐王曹芳（232～274）正始年间（240～249），用古文、篆、隶三体书刻的"正始石经"（亦称"三体石经"）；三是唐文宗（809～840）开成二年（837），用楷书书写刻制的"开成石经"；四是五代后蜀王孟昶（919～965）广政元年（938），命毋昭裔（生卒年不详）督刻的楷书"蜀石经"；五是北宋仁宗（1010～1063）嘉祐六年（1061），用篆、隶二体书刻的"北宋石经"（亦称"嘉祐石经""二字石经"）；六是南宋高宗赵构（1107～1187）御书刻制的"南宋石经"；七是清乾隆五十八年（1793）刊刻的"清石经"①。儒家刻经的主要目的与功用，是为了正定儒生们传抄经典时出现的

---

① 见顾炎武：《石经考》，万斯同：《汉魏石经考》，张国淦：《历代石经考》等著作。贾贵荣辑：《历代石经研究资料辑刊》（全八册），北京图书馆出版社2005年版。

谬误，使天下儒典流传有则，对儒家文献的校勘起到了很大作用。对佛教刻经在中国的出现，也产生了积极而直接的影响。

佛教徒们将佛典写刻在石柱摩崖或石窟内，最早可以追溯到印度阿育王（前？～前232）时代。阿育王是孔雀王朝的第三代国王，公元前271年即位，在位期间大力扶持各种宗教，尤其注重佛教的传播与发展。他为了推广佛法，在全国各地颁布了一系列法敕，并把重点文句刻在摩崖石壁、石柱或石窟内[1]，其内容大多是提倡佛法、推行佛教、劝导行善布施的。法敕中提到七种佛经的名称——《说初转法轮四谛经》《种经》《当来经》《牟尼经》《那罗迦经》《舍利弗经》《教诫罗睺罗庵婆蘗林经》，要求僧徒们必须经常诵念。在已有经文但还没有书写长篇文章的载体材料时，写刻在石壁上的法敕文典，不失为当时宣传佛教的最好办法。[2]

两汉之际，佛教传入中国，至东汉末期，已有不少从印度、西域来的僧人抵达洛阳从事佛经的翻译。从汉末到东晋十六国时期（3～6世纪），由于大量佛经的翻译及其传诵，丰富了佛教在汉土讲经、祭祠、法会、持斋、施舍、供养等活动，促进了佛学义理的研究，也完善了佛教与汉文化融合的渠道与规制，加快了佛教在中国社会各阶层的广泛传播。佛教不仅走进了人们的生活，渗入到中国社会意识形态的各领域中，甚至开始影响到政权和政治。[3]

高僧们耗用大量精力翻译佛经，其实只是他们愿望的开始，让他们尤为关注的，却是人们对经文的态度。这是因为，经文是宗教的灵魂，是佛教"三宝"（佛、法、僧）之"法身"，是至高无上的供奉圣物。《大方等大集经》[北凉昙无谶（生卒年不详）译]卷三十一曰：

　　　　所有众生修立塔庙供养众僧，求无尽身无苦恼身，所作供养，皆作生身法身。生身供养者即是塔像，法身供养者书写读诵十二部经。

---

①　摩崖法敕见于以下地方：（1）印度河口以南附近的吉纳尔；（2）尼泊尔西部的卡尔西；（3）印度河上游的沙巴兹加希和曼塞拉；（4）东海岸的道利和乔加达；（5）孟买以北海岸的索帕拉。小摩崖法敕分布在拜拉特、卢普纳特、沙哈斯拉姆、西达普拉和马布拉等地。石柱刻七章法敕和普通法敕。现存完整的石柱法敕在劳里亚南丹加尔，石柱直接埋在土中，无柱础、台基，柱面刻敕文。石窟法敕7～8处，如比哈尔邦加雅县的巴拉巴尔石窟。参见国家文物局教育处：《佛教石窟考古概要》，文物出版社1993年版，第179～182页。

②　国家文物局教育处：《佛教石窟考古概要》，文物出版社1993年版，第177页。

③　杜斗城：《北凉译经论》，甘肃文化出版社1995年版，第258～277页。

卷二又曰：

> 十二因缘义者即是法义，法义者即是如来，以是义故我经中说，若有得见十二因缘则为见法。见法者即见如来。

隋费长房（生卒年不详）《历代三宝记》卷第十五云：

> 论益物深，无过于法。何者？法是佛母，佛从法生。三世如来，皆供养法。故《胜天王般若经》云："若供养法，即供养佛。"是知法教津流，乃传万代。①

一是书写，一是供养，一是读诵，而读诵尤为重要。《方等檀特尼经》[北凉法众（生卒年不详）译]曰：

> 若复有人于三千大千世界，欲于珍宝至于倒立世界，以供于我，不如有人持是章句，功德无量；若复有人积于珍宝，遍至十方微尘等世界，上至竖世界尽供于我，不如有人持一四句偈，转教他人，功德无量无边。

僧徒们认为，只有通过这种不间断地"转教"，佛经才能流传，佛法才得以弘扬。只有法理的传播，才是佛教最根本的传播。

　　为了佛法的供养与传播，僧侣们抄写了大量的佛经卷本，还将其中警句直接书写在洞窟的崖壁上。既作为禅观时供奉，也供禅观时读诵。甘肃永靖县炳灵寺169号窟内，即保存了一篇用墨书写的佛经。它与西秦乞伏炽磐建弘元年（晋元熙二年，420）造像题记比邻，内容为《佛说未曾有经》。书写面积高38至75厘米，宽180厘米。53行，最后9行为写经发愿文。其下部字迹均残失，年款处有一"建"字，专家们推想亦是"建弘"年号②。资料显示，它是我国现

---

① 《大正藏》第四十九卷第120页中。
② 甘肃省文物工作队、炳灵寺文物保管所编：《中国石窟·永靖炳灵寺》，文物出版社1989年版，第185页；董玉祥：《炳灵寺石窟第一六九窟内容总录》，《敦煌学辑刊》总10期，第148页。

存最早的石窟崖壁写经，也是后来出现的大量石刻经的先声——先写后刻，刻经来自写经。

第二节　刻经的出现与发展

由炳灵寺169窟的墨书经文，到公元五世纪初的北凉小石塔刻经，再到北朝后期邺都近畿与山东泰峄山区的大型摩崖刻经，我国的佛教刻经出现了首次高峰。隋代承北朝刻经之绪，黄河流域各地皆有行动。唐代出现了经版、经幢镌刻热潮，房山云居寺所刻最多[①]。至宋代，刻经又形成了新一轮高峰。金元以后，刻经转入低谷，直至明清，刻经的数量、规模皆难与前世相比。

综观我国1500年的刻经历史，自早至晚的行动，都与中国社会政治、经济、文化息息相关，它起源、发展、高峰、衰落的过程，都与佛教的命运紧密相连。佛教刻经的历史，清晰地透视着中国佛教兴衰演变的历史内涵与具体过程。这个过程也像其他事物的发展一样，表现出不同的阶段和区域性。隋以前的刻经是整个过程的第一个时期，可以分成三个阶段。

第一阶段刻经从北凉承阳年（426）开始，至北魏宣武帝时，前后大约经历了一百年的时间。经文出现在河西走廊、新疆一带，主要以造像塔及个别碑刻为载体，而最早出现的则是河西走廊一带的小石塔（图2-1）[②]。据学者们统计，流传至今包括早年流失到国外的小石塔，共发现14座，其中有纪年的7座，无

---

① 见中国佛教协会编：《房山云居寺石经》，文物出版社1978年版。经幢刻经散见于黄河流域、四川盆地以至江浙一带，见台湾新文丰出版公司《石刻史料新编》编录的全国各地方志、金石录所载经幢资料。

② 史岩：《酒泉文殊山的石窟遗迹》，《文物参考资料》1956年第7期；觉明居士：《记敦煌出土六朝婆罗迷字因缘经经幢残石》，《现代佛学》1963年第1期；王毅：《北凉石塔》，《文物资料丛刊》1977年1期；〔德〕《沿着古代丝绸之路》，纽约大都市艺术博物馆1982年版；宿白：《凉州石窟遗迹和"凉州模式"》，《考古学报》1986年第4期；殷光明：《敦煌市博物馆藏三件北凉石塔》，《文物》1991年第11期；殷光明：《美国克林富兰艺术博物馆所藏北凉石塔及有关问题》，《文物》1997年第4期。

纪年的7座[1]。它们是：

敦煌□吉德石塔（干支丙寅，426）

酒泉马德惠石塔（承阳二年，427）

酒泉高善穆石塔（承玄元年，428）

酒泉田弘石塔（承玄二年，429）

酒泉白双昼石塔（缘禾三年，435）

敦煌索阿后石塔（缘禾年，433～441）

酒泉程段儿石塔（太缘二年，436）

武威石塔

酒泉残塔段

敦煌沙山石塔

敦煌王翼坚石塔

敦煌岷州庙石塔

吐鲁番宋庆石塔

吐鲁番小石塔

小石塔的名称在学术界有不同称谓，有的称之为"法王塔"[2]，有的称之为"造像塔"[3]，有的称之为"观像塔"[4]，有的称之为"经塔"[5]，还有的称之为"舍利塔"

图2-1

或"功德塔"、"供养塔"，而多数人则直接呼曰"北凉石塔"。

北凉石塔由基座、塔身、覆钵、相轮、宝盖五部分组成，其中塔座上刻发愿文及施主姓名，覆钵下造佛像，塔身上刻经文。佛经的内容皆为《佛说十二因缘经》，镌刻面积一般在300平方厘米左右。这些小石塔无不出土在寺院遗址

---

① 根据殷光明的统计，见其所著《北凉石塔研究》，台湾·财团法人觉风佛教艺术文化基金会2000年版。

② 古正美：《再谈宿白的凉州模式》，《1987年敦煌石窟研究国际讨论会文集》，辽宁美术出版社1990年版。

③ 董玉祥、杜斗城：《北凉佛教与河西诸石窟的关系》，《敦煌研究》1986年第1期。

④ 王毅：《北凉石塔》，《文物资料丛刊》1977年1期，文物出版社。

⑤ 任继愈主编：《中国佛教史》，中国社会科学出版社1988年版，第680页。

上，故而人们认为，它原本是寺院殿堂或禅室内的供奉之物①。其用途，对于世俗施主们来讲，"他们造塔是为了做功德，造福田"②，而对于寺院来说，施主们施舍而来的石塔，主要用作信仰者礼拜供养、禅行观像之用。《大般涅槃经》卷八《如来性品第十二》曰：

> 若欲尊重法身舍利，便应礼敬诸佛塔庙，所以者何？为欲化度诸众生故，亦令众生于我身中起塔庙想礼拜供养。如是众生以我法身为归依处。③

既造像又刻经的北凉小石塔，将"生身供养"（观塔、像）与"法身供养"（书写、读诵佛经）结合在一起，礼拜供养佛塔，就是礼拜供养佛、法、涅槃。殷光明说：

> 北凉石塔的设计者形象地集佛、法、涅槃于一塔之上：塔是如来涅槃和佛法的象征；塔肩的七佛与弥勒造像是佛的象征；塔腹刻佛教的基本教义《十二因缘经》是"法"的象征。为了给现世报恩、来世成佛造福田，僧俗供养人将石塔以功德形式，施舍予寺院，在寺院的殿堂中，就首先成为僧俗信众礼拜供养的对象。这说明北凉石塔仍保留着印度窣堵波和犍陀罗供养小塔礼拜的功用。④

塔是礼拜的对象，塔上精心镌刻的经文与佛像，则是重要而神圣的供奉内容。

北凉石塔供养人有"道人"、"沙门"、"休息"、"信士"、"清信士"⑤。

---

① 殷光明：《北凉石塔研究》第五章，台湾·财团法人觉风佛教艺术文化基金会2000年版。

② 如高善穆是为"十种父母报恩"，马德惠是"为父母报恩"，田弘是"父母君王报恩"，□吉德是"为七世父母、兄弟宗亲，及一切众生共成无量道"，程段儿是为"成无上道"，索阿后、王翼坚是为"成最正觉"，白双且是为"值遇弥勒"而造。总之，皆是为"现世报恩"，"来世成佛"。

③ 《大正大藏经》第12卷第385页。

④ 殷光明：《北凉石塔研究》第五章，台湾·财团法人觉风佛教艺术文化基金会2000年版。

⑤ "道人"本是中国古代对道教徒的称谓，佛教初到中国时，曾借助道教的力量来发展自己，故当时也将修行佛教的人称作"道人"。□吉德塔中□吉德即谓之道人。"休息"即"沙门"，诸塔供养人中称"休息"者有：高善穆塔有休息昙摩尚襄，王翼坚塔、索阿后塔有休息昙智、法定。"信士"、"清信士"见于白双且、索阿后和王翼坚三塔，指在家皈依"三宝"、受持"五戒"的男居士，而女居士则称"信女"、"清信女"。

道人、沙门、休息为出家人，信士、清信士为在家信徒。出家人中三位休息的名字——昙摩尚襄（生卒年不详）、昙智（生卒年不详）、法定（生卒年不详）不仅经常出现，还列于供养人之首，可见他们是活动于敦煌酒泉一带的重要师僧。石塔的设计镌刻捐献等一系列组织工作，很可能是由他们出面主持的。在后来的（如北齐、北周）刻经活动中，也少不了这类人物的参与，他们是刻经活动的"灵魂"人物。在家信佛的信士、清信士们，都是当时的一般庶民。发愿文中描述了他们造塔的表现。为了造塔，有的供养人"诚割"私财，有的"自竭"家资，有的甚至亲自"步负斯石"，足见他们财单力薄而态度却极为虔诚。作为佛教传播的参与者与教化的对象，他们是必不可少的广泛的社会基础。

造像塔外，新疆还出现了碑刻佛经，如光绪三十四年（1908）在吐鲁番厅北120里木头沟发现的《金刚经》碑。碑无年号，访查者判定为北魏时期的遗物无疑。[①]

第二阶段刻经，大约从北魏熙平时期（516～518），至北齐河清期间（562～564）。随着佛教由西向东力度愈来愈强的传播与渗透，事佛活动的中心也逐渐东移。作为事佛的重要内容，刻经与造像也在我国东部一带迅速兴起，黄河中下游的山西、河南、河北、山东4省区，陆续出现了碑刻佛经与摩崖佛经。而此前盛行在河西走廊与新疆一带的小石塔刻经，几乎绝了迹。

本阶段刻经，初传有洛阳龙门莲花洞《般若波罗蜜多心经》（节录），被认为我国"石窟刻经之始"[②]。后来证实，这是一条不准确的信息。不过，洛阳龙门大规模造像的同时，龙门之外，洛阳地区确实出现过一些造像碑刻经作品。洛阳古代石刻艺术博物馆即收藏了这样一件造像刻经碑。碑高130厘米，宽59.5厘米，造像作风与龙门古阳洞列龛相似。碑阴及碑侧刻《不增不减经》[③]，魏书，

① 王树枏：《新疆访古录》卷一："北魏金刚经残碑：碑出吐鲁番厅北一百二十里木头沟，光绪三十四年，土人掘地得之。碑高二尺余，宽二尺五寸，厚一尺。共二十二行，行二十三字。书法秀逸，的是北魏时笔意。同知曾炳燡移庋厅署中。"《石刻史料新编》，台湾·新文丰出版公司印行，第二辑第15册，第11489页。
② 国家文物局教育处：《佛教石窟考古概要》，文物出版社1993年版，第135页。宫大中则认为此经"落款武则天'久视元年（700年）八月廿一日皇甫元亨□□经'"。见宫大中：《龙门石窟艺术》，上海人民出版社1981年版，第102页。
③ 《大正大藏经》第16卷第466～468页。

书风与造像风格同为北魏后期所具，是目前所见最早的造像刻经碑。①

2005年，河南省博爱县青天河发现北魏永平二年（509）镌刻的造像刻经摩崖《观世音经·普门品》（图2-2），保存完好，被看作摩崖刻经之始。②

图2-2

北魏永安二年（529），山西省阳泉和顺县也有《观世音经·普门品》刊出。

东魏天平四年（537）的"天平造经"③，西魏大统十三年（547）河南禹县刻的《高王经》碑④，洛阳西魏《心经》残刻⑤，河内县东魏《金刚经》碑⑥，都集中

① 宫大中：《洛阳魏唐造像碑撷说》，《文物》1984年第5期。

② 李福顺：《河南发现北魏摩崖石刻》，《中华文化画报》2002年第5期。造像刻经位于河南省博爱县青天河水库上游丹大峡谷"大石佛"身上。造像刻经距河面80米，刻在一高1.2米、宽1.5米的自然岩石面上。崖面中央刻观音像，像之右刻"妙法莲华经普门品第廿四"，又刻题记及施工将领人名。经文魏书，5行，行10～28字不等，共99字。

③ 缪荃孙：《艺风堂金石文字目》二。刻经所在地点、内容、形式、尺寸、书体、供养人等详细情况，皆未作记录。

④ 〔日〕桐谷征一：《中国における石刻经の类型》，身延山大学仏教学部纪要第二号（2001年）。经文见《大正大藏经》第17卷第852～858页。

⑤ 此残刻似也为碑。见杨石卿：《中州金石录》二。

⑥ 陆耀遹：《金石续编》（二）20上。经文见《大正大藏经》第8卷第748～752页。

分布在中原地区，太行山以东、黄河下游所见较少。

从北齐天保年间（550～559）开始，刻经作品迅速增多。天保元年（550年），山西凤台县周村广福寺刻《大威德经》，《山西通志》卷九十七记录为"幢"，如属实，当为我国刻经幢之始。天保二年（551），山西阳曲县也出现了刻经，《山右访碑记》谓此经现状已为残刻，形式、规模、内容、所在地等详细情况俱未载。山西辽州（今左权县）有北齐天保三年（552）《华严经》[①]。河南辉县通玄寺有北齐天保十年（559）《妙法莲华经》碑[②]。

北齐乾明元年（560），安阳小南海龟盖山南麓中窟外壁上刊刻了两篇经文。窟为灵山寺僧方法师（生卒年不详）、故云阳公子林（生卒年不详）等，于北齐天保元年（550）所开，像为北齐著名禅师僧稠（生卒年不详）供养之像。僧稠卒后不久，又刊镌了佛经，内容为《大般涅槃经·圣行品》[③]与《华严经偈赞》[④]（图2-3）。

图2-3

---

① 《山西通志》卷九十七。
② 顾燮光：《河朔新碑目》。
③ 《大正大藏经》第12卷第450～451页。
④ 武亿：《安阳金石志》；李裕群：《邺城地区石窟与刻经》，《考古学报》1997年第4期。

由小南海石窟翻山西行10公里，即北齐著名的灵泉寺。这里有司徒公娄叡（生卒年不详）之《华严经》碑，选自《菩萨明难品第六》，约刊于太宁、河清期间①。又有《华严经偈赞》碑与《无量义经·德行品偈》碑②，刊刻时间皆不出太宁、河清（561～564）前后。

河清期间（562～564），山西绛州龙兴宫有刻经碑成于河清三年（564）③，而刻于河清二年（563）的《捄疾经偈》，今不知流落到何处，见著于赵明诚（1081～1129）的《金石录》与陈思（生卒年不详）的《宝刻丛编》（二十）23上。

另还有一些刻经作品没有明确年号，但其风格却有着北齐河清之前的特点。例如：河南省卫辉市香泉寺《华严经》摩崖碑④，新郑卧佛寺《妙法莲华经》幢⑤，新城县杨氏"石刻佛经残字"碑⑥，另有《维摩诘经》碑，所在地不详⑦，刊刻时间大约也在此阶段，或去此不远。

从佛教发展的势头看，北齐早期，太行山一带特别是邺都周围的刻经已经形成了风气，碑或摩崖刻经的数量是比较多的。但由于历史上多种灾难的殃及，今日所见已是凤毛麟角了。

山东地区在东魏时期也有了刻经活动。天平四年（537），曲阜圣果寺造释迦像，于碑阴刻《金刚经》⑧（图2-4）。碑高46.5厘米，青石质，经文隶书带有楷意，12行，满行28字。现藏日本东京大学文学部⑨，是为山东地区单体造像刻经之始。⑩

不久，东魏武定二年（544），济南黄石崖出现了刻在摩崖上的《大般涅槃

---

① 武亿：《安阳金石志》；陆增祥：《八琼室金石补正》卷二十一。

② 武亿：《安阳金石志》；陆增祥：《八琼室金石补正》卷二十一。

③ 《山右金石存略》。

④ 顾燮光：《缀学堂河朔碑刻跋尾》五上。

⑤ 黄本诚：《新郑金石志》（《新郑县志》卷二十九《金石志》）。

⑥ 黄本诚：《新郑金石志》（《新郑县志》卷二十九《金石志》）。

⑦ 魏锡曾：《续语堂碑录》已。

⑧ 《大正大藏经》第8卷第750页。

⑨ 〔日〕大阪市立美术馆：《中国の石仏——庄严な为祈り》图版解说107，1925年版。

⑩ 圣果寺（当地居民称"圣果寺"）为北朝隋唐时期当地名寺，位于曲阜鲁城灵光殿遗址北不远处。寺址上除出土石造像外，1958年10月，还出土6躯鎏金铜造像，皆北齐遗物。见王思礼、杨子范：《曲阜胜果寺出土铜造像》，《文物》1959年第6期。

图2-4

图2-5

经偈》^①（图2-5），同时期，新泰徂徕山石佛峪也有此偈刊出^②。

北齐皇建元年（560），东平县老湖镇海檀寺刻《观世音经》碑^③（图2-6），碑阳刻经文，碑阴刻题记，两侧刻供养人名。

图2-6

皇建元年（560），泗水县泉林镇韩家村天明寺刻《维摩诘经》碑^④（图2-7）。该碑正面刻经文，背面刻《隽修罗功德颂文》，颂扬隽氏（生卒年不详）一生为民所做的善举仁德。

北齐河清年间，山东兖州地区刻经出现第一次高潮，山东巨野石佛寺《华严经》碑（图2-8）刊在此时期^⑤，兖州嵫阳山佛名、汶上水牛山《文殊般若经》碑（图2-9）也刻在此时。1992年，兖州天旱，泗河干涸，金口坝附近出土（水）一批佛教残碑残经、像。它们来自附近的寺院，其中残经碑有：《文殊般若波罗蜜经》残碑石10块，为7通刻经碑碎石。另有残经碑一石（图2-10），残存"当　是知诸"4字，隶书^⑥，年代皆在北齐河清之间。流传于民间的《思益梵天所问

---

① 尹彭寿：《山左六朝碑存目》。
② 周郢：《石佛峪观经像记》，《泰山晚报》2023年1月5日。
③ 缪荃孙：《艺风堂金石文字目》二。经文见《大正大藏经》第9卷第56～58页。
④ 阮元：《山左金石志》卷第十。经文见《大正大藏经》第14卷第554～555页。
⑤ 段松苓：《山左碑目》三；周建军、徐海燕：《山东巨野石佛寺北齐造像刊经碑》，《文物》1997年第3期。
⑥ 三碑残石皆藏兖州市博物馆。

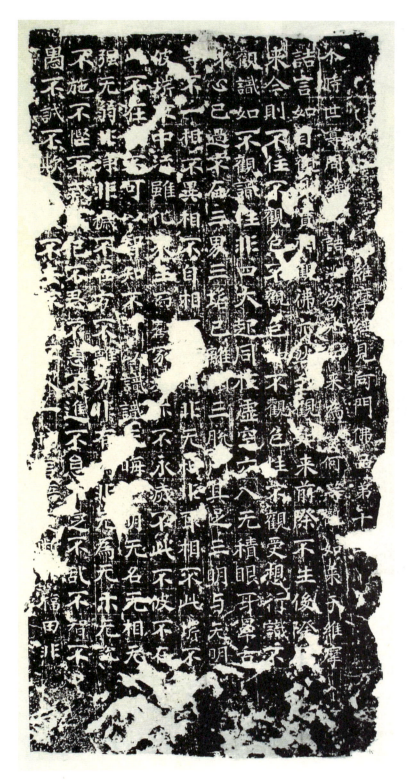

图2-7

图2-8

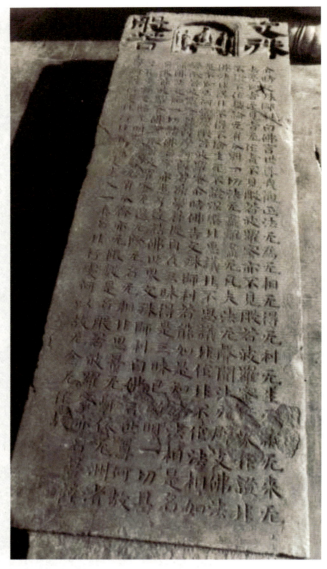

图2-9

经》残碑（图2-11）一块①，据称现藏平阴县一收藏者手中，也是金口坝出土的②，

---

① 张总：《山东碑崖刻经经义内涵索探》，载《北朝摩崖刻经研究》（续），香港天马图书有限公司2003年版。

② 二十世纪八十年代末、九十年代初以来，兖州市东泗河金口坝出土大量石刻残件，其中以残碑、残造像最多，时代自北魏、东魏、北齐，一直延续到唐宋。碑刻造像一经露面，即有不少人来这里挖宝。挖出的文物多被据为己有。市文物部门做了大量工作，曾征集到一批，但仍有相当数量的作品秘藏民间，有的甚至被卖到外地。平阴县《思益梵天所问经》碑的收藏者说此碑出土于本地，然平阴乃至周边地区却从未有过刻经碑出土的记录。

图2-10　　　　　　　　　　　　　图2-11

时间距此不远。另还有45种北齐以后、唐中期以前的残刻经碑石①，林林总总，风格鲜明，足以证明北齐兖州刻经之盛。僧安道壹即是在这样的背景下走到刻经队伍中来，利用他的威望和书法擅长，把自己的组织能力发挥到极致，最终成为佛教弘法护法、敬业实践的领袖人物。

　　从本阶段现存的刻经作品看，如果不把僧安道壹在东平湖沿岸刻的佛名计算在内，刻经碑数量约占全部刻经的一半，另一半则是摩崖刻经与洞窟壁刻经。刻经塔一例不见。这说明，北齐时期的刻经在形式上发生了变化，前阶段以塔为主要载体的刻经，此时变成以碑为主要载体的刻经了。

　　刻经碑取代了刻经塔在寺院中或佛堂上的位置，把由印度传来的对塔的供

---

① 　王大中：《兖州金口坝刻石遗珍》，中国文史出版社2016年版。

奉，变成了中土传统礼俗文化中对碑的尊慕，这是此阶段刻经的重大变化。变化的实质，反映着佛教进一步汉化的必然性。

随着佛教进一步汉化，犍陀罗覆钵式塔在形式与内容上都面临着汉文化的挑战。中国传统的楼阁式建筑，很快便同化了覆钵式塔，创造出了汉式佛塔的典型式样——楼阁式佛塔。自此以后直至清代，楼阁式塔一直是中国佛塔的主流形制。它们密集的层檐及层檐间狭小的空间，使覆钵式塔所具有的雕像、刻经、铭僧"三宝"一体的组合，以及生身、法身供养的功能构成，受到很大限制。而恰在此时，禅观又特别盛行。于是，僧侣们便将观像的需要转移到石窟内，在石窟中思维禅定，一心向佛的三昧追求得到最佳的满足。云冈石窟及河西一带新洞窟的大规模出现，便是这一"气候"下的事佛新动向。

或在幽静的深山里开窟禅修，观像诵经，或在城镇乡村旁的寺院里生身法身供养，小石塔已经不能满足日益增繁的法事需要了。造像碑、刻经碑取代小石塔，目的不变、功能不变、期望不变，且制作方便，更符合中国人的文化心理，故而造像碑、刻经碑很快发展起来。

第三阶段的刻经，从北齐天统年间（565～569）开始，至北周灭亡止，前后持续了15年时间，刻经集中在邺都近畿与泰峄山区的大型洞窟与摩崖石壁上。

邺都近畿的刻经，以河北邯郸鼓山石窟、滏山石窟和涉县中皇山规模最大[1]，其中鼓山石窟、中皇山的刻经，都是晋昌王唐邕（生卒年不详）捐资镌刻的。

鼓山石窟（图2-12）位于鼓山西坡山腰间，主要有北、中、南3窟和若干小洞窟组成。南洞窟内外洞壁及廊柱上遍刻经文，其中，南洞窟内前壁刻《无量义经·德行品》[2]，南洞窟前廊刻《佛说维摩诘经》[3]，南洞窟外右壁刻《佛说弥勒下生成佛经》[4]，又刻《胜鬘师子吼一乘大方便方广经》[5]《佛说孛经抄》[6]，南

---

① 据李裕群调查成果。见《邺城地区石窟与刻经》，《考古学报》1997年第4期。
② 《大正大藏经》第9卷第384～385页。
③ 《大正大藏经》第14卷第534～557页。
④ 《大正大藏经》第14卷第423～425页。
⑤ 《大正大藏经》第12卷第217～223页。
⑥ 《大正大藏经》第17卷第729～736页。

图 2-12

洞窟外左壁刻《无量寿经》"优波提舍愿生偈"①，南洞前廊左侧角廊柱刻《佛说佛名经》(二十五佛)②，南洞窟顶左侧刻《摩诃般若波罗蜜经》(十二部经名)③，南洞窟顶左侧刻"大圣十号"，又刻《现在贤劫千佛名经》，窟外刻弥勒佛、狮子佛、明炎佛、大空王佛名。鼓山半山腰刻《大般涅槃经·狮子吼菩萨品》④。南洞外刻《晋昌郡公唐邕刻经记》(图 2-13)，记载了刻经主及刻经意图、缘起、目的、意义、内容与起止时间。曰：

> 于鼓山石窟之所，写《维摩诘经》一部、《胜鬘经》一部、《孛经》一部、《弥勒成佛经》一部。起天统四年三月一日，尽武平三年岁次壬辰五月二十八日。

---

① 《大正大藏经》第 26 卷第 230~233 页。
② 《大正大藏经》第 14 卷第 159~161 页。
③ 《大正大藏经》第 8 卷第 220 页。
④ 《大正大藏经》第 12 卷第 533~534 页。

图2-13

　　滏山石窟位于滏山西麓，与鼓山相距15公里。主要洞窟有7个，分上下两层（图2-14）。下层1、2窟内刻佛经，上层第4窟内与第6窟外崖面也刻佛经。详细情况为：第1窟右壁和前壁刻《大方广佛华严经》之《四谛品》、《光明觉品》、《明难品》、《净行品》^①（图2-15）。第2窟前壁窟门左侧刻《文殊般

图2-14

图2-15

────────────

①　《大正大藏经》第9卷第422～432页。

若波罗蜜经》卷下节文①，又刻《大集经·海慧菩萨品》节文②，第2窟后壁隧道刻《摩诃般若波罗蜜经·法尚品》③，第2窟左、右、后三壁龛柱上刻《妙法莲华经·化城喻品》(十六佛名)④，第4窟左、右、前壁刻《妙法莲华经·观世音菩萨普门品》⑤，第4窟外上方刻《文殊般若波罗蜜经》卷下54字节文⑥，第6窟外上方刻《大般涅槃经·圣行品》"诸行无常偈"⑦。另外，山寺门外左侧有佛龛造像若干，其中有双勾"大空王佛"之名。2号窟门外左右两侧有隋沙门道净(生卒年不详)所撰《滏山石窟之碑》，记述了滏山石窟的开凿时间、经过及遭受破坏的情况。⑧

中皇山刻经(图2-16)位于涉县西北14.5公里，佛经刻在中皇山(又名凤凰山)西坡山腰间南、北洞窟内及娲皇宫梳妆楼后摩崖石壁上。其中，南窟及南窟外崖面、北窟刻《十地经论》⑨(图2-17)，北窟北侧崖面刻《深密解脱经》⑩，南窟外侧南崖面刻《佛说思益梵天所问经》⑪，北窟内北壁刻《佛说盂兰盆经》⑫，北窟内北壁刻《佛垂般涅槃略说教戒经》⑬，北窟北侧崖面刻《妙法莲华经·观世音菩萨普门品》⑭，北窟北侧崖面(与《普门品》相邻处)刻《赵妃母为亡女造像刻经发愿文》⑮(图2-18)。摩崖最北端刻一碑，龟趺螭首，北齐风

---

① 《中华大藏经》第八卷第257～258页。

② 《大正大藏经》第13卷第50页。

③ 《大正大藏经》第8卷第421～423页。

④ 《大正大藏经》第9卷第22～27页。

⑤ 《大正大藏经》第9卷第56～58页。

⑥ 《中华大藏经》第八卷第251页。

⑦ 《大正大藏经》第12卷第450～451页。

⑧ 邯郸市峰峰矿区文管所、北京大学考古实习队：《南响堂石窟新发现窟檐遗迹及龛像》，《文物》1992年第5期。

⑨ 《大正大藏经》第26卷第123～203页。

⑩ 《大正大藏经》第16卷第665～688页。

⑪ 《大正大藏经》第15卷第33～62页。

⑫ 《大正大藏经》第16卷第779页。

⑬ 《大正大藏经》第12卷第1110～1112页。

⑭ 《大正大藏经》第9卷第56～58页。

⑮ 范寿铭、顾燮光：《河朔金石目》卷四记此发愿文。范寿铭又在《循园金石文字跋尾》卷下《涉县摩崖佛经跋》中，详细记述了此发愿文，并依此对刻经年代进行了推断。目前，发愿文风化较重。

图2-16

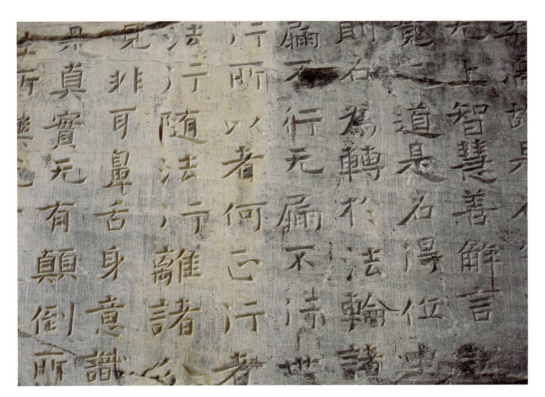

图2-17

图2-18

格，推测此处应是唐邕刻经发愿文所在，然却只字未题。①

此外，邺都近畿小规模刻经还有：涉县木井村宝云寺北齐武平二年（571）刻《观世音经·普门品二十四》②与《大般涅槃经·圣行品》"诸行无常偈"③碑一通。武平四年（573）刻《佛垂教戒经》④与《观世音经·普门品》⑤碑一通。河南林州涧乡南庵沟洪谷寺千佛洞北齐武平五年（574）刻"赞佛偈语"，后嵌《金刚经》⑥。

---

①　唐邕于北响堂刊经4部，不远处摩崖石面上有《唐邕写经记》碑，专记此举。中皇山唐邕刻经5部，必有碑铭记此功，奇怪的是为何只字未题。我们认为与北齐灭亡有关。今所见碑上"古中皇山"4字，楷书，笔法拘谨，当为宋以后人所为。

②　《大正大藏经》第9卷第56～58页。

③　《大正大藏经》第12卷第450～451页。

④　《大正大藏经》第12卷第1110～1112页。

⑤　《大正大藏经》第9卷第56～58页。

⑥　任崇岳：《安阳》，《中国历史文化名城丛书》，第33页。

鼓山水峪寺石窟造像《题记》称造有《法华经》一部①。传涉县石河支山亦有刻经，内容不详。②

本阶段出现的数量众多、场面壮阔、篇幅完整的刻经，表明活动的目的、刻经的功用都发生了变化。第一阶段以供养为主要目的的刻经，至第二阶段又增加了弘法的意图。而此时刻的经，供养、弘法的目的有之，但主要意图是为了护法。鼓山《唐邕刻经记》讲得清楚：

> 以为缣缃有坏，简策非久，金牒难求，皮纸易灭。于是发七处之印，开七宝之函，访莲华之书，命银钩之迹。一音所说，尽勒名山……善因普被，愿力薰修，当使世界同于净土，皇基固于大地。置六道于十山，沐四生于八水，乃及无边，皆取正觉。海收经籍，斯文必传。山从水火，此方无坏……一讬贞坚，永垂昭晰。

唐邕于鼓山刻4部完整经文后，又于中皇山刻5部全经，前后历时7年③，内容无一雷同，足证唐邕所发"将佛经尽勒名山"之誓的为实言。

僧安道壹很可能是在这样的形势感召下，于泰峄山区推出了他刻经的第二高潮。泰山之阳有新泰徂徕山武平元年（570）《文殊般若波罗蜜经》（98字段）④、《大般若经》（十八空）⑤、"阿弥陀佛"等4佛名⑥。泰山经石峪刻《金刚经》前半部分⑦。邹城峄山周围有尖山大佛岭武平六年（575）刻《文殊般若波罗

---

① 马忠理：《邺都近邑北齐佛教刻经初探》，《北朝摩崖刻经研究》，齐鲁书社1991年版，第170页。造像题记曰："……武平四年岁次癸巳二月丁酉朔十二日戊申，年六十七卒，于邺城之所□。感夫妇之义，相敬之重，为造人中像一区，《法华经》一部，石堂一口……"

② 光绪年编《涉县志》。

③ 北响堂刻经始于天统四年（568年），中皇山刻经无起始纪年，据李裕群考证，中皇山"娲皇宫诸部大经亦约在575年间完成，但不会太早"。见李裕群：《邺城地区石窟与刻经》，《考古学报》1997年第4期。

④ 《中华大藏经》第八卷第257～258页。

⑤ 《大正大藏经》第8卷第250页。

⑥ 4佛名为"弥勒佛""阿弥陀佛""观世音佛""大空王佛"。见民国重修《泰安县志》。

⑦ 《大正大藏经》第8卷第748～751页。

蜜经》(98字段)①、《思益梵天所问经》②、《诸行无常偈》③及"大空王佛"、"文殊般若"之名，铁山摩崖北周大象元年（579）刻《大集经·海慧菩萨品》④，葛山摩崖北周大象二年（580）刻《维摩诘经·见阿閦佛品第十二》⑤，冈山摩崖北周大象二年（580）刻《观无量寿佛经》⑥、《入楞伽经·请佛品》（两遍）⑦。这些刻经，载体形式主要以摩崖为主，少见刻经碑。刻经的规模同邺都附近一样，篇幅增长，场面增大。

---

① 《中华大藏经》第八卷第257~258页。

② 《大正大藏经》第15卷第44~46页。

③ 《大正大藏经》第12卷第450~451页。

④ 《大正大藏经》第13卷第50页。

⑤ 《大正大藏经》第14卷第554~555页。

⑥ 《大正大藏经》第12卷第340~341页。

⑦ 《大正大藏经》第16卷第514页。

第三章
僧安道壹刻经历程（上）

僧安道壹出家后，很可能在寺院里做了一名经生。后来他走出寺院，宣教护法，把功德做到社会上。首先在书院东山刻下他平生第一品佛名——"大空王佛"。不久，在天池山、云翠山上再刻"大空王佛"。合作者有崇梵寺的比丘僧令、比丘道□、比丘僧太、比丘智□、比丘宝陵等人。

北齐皇建二年（561）前后，僧安道壹在司里山刻《诸行无常偈》《摩诃般若经·明咒品》，另有一处佛名。

河清元年（562），他来到二鼓山上，与比丘僧太、比丘道颙、程伯仁等人合作，再刻"大空王佛"。又在崇梵寺北面的银山，刊刻了"佛说摩诃般若波罗蜜"名号。

河清元年（562）后不久，僧安道壹离开崇梵寺，来到洪顶山寺院，与印度僧人法洪（鸿）合作，在南、北崖壁上大刻佛经、佛名、铭赞、题名、题记22处。

河清三年（564）夏，来到兖州瑕丘城与峄山周围弘法，前后约待了七年时间。在水牛山、凤凰山、瑕丘城、金口坝寺院、嶧阳山、峄山、阳山、陶山、罗汉山、卓山、云龙山上，刻了一系列经文、佛名。

武平元年（570），僧安离开邹鲁，来到徂徕山，与梁父县令王子椿父子等人，在光化寺旁巨石及映佛岩上，镌下佛经两段、佛名一篇、题名若干。

本年底或次年春，他离开光化寺，西行北齐都城。此时，皇家主持的鼓山石窟造像刻经工程已接近尾声，他在洞窟外山坡上刻了几尊佛名。之后，离开鼓山来到滏山，成为滏山石窟刻经书丹的主笔之一。书刻了三处佛经、一处偈语、多处佛名。

第一节　崇梵寺刻经初试笔

北魏、东魏、北齐时期，山东地区敬佛的形式，不同的地方有不同的特点与内容。青州一带大肆镌刻佛像，以供奉于寺院中，参行礼拜；兖州一带则是刊刻佛经，宣传诵念，专于一行，修习正定。

二十世纪七十年代以来，青州故地出土了大量佛造像，如：1976年3月，博兴县张官村出土72件石质陶质佛造像，造像发愿文年号有东魏武定，北齐天保、乾明、太宁、天统、武平等[①]。1990年，该村又出土了一批佛造像及相关文物，其中造像53件，有发愿文者15件。《发掘简报》认为，这批文物，与1976年出土的72件造像关系密切，它们"极有可能是集中了几个寺院的佛像一块儿埋入地下的"[②]。1984年，临朐县大关镇上寺院村明道寺遗址出土了1200块石造像、碑残石，年代为北魏、东魏、北齐、隋代[③]。1988年与1990年，诸城县体育馆在建筑工地出土了两批石造像及其他文物，其中残造像300多件，年代从北魏晚期迄于北齐、北周初年[④]。1996年，青州龙兴寺出土佛造像200余尊，年代从北魏开始，历东魏、北齐、隋、唐迄于宋[⑤]。另还有广饶、高青、惠民、无棣等县历年出土的佛造像，数量也不少[⑥]。这些佛造像，不过是青州诸寺院大批造像的"冰山一角"。说明北朝时期青州地区的事佛形式流行镌造佛像，而不是刊刻佛经，刻经作品极少发现。

① 常叙政、李少南：《山东博兴县出土一批北朝造像》，《文物》1983年第7期。
② 李少南：《山东博兴出土百余件北魏至隋代造像》，《文物》1984年第5期。
③ 临朐县博物馆：《山东临朐明道寺舍利塔地宫佛造像清理简报》，《文物》2002年第9期。
④ 诸城市博物馆：《山东诸城发现北朝造像》，《考古》1990年第8期。杜在忠、韩岗：《山东诸城佛教石造像》，《考古学报》1994年第2期。
⑤ 山东省青州市博物馆：《青州龙兴寺佛教造像窖藏清理简报》，《文物》1998年第2期。
⑥ 王思礼：《山东广饶、博兴二县的北朝造像》，《文物参考资料》1958年第4期。常叙政、于丰华：《山东省高青县出土佛教造像》，《文物》1987年第4期。惠民县文物事业管理处：《山东惠民出土一批北朝佛教造像》，《文物》1999年第6期。惠民地区文物管理组：《山东无棣出土北齐造像》，《文物》1983年第7期。

　　兖州地区与青州一带大不相同，这里的造像作品不太多。二十世纪七十年代，泰安市博物馆收集几件石造像，为东魏、北齐遗物。1992年，泗河金口坝出土了几十件石造佛像①，年代为北齐隋唐之间。另有东平湖周围的北齐隋造像②，济宁晋阳山个别造像③，兖州峄山造像④，其他各县区则很少有佛造像出土。令人炫目的是，这里的刻经却大兴其风，东魏、北齐、北周、隋从未间断。

　　僧安道壹出家的崇梵寺，寺院大、名望高、烟火旺，清民信众事佛的热情逐年高涨。此时的僧安突然意识到，自己的责任不能仅仅局限于寺院经生，弘教普度众生，有更艰巨的功业摆在广大社会上需要参行。大约北齐废帝高殷时期，他便走出崇梵寺，尝试于周围山上刻些佛名、佛号或经文，召唤人们觉醒。出寺东行一公里即书院东山，该山虽然不高，但山势逶迤，位置绝佳。登山西望，山脚下不远处即是他们泉水相潆、烟霞相映的圣院。于是他别有感发，在正对着寺院的西斜坡上，刻下"大空王佛"4字（图3-1）。字径50～100厘米，隶书一行。

图3-1

---

　　①　大部分藏兖州市博物馆，部分流散在民间。

　　②　张从军：《司里山摩崖造像展现"三教合一"思想》，《走向世界》2005年第5期。泰安市文物考古研究室：《山东东平白佛山石窟造像调查》，《考古》1989年第3期。张总、郑岩：《山东东平理明窝摩崖造像》，《文物》1998年第8期。刘慧：《泰山佛教史》，山东人民出版社2018年版，第112～113页。东平县出土，1973年移交泰安市博物馆两件北朝石造像。

　　③　孙星衍：《寰宇访碑录·访碑二》："晋阳山□以遵妻殷蔡造像。正书，开皇元年。"《石刻史料新编》，台湾·新文丰出版公司印行，第一辑第26册，第19874页。

　　④　莫炽主修：《滋阳县志》卷六《古迹志》（咸丰九年，1859）："峄山摩崖二种：在峄山中峰石上。隶二行，字大五、六寸不等。其上列云佛主耿绍宗妻高，佛主僧苌、僧凤，佛主道怀。此外尚有数行，惜被凿石者刬去。无年月（列在唐之前）。"

笔法生疏，风格拘谨，心无象数，明显的初试之笔。刻经的位置是僧安道壹有意
选择的，佛名内容也是他特意"创造"的。叮叮当当的斧锤声，激励着僧安内心
的激动，他首次打破规制、走出寺院、宣教于社会的感受，尽在"大空王佛"的
凿声中。

　　书院村北，有一与东山相连的山，名天池山，海拔280米。该山南麓崖壁
上也有僧安道壹镌刻的"大空王佛"（图3-2），双勾，隶书，1行4字，字径
20～39厘米。刻面大体面向崇梵寺，也是僧安道壹特意安排的位置。

　　崇梵寺南3.5公里处，有云翠山，海拔323米。山上林木蓊翠，怪石突兀。
在天柱峰西侧北首，僧安组织了比丘僧令、比丘道□、比丘僧太、比丘智□、

图3-2

图 3-3

比丘宝陵等人，再刻"大空王佛"名（图 3-3）。刻面高 1.4 米，宽 1.3 米，隶书 1 行，字径 27 厘米。

图 3-4

　　崇梵寺东南 2.5 公里处，有山曰大寨山，海拔 494 米。山势峻峭，崖石嵯峨。在两侧都是万丈峡谷的"仙人桥"上，僧安刻下"阿弥陀佛"1 行 4 字（图 3-4）。刻面长 0.7 米，宽 0.3 米。隶书，双勾，字径 25 厘米。僧安大概看到了"仙人桥"的险峻，故刻"阿弥陀佛"，保佑踏足者平安无事。

　　崇梵寺西 18 公里今之东平湖西岸司里山顶上，有寺院小著名气。皇建二年（561）前，僧安来到此寺，在山顶上刻下《诸行无常偈》（图 3-5）：

图3-5

"诸行无常，是生灭法，生灭灭已，寂灭为乐。"选自《大般涅槃经·圣行品》，
昙无谶译。书法特点属于僧安早期风格，与书院东山、天池山、云翠山、大寨
山上的佛名相比，似乎成熟了许多，时间上可能略晚一些。大约从此开始，僧
安道壹的弘教活动不单刊刻佛名，经文警句也成了选刻的内容。

　　司里山山体为寒武系石灰岩，质地细腻，易于雕刻。但山上可供刊刻的崖
壁仅有凸起的一组巨石，它是该山的主峰（图3-6）。因空间狭小，故而后来者
的功德工程，大都不顾前人的作品而一意为之。僧安刻罢偈文不久，皇建二年
（561），便有人在其作品右旁雕刻了弥勒佛一躯，并有造像记一则留传至今①。
造像记破坏掉僧安的偈文，也破坏了整个石面原貌。②

----

　　① 《造像记》6行，行6字，魏书，曰："大齐皇建二年□□，佛弟子□类 □□敬造弥勒下
生□□皇家师僧父母□□，普为一切众生□□道善愿。"
　　② 司里山经过一千多年的佛教洗礼，主峰南、东、西三侧面遍刻造像（佛像、道士像）。
其中南侧主尊佛像镌刻时间约在北齐或稍后，大佛右侧有北齐小龛造像若干排，东侧造像有早至
北朝者，但被宋代所刻9尊罗汉像破坏掉一些。西侧多为宋元作品，密密麻麻，遍刻夹道两侧。
东坡崖壁上有隋代《大般涅槃经·憍陈如品》。司里山山体矮小，然其宗教活动自北朝至明清
未曾间断，说明此处定然存在着非同寻常的宗教氛围。赖非：《山东北朝佛教摩崖刻经调查与研
究》，科学出版社2007年版，第11页。

图3-6

崇梵寺西2公里处，有两座平顶山岭，酷似"石鼓"，当地人称二鼓山。河清元年（562），僧安道壹在西石坪上，与比丘僧太、比丘道颙、程伯仁等同刻"大空王佛"，有"河清元年"款（图3-7）。刻面长5.92米，宽1.83米，隶书一行，字径25～328厘米，是本阶段僧安刻得最大的一处佛名。从周围环境看，这一位置的选择颇具"心机"。此山"大空王佛"，与东山、天池山"大空王佛"呈三角位置遥相呼应，中间一片建筑，正是他们的崇梵寺。寺院周围由

图3-7

"佛"形成了完整的气场。此时，僧安道壹名字叫"僧安一"，从此以后，不再使用这个名字。

　　东平县银山镇银山村北，有山曰银山，海拔131米。河清年间（562～564），僧安道壹来此山阳刻"佛说摩诃般若波罗蜜"名号（图3-8）。刻面倾向190度，隶楷书，5行共9字，字径110厘米。石刻面粗糙不平，然刻字笔画皆完好。

图3-8

　　刻罢银山佛名号不久，僧安再次来到司里山，在主峰东崖壁上，刻下鸠摩罗什（344～413）所译《摩诃般若经·明咒品》一段（图3-9）：

　　　　白佛言：世尊，般若波罗蜜是大明咒，般若波罗蜜是无上咒，般若波罗蜜是无等等咒。佛言：如是，如是，憍尸迦，过去诸佛，未来诸佛，今十方现在诸佛，亦因是咒，得阿耨多罗三藐三菩提。憍尸迦，因是明咒，十善道出现于世。①

————————

① 《大正大藏经》第8卷第543页。

图3-9

刻面高3.1米，宽3.6米。隶书，字径45～55厘米。如今，刻经大部分被宋代造像破坏，仅见"白佛言□　罗蜜是　罗蜜是　罗蜜是　佛言　过去　十方　咒得　三菩"等字。

《摩诃般若经·明咒品》之右，另刻佛名一处，风化漫漶严重，今仅见"佛"字及几笔残字痕。"佛"字径40厘米，笔画基本完好，书风与其左经文相同。从书风上看，这两件作品比主峰正面的《诸行无常偈》都晚，或晚至河清三年（564），与洪顶山河清三年（564）刻的作品风格相似。

崇梵寺在群山环抱之中，西近有大洪顶、二鼓山，远有东平湖、大清河（今已与黄河合流），东有书院东山、天池山，南有云翠山、大寨山。水系发达，物产丰富，环境既相对封闭，又面向华北平原，开阔而幽静。僧安道壹围绕着寺院周边镌刻的佛名，筑成了一处佛力广大无边的佛教"道场"。道场的中心就是崇梵寺与"洪顶山寺"——他最喜欢的两座寺院。这种立佛布局，与多年后他在邹城峄山、阳山、尖山、铁山、葛山、冈山刻经的想法，是一样的。

第二节　法洪"空"诱惑，合作洪顶山

　　大约北齐河清元年（562），僧安道壹离别崇梵寺，越过大洪顶，来到与崇梵寺直线距离约10公里的"洪顶山寺院"。洪顶山在今东平县旧县乡屯村铺东北1.5公里处，海拔368米。寺院建在二洪顶西麓"凹"字形山谷内一片开阔地带上，往东不远处有茅溪泉，终年不涸，往西1.5公里即东平湖岸。可谓湖光山色，泉韵松风，富庶而幽静（图3-10）。

　　洪顶山寺院早已不见任何建筑，也不入任何记载，所以也不知寺院名称。遗址东西长约120米，南北宽约40～50米，面积约6000平方米[①]（图3-11），1964年冬，村民修水库将遗址破坏殆尽。据当地人说，当时挖出很多砖瓦陶片，还有4件石柱础，统被垫压在水库围堰之内。现存暴露的部分，可见30～50厘米的文化层堆积及几座晚期墓葬。随处可捡的新石器、战国、汉代陶片和北朝

图3-10

────────────

　　① 遗址是笔者1998年秋调查传拓测绘洪顶山刻经时发现的。

图3-11

砖瓦（图3-12），证明这里不仅有人长期居住生活，而且北朝时还曾修建过一处中型建筑群落。这组建筑就是当时与僧安道壹刻经密切相关的寺院。可惜的是，寺院在北朝后不久就荒废掉了（遗址中不见隋以后的建筑遗物）。洪顶山刻经经主法洪（鸿），大概是该寺的主持。

法洪（生卒年不详）姓释名洪（鸿），佛教文献中没有他的记录。大齐河清三年（564），刻在洪顶山南崖壁上的《法洪铭赞》，说他是"娑婆国土阎浮□落天竺人也。挺

图3-12

特三空，空王之初，纷论万行，卢舍之后……道性融冶，德侔今古。荡荡其怀，萧哉攸哉。非空不谈，非如不说。谈空说空，是非两泯……"。径言他是中天竺来此传教的沙门。洪顶山寺院规模不大，却能吸引来自佛国印度的释教嫡传，

足见这里有着非同一般的魅力。是因为这里环境优美，是因为这里佛教氛围浓厚，还是因为两者兼而有之？法洪的到来，影响广大深远，即连寺院附近的山，也因"洪"的名字改叫"洪顶山"（有大洪顶、二洪顶之分），一直延续到今天。

由于法洪"非空不谈，非如不说"的"性空"主张，与僧安道壹的信仰倾向完全一致；更由于法洪"道隆朗出，内外咸通"的修养，让僧安倾慕仰望；这些都影响着他结束了崇梵寺的修行，来到洪顶山寺院，与法洪同道敬佛修为。

洪顶山共刻佛经、佛名、铭赞、题名、题记22处，其中北崖壁16处，南崖壁6处。刻年款的作品有：

一、北崖壁风门口处的《安公之碑》（亦称《风门口碑》），年款为佛历"双林后千六百廿年"。

二、北崖壁《大空王佛》（4字长9.3米者）附《大空王佛题名记》，年款为佛历"释迦双林后一千六百廿三年"。

三、北崖壁《僧安道壹铭赞》年款为"□□□林后一千□□□"。

四、南崖壁《法洪铭赞》，年款为"大齐河清三年岁次实沉"。

《僧安道壹铭赞》残毁严重，其时间不敢妄猜。一、二作品时间相差三年是明确的，河清三年即公元564年，也是明确的。而佛历、汉历的对应关系，释迦双林（即释迦牟尼逝世）的具体公元纪年，南传和北传佛教有不同说法，国内外研究者也有不同见解①。传统说法是，释迦牟尼大约生活在公元前565～前486年，其实也是一个不确定的约数。所以法洪、僧安使用的佛历、汉历纪年，很难明确它们之间的绝对时间关系。故只能根据作品风格，将它们确定在大齐河清三年（564）前后。或前或后的具体年数，只有法洪、僧安二人清楚。

从洪顶山"22处刻字书法风格差别不大"这一结论看，僧安道壹在这里待

---

① 〔日〕桐谷征一：《北齐大沙门安道壹刻经事迹》："所谓'释迦双林后'引自释迦牟尼入灭的典故：沙罗双林。……我认为洪顶山题记所载佛灭纪年，与南岳慧思所著《南岳慧思大禅师立誓愿文》所示佛灭纪年相近。可以设想洪顶山的佛灭纪年来源于印度或中亚僧人，这在当时的北齐是一般民众不可能得知的资讯，因此与当时被广泛接受的《历代三宝记》中所载的佛灭纪年相左，而与慧思《愿文》同说。……按照慧思佛灭纪年说，其出典在《本起经》，依此推算释迦牟尼于公元前1068年（癸酉）2月15日80岁入灭。……洪顶山的'佛灭后一六二〇年'（慧思说）即北齐天保四年（553年）。"山东省石刻艺术博物馆编：《北朝摩崖刻经研究》（续），香港天马图书有限公司2003年版，第64页。

了不过三四年的时间。其间，不排除他离开洪顶山去别处弘法刻经，然后又回到本院出出进进的经历，但总体看来，僧安的刻经事业，洪顶山为其重要据点。其一生的刻经历程，崇梵寺为第一站，这里为第二站。

根据作品内容、风格、所在位置分析，可知僧安道壹在洪顶山的刻经有四个时段：

第一时段镌刻的都是佛名，首先在北崖壁刻了《十三佛题名》，继而在附近又刻《大山岩佛题名》《高山佛题名》《安王佛题名》《药师琉璃光佛题名》。

《十三佛名》（图3-13）位于北崖壁东段。刻面高3.2米，宽8.2米，隶书，楷意浓，17行，行2～7字，字径35～72厘米。内容为：

式佛 维卫佛 式佛 随叶佛 拘楼秦佛 拘那含牟尼佛 迦叶佛 释迦牟尼佛 弥勒佛 阿弥陁佛 观世音佛 大势至佛 释迦牟尼佛 具足千万光相佛 安乐佛 主法鸿

《大山岩佛题名》（图3-14）位于北崖壁东段、十三佛名上方。刻面高3.63

图3-13

图3-14

图3-15

图3-16

米，宽1.96米，隶书，楷意浓，1行4字，字径196厘米，曰："大山岩佛"。

《高山佛题名》与"大山岩佛"相邻。刻面高1.03米，宽0.36米，隶书，楷意浓，1行3字，字径36厘米，曰："高山佛"。

《安王佛题名》（图3-15）与"大山岩佛""高山佛"相邻。刻面高1.6米，宽0.98米，隶书，楷意浓，1行3字，字径98厘米，曰："安王佛"。

《药师琉璃光佛题名》（图3-16）位于北崖壁"风门口"处。刻面高0.78米，宽0.14米，隶书，1行6字，字径13厘米，曰："药师琉璃光佛（主）"。

以上众佛名的位置，是北崖壁最

显要的地方。刻字居高临下，空间开阔，远目南山壁立，空山幽峪。近前小平台可坐可立，利于观瞻，且不易遭到破坏。一般的刻石者心理，首先选择这样的位置（图3-17）。

图3-17

众佛名隶书体势突出，结构略显拘谨，分明是僧安早期书风的特点。更重要的，众佛名位置挨在一块，空间关联性强。《大山岩佛题名》位于崖壁上部，镌刻需要扎木架施工。《安王佛题名》《高山佛题名》与其位置近邻，刻完《大山岩佛题名》，再刻《安王佛题名》《高山佛题名》，不用拆架子，省工又省力。五刻全是佛名，刻佛名恰恰是僧安早期刻经的一个特点。

"安王佛""药师琉璃光佛"俱见于《佛说佛名经》，而"大山岩佛""高山佛""大空王佛"，皆为僧安道壹"杜撰"。高山上刻"高山佛"，山崖上刻"大山岩佛"，高山是佛，山岩是佛，佛无处不在，无处不有。佛无边无际，无名无相，无归依，无洲渚……这就是僧安道壹信奉并宣扬的"大空"理念。

僧安道壹从崇梵寺来到洪顶山寺，本是冲着法洪来的——服膺法洪的道业，景仰法洪的人品，认同法洪的大道追求。但他俩却从未合作过。第一次联手敬佛，一组佛名的镌刻，是最简化、最容易让彼此都能接受的缘分。

　　第二时段刻了8件，其中北崖壁风门口4件，北崖壁西端2件，南崖壁2件。

　　北崖壁风门口4件是：《安公之碑》、《风门口碑题字》、《文殊般若经》98字段（之一）、《僧安道一题名》。

　　《安公之碑》（图3-18）位于北崖壁"风门口"处，为山体上端一夹道中的小高台上。夹道两边是石壁，中间是宽1～1.3米的空间。藏坐此处，独有天地，举目远望，湖光山色，微风习习，开阔而幽静。"碑"的刻面高1.05米，宽0.67米。碑额题"安公之碑"4字，篆书。碑文隶楷书，8行，行12字，字径7厘米。曰：

图3-18

　　大沙门僧安，不安所安，安所不能安。大道一，不一所一，一所不能
　　一。不安所安，不安于安，安所不安，能安于安。不一所一，不一其一，一
　　所不一，能一其一。词曰：安故能一，一故能安，安一一安，岩上雕刊。
　　双林后千六百廿年。

　　《安公之碑》的撰者是谁？或僧安本人，或另有他人，但绝不是法洪。洪顶山还有另外两篇性质类似的赞文，一篇是南崖壁上的《法洪铭赞》，另一篇是北崖壁上的《僧安道壹铭赞》。两《铭赞》行文风格一样，出一人之手。但与《安公之碑》行文风格迥异。

　　《安公之碑》用"辩证"的手法，论述了"安"与"一"的哲理关系。将"僧安道壹"这一名字的含义，阐释得空阔独到、深刻明了。碑文潜心于"一行三昧"的辩证思维，既是对僧安道壹宏远追求的宣示，也是对他大乘品格的刻意标榜。当然还可看到僧安此时的年纪、修养与影响，想到他与法洪的关系。他能在他们的系列合作活动中，首选洪顶山的最佳位置——风门口，用工整的小隶楷书，刻下这有些张扬的《安公之碑》。僧安与法洪此时相互依赖的心态，很容易让人理解到一种默契。

　　《安公之碑》左下角不远处又题《风门口碑》，刻面高0.6米，宽0.2米，隶楷书，1行4字，字径18厘米（题刻内容为："风门口碑"4字）。《安公之碑》右侧有《文殊般若经》98字段（之一）（图3-19），这是僧安道壹在洪顶山刻得最早的一篇经文。选自梁扶南国三藏曼陀罗仙（生卒年不详）译《文殊师利所说摩诃般若波罗蜜经》。此后，僧安经常镌刻此段内容。本刻面高2.36米，宽2.97米，隶书，10行，行10字，字径18~35厘米。曰：

　　文殊师利白佛言：世尊，何故名般若波罗蜜？佛言：般若波罗蜜，无边、无际、无名、无相，非思量、无归依、无州渚，无犯、无福、无晦、无明，如法界无有分齐，亦无限数。是名般若波罗蜜，亦名菩萨摩诃萨行处。非行，非不行处，悉入一乘，名非行处。何以故？无念无作故。[1]

---

① 《中华大藏经》第八卷第257~258页。

图3-19

图3-20

此经文之右刻"僧安道一"4字（图3-20），刻面高0.58米，宽0.2米，隶书，1行4字，字径20厘米，可视为经主的"签名"。此处"僧安道壹"之"壹"字用"一"（此后再也不用），不用"壹"，显然是二鼓山"僧安一"用"一"的习惯延续。可见洪顶山与二鼓山（河清元年，562）两山刻经在年代上的递续关系。

北崖壁西端刻《僧安道壹铭赞》（图3-21），刻面高2.47米，宽1.42米，隶书，6行，行12字，字径12厘米。曰：

图3-21

　　大沙门僧安，又名道壹，广大乡□□里人也。寂□三世，若积石之千峰。□体□□，并崆峒之万岭。崔嵬道德，器度风流。乃为词曰：重叠王□，□□□义。石石镌铭，山山□□

　　□□□林后一千□□□□

　　《铭赞》右侧刻《僧安道壹题名》（图3-22），刻面高1.87米，宽1.09米，隶书，1行，4字，字径12～75厘米。外有圭形刻框，竖刻"僧安道壹"4字，是《铭赞》的题目。

图3-22

本时段在南崖壁刻的两件作品是《法洪铭赞》与《文殊般若经》98字段（之二）。《法洪铭赞》（图3-23）位于南崖壁中部，刻面高2.15米，宽1.42米，隶书，9行，行16字，字径13厘米。曰：

沙门释法洪，娑婆国土阎浮□落天竺人也。挺特三空，空王之初，纷论万行，卢舍之后。构神苕亭，与有顶而争峰；机翰广大，共无边而竞远。道性融冶，德侔今古。荡荡其怀，萧哉攸哉。非空不

图3-23

谈，非如不说。谈空说如，是非两泯。无说无谈，有无双亡。词曰：中天沙门，姓释名洪。道隆朗出，内外闲通。□风叇□，厥行邑邑。确尔法界，冥心大空。

大齐河清三年岁次实沉。

《铭赞》中谈到法洪的籍贯，但主要是宣扬他的宗教主张，歌颂他与古今贤达齐肩的品行。与北崖壁的《安公之碑》《僧安道壹铭赞》属一类文字，皆为相互赞美之辞。此时，僧安与法洪初共事不久，相互尊敬、客气待人甚至吹捧之意还在。故有理由认为，这几件题刻是他俩最早合作的见证。

洪顶山南崖壁西段，又刻《文殊般若经》98字段（之二）（图3-24）[①]。刻面高4米，宽2.45米。隶书，7行，行14字，内容与北崖壁风门口有僧安道一"签名"的98字文完全相同。经文后刻"经主释法洪供奉"，为法洪出资镌刻供奉的第二处法宝（第一处是《十三佛题名》）。

图3-24

---

① 《中华大藏经》第八卷第257～258页。

　　第三时段的刻经都在北崖壁，有《文殊般若经》54字段、《大集经·海慧菩萨品》(选段)、《仁王经》(选段)、《大空王佛题名、记》。

　　《文殊般若经》54字段(图3-25)位于洪顶山北崖壁最西端。刻面高1.96米，宽1.28米，隶书，6行，行10字，字径15～20厘米。内容选自曼陀罗仙译《文殊师利所说摩诃般若波罗蜜经》卷上一段，曰：

　　　　佛言：舍利弗，汝问云何名佛，云何观佛者。不生、不灭，不来、不去，非名、非相，是名为佛。如自观身实相，观佛亦然。唯有智者，乃能

图3-25

知耳。是名观佛。[1]

　　与《文殊般若经》54字紧相邻的石面刻《大集经·海慧菩萨品》选段（图3-26）[2]。刻面高1.5米，宽1.4米，隶书，7行，行8字，字径15～20厘米，内容选自昙无谶译《大集经》。曰：

图3-26

　　　　能调心者，名之为施。身心清凉，名之为戒。诸法无常，名之为忍。勤修是知，名为精进。内外清净，名为三昧。观真实故，名为智慧。[3]

　　经文前刻"经主道门"4字，道门（生卒年不详）是本经的经主，估计也是山下寺院的僧人，是本寺除法洪以外唯一留下名字的和尚。

---

① 《中华大藏经》第八卷第251页。
② 邹城铁山刻经《石颂》称此段经文曰《穿菩提品》。
③ 《大正大藏经》第13卷50页。

　　《仁王经·受持品第七》（选段）（图3-27）位于北崖壁中段。刻面高2.13米，宽1.17米，隶书，7行，行10字，字径20厘米。选自鸠摩罗什译《佛说仁王般若波罗蜜经》，曰：

　　　　佛告波斯匿王：是般若波罗蜜，是诸佛菩萨一切众生心识之神本也，一切国王之父母也。亦名神符，亦名辟鬼珠，亦名如意珠，亦名护国珠，亦名天地镜，亦名龙宝神王。①

图3-27

———————————

① 《大正大藏经》第8卷第832页。

图3-28（1）

《大空王佛题名、记》（图
3-28）位于北崖壁中段。刻面高
9.3米，宽4.9米。隶书，6行，
行4～14字，字径：大字410厘
米，小字20厘米。曰：

　　大空王佛。
　　释迦双林后一千六百廿
三年。
　　大沙门僧安道壹书刊
大空王佛。□□□□□十
□□□书经□□贝□此功德
具神通力行□□□□□婆
若□□□界□□□□□彼
□□□□助成。

图3-28（2）

《大空王佛题名、记》刻于"释迦双林后一千六百廿三年"，是《安公之碑》（释迦双林后一千六百廿年）刻后的第三年。该纪年的存在，表明僧安道壹在洪顶山的活动时间至少有4年。题记称"大沙门僧安道壹书刊大空王佛"，这是泰峄山区20多座刻经山上，唯一一处能够直接确定僧安道壹书写权的证据。题记又称："此功德具神通力行"。再次不遗余力地自我褒奖，展现了他的自信，也反映出法洪对他的认可和信任。

第四时段的刻经有北崖壁《摩诃衍经》，南崖壁四处"大空王佛"题名。

《摩诃衍经》（图3-29）位于北崖壁西段，刻在碑形图案中（摩崖刻经碑）。碑龙首，额题"摩诃衍经"4字（双勾）。碑座为正面龟形，线刻。碑通高7.55米，宽2.9米。经文隶书，6行，行12字，字径30～51厘米。书丹

图3-29

后多数字未施刻凿，清晰的界格内仅见"萨"、"散"2字（完成品），另有个别凿出的双勾笔道。内容如碑额所题，选自《摩诃般若波罗蜜经·问乘品第十八》，单本名为《摩诃衍经》。鸠摩罗什译。

> 菩萨摩诃衍，复次，须菩提，菩萨摩诃萨摩诃衍，所谓内空、外空、内外空。空空、大空，第一义空。有为空、无为空。毕竟空、无始空。散空、性空。自相空、诸法空、不可得空。无法空、有法空、无法有法空。①

经文刻在摩崖碑形图案中，是僧安道壹首次用碑的形式作为载体进行刻经。14年后，北周大象元年（579），他在铁山摩崖上再一次设计了刻经碑，规模比此更大。

南崖壁《大空王佛题名》（之一）（图3-30）位于中段《法洪铭赞》之右1.4米处。刻面高1.35米，宽0.45米。隶书，1行4字，字径38厘米。曰："大空王佛"，双勾镌刻。

南崖壁《大空王佛题名》（之二）位于中段，刻面高1.35米，宽0.45米。隶书，1行4字，字径45厘米，曰："大空王佛"，双勾镌刻。

南崖壁《大空王佛题名》（之三）位于西段，刻面高1.5米，宽0.31米。隶书，1行4字，字径50厘米，曰："大空王佛"，双勾镌刻。

图3-30

① 《大正大藏经》第8卷第250页。

图3-31

南崖壁《大空王佛题名》（之四）（图3-31）位于西段，《文殊般若经》98字段（之二）之右。刻面高2.21米，宽1.08米。隶书，2行，字径36厘米，曰："大空王佛，沙门释法洪供奉。"双勾镌刻。法洪既供奉经文，也供奉佛名。佛名即佛。佛、经（法）、僧（有法洪），佛教三宝也。

此组作品皆半成品，有的字书写后未来得及刻，有的仅施双勾刻，显然都是因故草草了事所致。特别是北崖壁《摩诃衍经》的精心筹划却匆忙收工的结局，更让人揣摩不透个中缘由。

洪顶山北崖壁上还镌刻了4处佛龛小像，规模不大，龛高多在40厘米、宽30多厘米，较为粗糙，其中一件为未完工的半成品。僧安道壹是否参与其中，不得而知。

第三节　广结良缘，南行瑕丘峄山周围

大约在北齐河清三年（564）夏，僧安道壹离开洪顶山寺院，南下来到兖州瑕丘城与峄山周围宣教弘法，在水牛山、凤凰山、瑕丘寺院、嵫阳山、峄山、阳山、陶山、罗汉山、卓山、云龙山刊刻了一批佛经与佛名。

水牛山在今汶上县白石乡小楼村东，僧安道壹去瑕丘城路过此地。当时，

这里的佛教氛围相当浓厚，周围建有不少大大小小的寺院，其中，影响最大的有白石寺、石窟寺、龙华寺，僧安在这里有过短暂停留。

白石寺在今汶上县白石乡白石村，与水牛山相距约3公里。其规模非同一般，名传至今的"白石村"，即因寺而得名。寺院自北朝一直延续下来，烟火有盛有衰，至民国时仍有一些建筑存在。北齐时期，该寺有不少比丘参与了水牛山《文殊般若经》碑的镌刻活动。

《文殊般若经》碑原立在水牛山顶上，无年月，碑的形制、碑额龛内造像风格及经文书法，视为北齐作品无疑①。其碑侧题名曰：

> 经主：白石寺比丘……他……高万太……石窟寺法高……，邑人兖州主羊穆……邑人羊释子……，经主厉威将军、兖州东阳平太守、□州五城上郡太守太山羊钟，郡功曹束市贵，邑人奉朝请羊善，邑人羊万岁，白石寺……朔建……比丘……中正束扈姜……龙华寺……超束……持大……中正束愿……东三……明达，都维那束……

以上题名除白石寺外，还有石窟寺、龙华寺，距水牛山也不太远，或在今宁阳、汶上二县交界处②。石窟寺比丘法高（生卒年不详）、龙华寺比丘□□等人，是这次活动的组织者、参与者；□州五城上郡太守羊钟（生卒年不详）及郡功曹束市贵（生卒年不详），以及他俩为代表的羊氏家族成员、束氏家族成员，都是这次活动的积极参与者与出资人。泰山羊氏，自汉代至南北朝时期，是世代为官的名门望族③。羊钟等人，不见史载。束氏家族在当地也有一定地位④。《文殊般若经》碑的书写者是谁，无从知晓，但肯定不是僧安道壹手笔，他没有参与该碑的刊制。

---

① 《文殊般若经》碑，1972年移藏汶上县博物馆，水牛山顶原地留有碑趺槽。

② 《宁阳续志》还载有宝相寺，在县东。创始年代不详，宋人曾铸铁塔于院内。石碣寺，在县东十八里石碣集。又名云盖寺，相传隋仁寿二年建。白塔寺，在邑城西。普照寺，在蟠龙玉洞之南麓，有明天启间重修碑出土。

③ 郑樵《通志·氏族三》曰：羊氏，"即羊舌氏之后，春秋末始单为羊氏，秦乱徙居泰山"。"羊舌氏，姬姓，晋之公族也，靖侯之后，食采于此，故为羊舌大夫，有四族，皆强家。羊舌，晋邑名，未详其所"。至汉代，羊续为南阳太守。南北朝时期，羊氏显绩于正史者代不乏人，羊欣、羊玄保称名于南土，羊规之子孙则著声于北方。

④ 郑樵《通志·氏族五》曰："《晋书》疏广之后……束氏望出南阳。"

图3-32

　　僧安没有参加经碑的刊立，但却与这些寺院的比丘有过交往，山顶经碑下方的《文殊般若经》52字（图3-32），是他们合作的见证。经文位于山阳摩崖石壁上，距刻经碑不远。刻面高2.6米，宽1.95米。隶楷书，6行，行9字，字径27厘米。内容选自梁曼陀罗仙译《文殊师利所说摩诃般若波罗蜜经》。曰：

　　　　舍利弗，汝问云何名佛，云何观佛者。不生、不灭，不来、不去，非名、非相，是名为佛。如自观身实相，观佛亦然。唯有智者，乃能知耳。是名观佛。①

所刻经文与他在洪顶山北崖壁最西端刻的一段内容相同。摩崖经未刻经主姓名，我们猜测它的经主或与刻经碑经主是同一伙人。

　　僧安在上述寺院住了多久不太清楚，同一时期，他还在凤凰山刻下一组佛名。凤凰山位于今宁阳县葛石镇刘家庄村东500米处，距水牛山不太远，山上林石蓊郁，风光佳美。有刻字5处：

---

　　① 《中华大藏经》第八卷第251页。

　　《弥勒佛题名》位于山顶南端。刻面长0.92米，宽0.72米，隶楷书，2行，行3字，字径34厘米。曰："弥勒佛。彭大卖"。彭大卖是佛名主。

　　《华光佛题名》位于山顶南端，弥勒佛名北邻。石原在今址之北，呈直立姿，现已倾斜。刻面长0.7米，宽0.3米，隶楷书，1行3字，字径29厘米。曰："华光佛"。

　　《大空王佛题名》（图3-33）位于山顶北端，夹缝石东石东侧面。刻面高0.85米，宽0.23米，隶楷书，1行，行4字，字径22厘米。曰："大空王佛"。

图3-33

另有两处"佛"字，皆系未完成品。其一：在山顶中部石坪上，刻面长0.74米，宽0.85米。隶楷书，2行，字径34厘米，曰："佛。身尹门"。其二：在山顶中部石坪上，所在石面长5米，宽3米。仅见一"佛"字，隶楷书，字径21厘米。双勾，刻左、上数笔，其余未刻，字痕清晰可见。

僧安道壹离开水牛山凤凰山，便南下来到瑕丘城。瑕丘是当时兖州治所驻地，魏收《魏书·地形志中》："兖州：后汉治山阳昌邑，魏、晋治廪丘，刘义隆治瑕丘，魏因之。"领泰山郡、鲁郡、高平郡、任城郡、东平郡、东阳平郡六郡，东魏、北齐未变。瑕丘城内有很多寺院，其中最著名的一是普乐寺，一是瑕丘尼寺。

普乐寺在瑕丘城北，隋文帝颁分舍利有它一份[①]。当时能把舍利颁分给它，是因为该寺院为隋朝官定的州寺院。初建于北魏，北齐时已名声大噪。

普乐寺于"宋太平兴国七年改为兴隆寺"，"寺在府治东北"[②]。《王禹偁记》云：

> 兴隆寺者，东兖招提之甲也。先是三门，建于大中年间，兖、海、沂、密等州连帅刘公莒之所立也。位历数朝，时踰百纪，风雨所寇，檐楹不完。寺众羞之，思所整葺，而力未支也。公乃革其旧址，立以新基，易之以金铺，构之以重阁……足以作鲁邦之胜，概为法门之雄观者欤。[③]

今宋建砖塔犹在，二十世纪三十年代，塔旁还有千佛石造像存立。

瑕丘尼寺更是闻名全国，唐李百药《北齐书·羊烈传》载，泰山羊氏曾为本族女寡居无子者，在兖州修建女寺。

> 烈家传素业，闺门修饰，为世所称，一门女不再醮。魏太和中，于兖

---

① 释道宣《广弘明集》卷十七《佛德篇》载："兖州表云，敕书分送起塔以瑕丘县普乐寺，最为清净。即于其所，奉安舍利。"释道宣《续高僧传》卷二十六《释法性传》曰："释法性，兖州人，少习禅学，精厉行道。……仁寿之年，敕召送舍利于本州普乐寺。"
② 《兖州府志》卷四十八，天一阁藏明万历元年版。
③ 《兖州府志》卷四十八，天一阁藏明万历元年版。

州造一尼寺。女寡居无子者，并出家为尼，咸存戒行。[1]

这一家规传统，使羊氏家族出了两位声震佛界的名尼：一位是竺道馨（生卒年不详）[2]，一位是僧念（生卒年不详）。[3]

瑕丘尼寺在全国有很高的声望，然而瑕丘尼寺的位置，史籍并未留下记载。1992春，兖州南关李永军先生于泗河边游玩，在兖州通往邹城的公路桥西150米处，发现一块长石板上有字，随即拉至家中，清洗后得知是一则《造像发愿文》，遂即捐献给兖州市博物馆。（图3-34）其文曰：

图3-34

---

① 李百药：《北齐书·羊烈传》，中华书局1972年版，第576页。

② 宝唱：《比丘尼传》卷一《竺道馨尼传》：本姓羊，泰山人。住洛阳东寺，长于《法华》《小品》。为"一州道学所共师宗，比丘尼诵经，自道馨始。"《高僧传合集》，上海古籍出版社1991年版，第964页。

③ 宝唱：《比丘尼传》卷四《僧念尼传》："僧念本姓羊，泰山南城人。父弥，州从事史。念即招提寺昙叡法师之姑也……十岁出家，为法护尼弟子，从师住太后寺……诵《法华经》……宋文孝武二帝常加资给，齐永明十年中移住禅林寺，禅范大隆，谘学者众。司徒竟陵王四时供养。年九十，梁天监三年卒，葬秣陵县中兴里内。"《高僧传合集》，上海古籍出版社1991年版，第974页。

盖惟三空明彻，六度凝清，理协亡言，行侔实际。逍遥无得无住□所，纵容一道一原之中。挺志高悟，特锺玄旨，风仪韶峻，厥趣萧然。汤汤焉，虀虀焉，复何言哉！若夫邑义人等，品第膏腴，琼华玉闰，亭亭素月，明明景日。以大齐河清三年岁次实沉，于沙丘东城之内优婆夷比丘尼之寺，率彼四众，奉为太上皇帝陛下、师僧父母，俾闰含灵一切有识。于是，法堂魏魏，廊庑赫弈，磊硌而重叠，峨峨以连属。又乃敬造阿弥陀连座三佛。日轮将坠之彩，俄影余光之色，四大海水之眼目，五□弥山之豪相。夷徒花荢，道气消扇。尼□琬琰，显美正观。词□：（以下残灭16字）[1]

《造像发愿文》原石长140、宽38厘米，体量较大，书法峻逸整饬，行文隽永气派，非一般小尼寺能出。文中的比丘尼寺，很可能就是羊氏当年所造的瑕丘尼寺[2]。该尼寺最初的规模不一定多大，抑或如宋元嘉二年（425）青州刘善明家中置立的佛堂。以后名声越来越大，便得到了皇家和当地官府的特别关照。

兖州下辖鲁、邹，是春秋战国两汉以来著名的"邹鲁文化"故地，这里不仅产生了儒学及大批儒生，成为当时著名的儒家文化中心。有意思的是，还出现了很多著名僧人。如：

郗超（336~378），高平人，居白山灵鹫寺。[3]

释僧锺（生卒年不详），姓孙，鲁郡人。十六岁出家，居贫履道。尝至寿春，讲《百论》，妙善《成实》、《三论》、《涅槃》、《十地》等。齐永明七年卒，春秋六十。[4]

---

[1]　樊英民：《兖州发现北齐造像记》，《文物》1996年第3期。

[2]　2019年夏，李永军先生陪笔者再一次调查了《造像发愿文》的出土地。此处紧挨泗河水边，仍可见大量石板石块。观察地形后，隐约感觉到，此处曾有建筑群存在。李先生言，当地传说这里建过"女庵"。《造像发愿文》与1992年金口坝出土的大量残经石、残造像石不同，后者多为"水葬舍利"，有意"送"到水下的。《发愿文》板石体量大，文字保存基本完好，可知它本来就在此地，而非挪来挪去。是寺院坍塌废弃后，与其他建筑材料一并淹没水土中的。瑕丘尼寺的位置似有眉目可寻，但需考古发掘证明。

[3]　房玄龄：《晋书·郗超传》，中华书局1974年版，1802~1805页；慧皎：《高僧传》卷四《于道邃传》，《历代高僧传》，上海书店1989年版，原页码350。

[4]　慧皎：《高僧传》卷八《释僧锺传》，《历代高僧传》，上海书店1989年版，影印《大正大藏经》第五十卷版本，原页码375。

释慧重（生卒年不详），姓闵，鲁国人，侨居金陵。早怀信悟，有志从道，大明六年敕为新安寺出家，于是专当唱说。禀性清敏，识悟深沉。①

释法申（生卒年不详），本姓吕，任城人也。幼年出家，凤怀儒素，广学经论。宋太始之初，庄严寺法集，敕请渡江住安乐寺。淳厚仁慧，不出厉言，安闲守素，不狎人世。②

释法力（生卒年不详），魏末人。精苦有志德，欲于鲁郡立精舍，而财不足，与沙弥明琛往上谷乞麻一载，将事返寺，行空泽中忽遇野火，……安隐（应为"稳"字）而还。③

释宝安（生卒年不详），兖州人。安贫习学，初依慧远（334～416），听涉《涅槃》，博究宗领。周灭齐亡，南投陈国。大隋一统，还归乡壤。开皇七年，入关住净影寺。讲《十地》、《涅槃》，纯熟时匠。仁寿二年，奉敕置塔于营州梵幢寺。④

释法揩（生卒年不详），曹州人，十五岁出家，师习《涅槃》，……仁寿置塔，奉敕送舍利于曹州。⑤

另有：令宗尼（生卒年不详），本姓满，高平金乡人。⑥

康明感尼（生卒年不详），高平人。司空公何充以别宅为之立寺，名曰建福寺。⑦

僧安道壹来瑕丘的时候，这里的佛教活动正搞得如火如荼，刊碑造像诵经拜佛作功德，成为广大民众生活中的大事、常事。历年来金石著录中记载的文

　①　慧皎：《高僧传》卷十三《释慧重传》，《历代高僧传》，上海书店1989年版，影印《大正大藏经》第五十卷版本，原页码416。

　②　道宣：《续高僧传》卷五《释法申传》，《历代高僧传》，上海书店1989年版，影印《大正大藏经》第五十卷版本，原页码460。

　③　道宣：《续高僧传》卷廿五《释法力传》，《历代高僧传》，上海书店1989年版，影印《大正大藏经》第五十卷版本，原页码645。

　④　道宣：《续高僧传》卷廿六《释宝安传》，《历代高僧传》，上海书店1989年版，影印《大正大藏经》第五十卷版本，原页码674。

　⑤　道宣：《续高僧传》卷廿六《释法揩传》，《历代高僧传》，上海书店1989年版，影印《大正大藏经》第五十卷版本，原页码675。

　⑥　宝唱：《比丘尼传》卷一《司州令宗尼传》。

　⑦　宝唱：《比丘尼传》卷五《康明感尼传》。

物遗迹，见证着当年活动的内容与规模①。解放后，兖州周围陆续出土不少佛教文物②，特别是1992年以来，兖州金口坝附近集中出土（水）了一批刻石，它们或是附近寺院水葬的舍利③，其中残经碑有：《文殊般若波罗蜜经》残碑石10块，为7通刻经碑碎石。另有残经碑一块，残存"当　是知诸"4字，隶书④，年代皆在北齐河清期间。兖州寺院的刻经工程如此大得人心，按照僧安道壹的思想主张与行为习惯，他不可能不参与其中。兖州博物馆收藏的两块残经石就是他的作品。二残石（图3-35）为同一刻经碑所属，复原后，可知它的书写格式与洪顶山南崖壁、峄山妖精洞、阳山刻经的格式完全相同，内容为《文殊般若波罗蜜经》98字文。⑤瑕丘城西30里有嶷

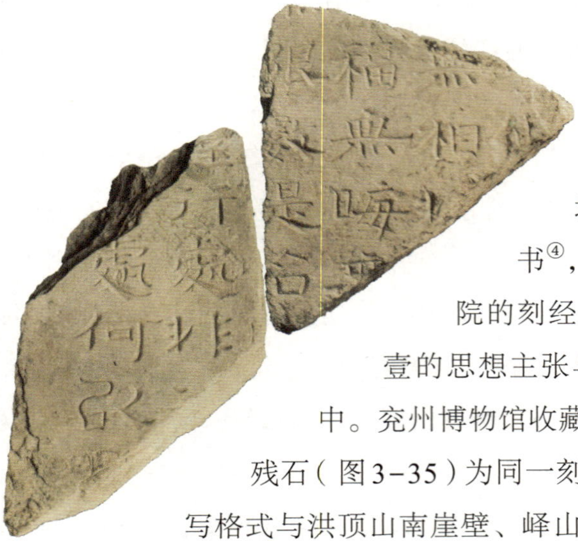

图3-35

---

① 如：兖州滋阳北齐摩崖造像，见冯云鹏：《金石索》。兖州滋阳北齐武平三年邑义主一百人造灵塔记，见陆增祥：《八琼室金石补正》卷二十二；北京图书馆金石组编：《北京图书馆藏中国历代石刻拓本汇编》008，中州古籍出版社1989年版。邹城北齐公孙文哲等造像碑并阴、侧，见《山东通志·艺文志》第十，石四，第4583页。邹城北齐韦太阳等造像碑，见《山东通志·艺文志》第十，石四，第4583页。嘉祥洪山北魏太和七年造像记，见《山东通志·艺文志》第十，石四，第4598页。嘉祥青龙山北魏太和八年造像题名，见《山东通志·艺文志》第十，石四，第4598页。济宁北齐天保十年比丘道朏造像记，见《山东通志·艺文志》第十，石四，第4598页。嘉祥北齐胡富女造像题字，见《山东通志·艺文志》第十，石四，第4598页。

② 解放后，兖州一带出土佛教文物：济宁市博物馆藏北魏、北齐、唐造像，见济宁市博物馆：《三尊佛造像》，《文物天地》1986年第6期。微山县出土北魏铜佛像，见张建锷：《微山征集一件北魏铜佛像》，《中国文物报》1998年11月9日1版。微山县出土隋代造像碑，见杨建东、赵明程：《山东微山县出土隋代造像碑》，《考古》2001年第6期。等等。

③ 舍利瘗葬在佛教寺院里不鲜见。见杜斗城、崔峰：《山东龙兴寺等佛教造像"窖藏"皆为"葬舍利"说》，刘凤君、李洪波主编：《四门塔阿閦佛与山东佛像艺术研究》，中国文史出版社2005年，第144页。水葬舍利也是处理残破石刻佛教圣物的一种方式。

④ 兖州金口坝出水（土）一批石造像，造像藏兖州市博物馆。兖州北齐造像记，见樊英民：《兖州发现北齐造像》，《文物》1996年第3期。王大中编：《兖州金口坝刻石遗珍》，中国文史出版社2016年版。

⑤ 见王大中编《兖州金口坝刻经遗珍》，中国文史出版社2016年版，第46页。

阳山，山上也有寺院，僧安来此，曾刻下"大空王佛"名①（图3-36）。

僧安道壹在瑕丘未待多久，便南行来到峄山。峄山又名邾峄山、邹山，位于今邹城东南10公里，海拔548米。山势挺拔，怪石嶙峋，风光尤佳，自古即为邹鲁名山，素有"小泰山"之称。秦始皇二十八年（前219）东行郡县，首登邹峄山，刻石颂德，以召天下。

秦汉以来直至南朝刘宋，峄山之阳一直是县治所所在地。这里原是小邾国的故城址②，南朝刘宋时期，县治所迁至铁山前，但峄山前不会没有寺院。僧安道壹来到峄山，毫无疑问驻锡在山前寺院里。

僧安在峄山共刻两处佛经：

一处《文殊般若经》98字段（之一）（图3-37），位于山顶五华峰之阳摩崖石壁上。刻面高2.13米，宽3.65米，隶书，11行，行10字，字径23厘米。选自梁扶南国三藏曼陁罗仙译《文殊师利所说摩诃般若波罗蜜经》③，所选内容与洪顶山两处完全一样，经主是何能（生卒年不详）等人，经文右下方石侧面有他们的题名：

图3-36

　　般若。河清三年。东莞何能，东平吕九斐，陈留□仇□，河间刘广，广弟义，赵根，孟苟儿，沙门僧万，王凤，石。（图3-38）

① 〔德〕雷德侯主编《中国佛教石经》山东省第三卷，中国美术学院出版社2017年版，第449～467页。

② 沈约：《宋书·州郡志》称邹为鲁郡治，又称文帝元嘉十三年兖州刺史治邹山。此说尚待斟别。邹县治所大约在南北朝初期迁至现在的位置。胡继先纂修：《邹志·建置志》："邑之城旧在峄山之阳，后徙今治。宋元嘉十三年建。"

③ 选段曰："文殊师利白佛言：世尊，何故名般若波罗蜜？佛言：般若波罗蜜，无边、无际、无名、无相，非思量、无归依、无州渚，无犯、无福、无晦、无明，如法界无有分齐，亦无限数。是名般若波罗蜜，亦名菩萨摩诃萨行处。非行，非不行处，悉入一乘，名非行处。何以故？无念无作故。"见《中华大藏经》第八卷第257～258页。

图3-37

图3-38

　　东莞，汉置侯国，晋武帝置东莞郡，北魏沿置，属南青州。领莒、东莞、诸三县[1]，治莒（今莒县），其地域在今山东莒县、沂水县及诸城市西南一带。东莞县至隋代改为沂水，即今沂水县境。东平即东平郡。陈留即陈留郡，南北朝有二陈留郡：一属梁州，在今河南开封。一属南兖州，在今安徽亳州。梁州陈留郡，汉置。杜佑《通典·州郡七》曰："东魏置梁州，及陈留、开封二郡，北齐废开封郡，并入陈留郡。后周改梁州为汴州。"[2]南兖州陈留郡，北魏正光中置。领山黄、浚仪、谷阳、东燕、武平等五县。河间即河间郡。魏收《魏书·地形志上》曰："汉文帝置河间国，后汉光武并信都，和帝永元三年复，晋仍为国，后改。领县四。"[3]武垣、乐城、中水、鄚属焉，在今河北省瀛州。而参与刻经的人物均无考，他们因何从四面八方聚集到峄山来，是为避难而来？与僧安道壹有何关系？不得而知。

①　魏收：《魏书·地形志中》，中华书局1974年版，第2549页。
②　杜佑：《通典·州郡七》，中华书局1984年版，第941页。
③　魏收：《魏书·地形志上》，中华书局1974年版，第2470页。

另一处《文殊般若经》98字段（之二）（图3-39），位于山阳半山腰间"妖精洞"旁，内容与五华峰经同①。刻面高3.8米，宽2.6米。隶书，8行，行14字，字径17～23厘米。与僧安合作的经主，是斛律太保家客邑主董珍陁。

图3-39

————————————————

① 《中华大藏经》第八卷第257～258页。

董珍陁（生卒年不详），不见史载。斛律太保，即斛律光（515～572）之子斛律武都（？～572）。武都见于《北齐书》、《北史》之《斛律金传》，官历位特进太子太保，开府仪同三司，梁、兖二州刺史。武平三年（572）七月，斛律武都的父亲斛律光因遭陷害被朝廷斩杀，并灭其族，斛律武都也于兖州任上遭祸。董珍陁在此刻经中自称斛律太保家客，说明刻此经时，斛律家族还未被灭门。陆增祥（1616～1882）《八琼室金石补正》据此推测说，此刻时间当在武平三年（572）前，或在元、二年间矣[①]。陆氏言之有理[②]。不过，从"妖精洞"刻经与五华峰刻经风格基本一致来看，应是同时期的作品，即河清三年（564）。此时，斛律武都已到任兖州刺史。

刻毕"妖精洞"《文殊般若经》不久，僧安道壹来到峄山北不远的阳山上，再刻此经此段。阳山又名护驾山，海拔215米。刻经位于阳山东北麓山腰间一天然石室内[③]，石室由巨大的花岗岩石堆积而成。据邹城文物工作者胡新立先生回忆，刻经在石棚后壁上，经文内容、书刻格式与峄山"妖精洞"董珍陁刻经完全一致，即《文殊般若波罗蜜经》98字节文[④]（图3-40）。亦隶书，字径略小，未见有年号题记。可惜的是，刻经文字于1974年连同石棚被当地村民开山采石全部炸光，未见留下拓片，也不详其他信息。

观察石棚遗址，知其面向东北，倾向约为东偏北5度。由遗址向西北望去，4公里左右即为铁山、冈山，北偏东5°。约5公里处即尖山，东约10公里处即葛山，南7公里左右即峄山。众山围成一圈，中间是一片开阔的平原丘陵，西韦水库位于该平原的腹心地带。与洪顶山、司里山、银山刻经所围成的一片开阔中心区域非常相似，看得出，很可能这也是僧安道壹精心布局的一处佛教道场。

---

① 陆氏曰：《北齐书》斛律光附其父金传，传称长子武都，历特进太子太保、开府仪同三司、梁兖二州刺史。光死，遣使于州斩之。《元和姓纂》云："光，字明月，左太尉，左丞相，咸阳王。长子武都，太保。"此称斛律太保者，即武都也。光诛于武平三年，此刻当在三年以前。又光次子羡传云：武平元年加骠骑大将军，时光子武都为兖州刺史。据此，又当在元、二年间矣。

② 王思礼、赖非：《中国北朝摩崖刻经》，载《北朝摩崖刻经研究》，齐鲁书社1991年版；赖非：《中国书法全集·北朝摩崖刻经》，荣宝斋出版社2000年版。

③ 臧家祎修：《邹县新志·历代金石表》（民国二十三年）："北周阳山佛经残字：（所在地）城东阳山东石棚。"《历代邹县志》，中国工人出版社1995年版，第749页。叶昌炽《语石》有记。（当地人称石棚曰"大淋棚"。）

④ 《中华大藏经》第八卷第257～258页。

图 3-40

　　不久，僧安南下来到滕州陶山。该山位于滕州东南 25 公里羊庄镇陶山村北，海拔 153 米，石灰岩质。现可见刻字面长 1.82 米，宽 1.65 米（图 3-41）。隶书，4 行，行 2～5 字不等，字径 30～40 厘米。存字有："经主。阿弥陁佛。观世音佛。般若波罗蜜。"题名南侧石坪有长约 7 米、宽 5 米的大空间，未见刻字，而题名中却有"经主"2 字。经主是经文的主人，是功德施主，是刻经工程的捐资人。因此判断，石坪的空白处恰恰正是佛经的位置。欲刻内容书写之后，石匠只把位于经文北侧的佛名佛号等字刻完，经文却未施镌凿，不知何故。

　　僧安道壹又到滕州罗汉山刊经，罗汉山位于滕州柴户店镇南辛村东。刊刻经文的摩崖前，如今可见一片很大的开阔地，其上随处散见各类石刻建筑构件，可知本是一处寺院遗址。从遗物风格与遗存规模分析，寺院在北朝时期即已存在，唐代小具规模，宋代最为兴盛。之后逐渐衰败下来，最终被彻底废弃。僧安来此地刻经，毫无疑问是冲着该寺院来的。

　　寺院北部有一段天然摩崖石壁，略经人工劈凿规整，形成一堵规模可观的崖壁佛墙，东西长 28 米，高 8.6 米。西半部线刻一组礼佛故事图，图下部分为

图3-41

发愿文及施主姓名，楷书，4列，可见年号有"太平兴国八年九月十八日"，为北宋太宗时（976～984）刻留。

摩崖东半部雕佛龛两组：左组两排7龛，右组一排9龛。破坏严重，风格在隋唐间。两组佛龛之间刻经文。2008年3月，笔者与德国海德堡大学雷德侯教授、蔡穗玲博士调查寺院遗址时，不经意间发现了"何以故"3字。现场观察，此处崖面横宽1.5米，纵高0.97米。"何以　故"3字处于崖面的左下角，风格与僧安刻经小字极为相似。经文排列应为16行，行6字，第一行"文殊"2字出两格。当为《文殊般若波罗蜜经》98字选段①（图3-42）。据分析，经文书写完成后，仅刻了3个字便因故停工，经文丹迹随着时间推移而退掉，留下已刻完的"何以　故"3字直至今天。估计僧安在此寺院未待多久便离开，遇到了偷懒的石匠与粗心的施主，工程无人验收。

书写完罗汉山《文殊般若波罗蜜经》后，僧安道壹东行30里来到枣庄卓山上，在小卓山山顶中间摩崖上再一次书写了《文殊般若波罗蜜经》98字段（图3-43）。第一行为经主名，残甚不可识。第2～8行为经文。最后一行是年

① 《中华大藏经》第八卷第257～258页。

图3-42

图3-43

号，今可见"清"字，估计也是河清三年（564）的作品。经文东北100米左右处有"般若"2字，上下排列，刻面高60厘米、阔40厘米。刻字风格笨拙，笔道刻痕较新，曾被当作新刻。① 此后不久，僧安又到徐州云龙山刻下"阿弥陁佛"之名。②（图3-44）

图3-44

僧安道壹从河清三年（564）来到瑕丘峄山一带，在这里刻了不少佛经佛名，但总起来说规模不大，与洪顶山工程相比差距显然。猜测其中的原因，一是可能没有物色到合适的经主，二是这里的自然条件与洪顶山相比较差。洪顶山一带山石全为石灰岩，而峄山周围则大多是花岗岩。花岗岩硬度大，镌刻困难。

大约天统年（565～569）后期，僧安离开了邹鲁③。邹鲁一带本是儒学故乡，是兖州州治所在地，同时也是佛教在兖州一带的传播中心。他在这里前后待了六七年时间，其间，除了刻经还干了些什么，后人就无法知道了。不过无论干什么，他的生活与活动都离不开当地寺院，寺院是僧人的家。当时，这一带寺院有：

冈山铁山前有法兴寺。据《邹县志》载，法兴寺在城北门④，基址20亩。始名法兴寺，大概是南朝刘宋元嘉十三年（436）县城由峄山前迁来后的"县立"寺院。迁来后的县城曰任城郡平阳县⑤。元代重修法兴寺时，改名为重兴寺，寺址今有宋代砖塔在。

---

① 僧安道壹来卓山前，在峄山五华峰《文殊般若波罗蜜经》题名旁，也曾刻下"般若"2字。书风比此刻洒脱。

② 见《彭城晚报》2016年5月11日记者林刚报道。

③ 武平元年（570），徂徕山上出现了僧安道壹刻经。

④ 由于县城扩大，今已在城内。

⑤ 胡继先纂修：《邹志·建置志》："邑之城旧在峄山之阳，后徙今治。宋元嘉十三年建。"

今邹城西25公里处有观音寺，是邹西著名的佛教寺院，明末清初仍保留着寺院建筑。据清康熙十二年（1673）版《邹县志》载："观音寺在平阳社，崇祯十年重修"，大约清末圮毁。①

曲阜圣果寺初创于北魏，是当时鲁郡最大的寺院。寺院早已废弃，其寺址在鲁城内汉鲁灵光殿遗址北不远处，今圣果寺村旁。②

今泗水县泉林镇东北1.5公里处韩家村有天明寺，遗址面积9000平方米。寺院创建于北朝早期，北齐已相当兴盛，清代衰败得只有几间庙舍。遗址中曾出土《维摩诘经》碑，背面《隽修罗碑》③，北齐皇建元年（560）十二月二十日立，清嘉庆七年（1802）知县郭绥光（生卒年不详）等移藏县学宫，20世纪50年代毁灭。

泗水县城东北4公里有建兴寺，北朝建立，早年坍废，基址尚在。④

济宁城西北有普照寺，"齐梁古刹，旧为丛林，今惟大佛楼仅存"⑤。市内古槐路有崇觉寺，位于今济宁市博物馆院内。创于北齐皇建（560～561）中，曾出

---

① 1975年在寺院附近发现一土坑窖藏，出土铜造像4件：（1）北魏永兴二年（533）马禄造像。座刻铭文曰："永兴二年三月一日，佛弟子马禄，为身造一躯圣□躯供之。"（2）东魏武定三年（545）马□造像。座刻铭文曰："武定三年二月八日，佛弟子马□，为息□愁卧造像一区，躯之从心。"（3）北齐天保八年（557）马忘愁造像。座刻铭文曰："天保八年四月廿二日，佛弟子马忘愁，□造像一区。"（4）北齐太宁二年（562）马缉造像。座刻铭文曰："太宁二年三月一日，佛弟子马缉，造像一区。"胡新立：《山东邹县发现的北朝铜佛造像》，《考古》1994年第6期。观音寺在邹城太平镇平阳寺村。2005年，笔者调查该寺遗址时，遗址已被村民房屋压盖。

② 寺院遗址多次出土佛造像，其中最有名的一件是东魏天平四年（537）释迦及二弟子石刻立像，背镌《金刚经》，完好无损。被日本人盗走，现藏日本东京大学文学部。见大坂市立美术馆：《中国の石佛——庄严な为祈り》图版说明107，1925年版；史岩编：《中国雕塑史图录》第二卷，上海人民美术出版社1988年版。1958年10月，又有6件铜造像出土，其中3件有铭文：（1）北齐武平三年（572）观音像。铭文曰："大齐武平三□□□□□□洲□□丙午□□利为息女□生造观音佛一躯。"（2）一佛二菩萨像。铭文曰："大齐武三（应为'平'字）□岁次壬辰十二月□日成□利为息德仁□□□□□□□贱□□命吾□从。"（3）天□七年（556）一佛二菩萨铜像。铭文曰："天□七年十一月一日……"见王思礼、杨子范：《曲阜胜果寺出土铜造象》，《文物》1959年第6期。

③ 赵英祚：《泗水县志》十三，光绪十八年版。

④ 原有碑立其上，当地人呼碑曰"寺台碑"，今藏泗水县文物保管所。赵英祚《泗水县志》十三载：碑高三尺余，宽尺余，厚如之。四面，首镌石龛二层，中嵌佛像。碑文亦四面环匝，剥蚀不可辨识。谛视之，有造金像二十躯、石像二十躯之语。确切年号已失，惟有"岁在戊寅"等字，书法繁简任意，颇有六朝风习。或为北齐碑，则戊寅乃文宣帝天保八年也。

⑤ 袁绍昂：《济宁县志》卷二，1927年版。

土北齐武平元年（570）薛匡生（生卒年不详）造像记及北齐造像残碑一通[①]。院内有铁塔九级，造于宋崇宁乙酉岁[②]，从此人们称崇觉寺为铁塔寺。

第四节　光化寺再刻旧作

僧安道壹在瑕丘、峄山一带弘法7年，于北齐武平元年（570）前来到徂徕山，驻锡光化寺（图3-45）。与梁父县令王子椿（生卒年不详）父子、中正胡宾（生卒年不详）等人，在寺旁山上镌刻了两段佛经、一篇佛名。

光化寺在徂徕山，"徂徕山在泰山东南四十里，一名'尤崃'。《水经注》引《邹山记》云：山在梁父、奉高、博三县界，赤眉渠帅樊崇所堡，故崇自号尤崃三老。《后汉书》桓帝延熹四年，博、尤崃山、判解山专属博。后魏《地形志》

图3-45

①　陆增祥：《八琼室金石补正》卷二十二；北京市图书馆金石组编：《北京图书馆藏中国历代石刻拓本汇编》008，中州古籍出版社1989年版；《山东通志·艺文志》石四，第4599页。

②　袁绍昂：《济宁县志》卷二，1927年版。

太山郡梁父县有徂徕山，在北。《舆地广记》：唐省梁父，入博城。《元和郡县志》云：在兖州乾封县。（元丰）《九域志》：兖州奉符县有徂徕山，元、明属泰安州，今隶泰安县"①。新中国成立后，徂徕山西半部属泰安市，东半部属新泰市。徂徕山群峰有称"薤山"者，"在寨山东八里，下为兰溪，水如柳汁，东南流过镇里村，西南入小汶。其上有光化禅寺……寺当山奥，左右两峰如抱，前望诸山，如翠屏遥列。寺后有泉，由山径引入庭院。"②

　　光化禅寺创建于北魏，宋祥符间赐号曰"崇庆"，元初时珍重修，有《重修光化禅寺之记》供参考③。如今，寺院基址大部分被徂徕山林场家属院挤占，因考古钻探尚未展开，寺院原来的规模和布局不得而知。

　　《太平广记》卷四一七引《集异记》之《光化寺客》，有一段描述光化寺景况的文字，虽具一定的神话色彩，似也可作为了解光化寺的间接资料。④

　　1983年，寺址东南一里处出土了8件佛像，其中羊银光（生卒年不详）石造像保存最好。该像高60厘米，正面刻一佛二菩萨像，背面刻铭文4行32字。文曰："□□□和三年四月壬寅朔八日己酉，清信女佛弟子羊银光造像一躯，所愿

---

①　唐仲冕：《岱览》卷第二十二《徂徕山》，见汤贵仁、刘慧：《泰山文献集成》第四卷第476页，泰山出版社2005年版。

②　唐仲冕：《岱览》卷第二十二《徂徕山》，见汤贵仁、刘慧：《泰山文献集成》第四卷480页，泰山出版社2005年版。

③　《重修光化禅寺之记》曰："徂徕光化寺者，其来远矣，始创迹于后魏，至隋朝而有光化之名。唐有天下，三百余年，衣钵相传，宗派不泯。继以五代之乱，寺从而废。赵宋开国，迨及祥符七年，复赐号'崇庆'，而与明孔山之灵岩相为甲乙无何。贞祐之变，殿宇堂庑尽为灰烬，靡有孑遗。呜呼！"见唐仲冕：《岱览》卷第二十二《徂徕山》，汤贵仁、刘慧：《泰山文献集成》第四卷481页，泰山出版社2005年版。

④　《光化寺客》曰："兖州徂徕山寺曰光化，客有习儒业者，坚志栖焉。夏日凉天，因阅壁画于廊序。忽逢白衣美女，年十五六，姿貌绝异。客询其来，笑而应曰：'家在山前'。客心知山前无是子，亦未疑妖。但心以殊尤，贪其观视。且挑且悦，因诱致于室，交欢结义，情款甚密。白衣曰：'幸不以村野见鄙，誓当永奉恩顾。然今晚须去，复来则可以不别矣。'客因留连，百端遍尽，而终不可。素宝白玉指环，因以遗之曰：'幸视此，可以速还。'因送行。白衣曰：'恐家人接迎，愿且回去。'客即上寺门楼，隐身目送。白衣行计百步许，奄然不见。客乃识其灭处，径寻究。寺前舒平数里，纤木细草，毫发无隐，履历详熟，曾无踪迹。暮将回，草中见百合苗一枝，白花绝伟。客因剧之。根本如拱，瑰异不类常者。及归，乃启其重付。百叠既尽，白玉指环，宛在其内。乃惊叹悔恨，恍惚成病，一旬而毙。"

从心。"①。铭文首行前三字残去，根据造像风格判断，显系东魏作品，残掉字应为"大魏兴"3字。羊银光造像的出土，证明时珍（1182～1252）《重修光化禅寺之记》中所言光化寺的初建年代是有根据的。

　　僧安道壹来到光化寺，在寺东不远处一块巨形圆石上，与冠军将军梁父县令王子椿，及其子道昇（生卒年不详）、道昂（生卒年不详）、道昱（生卒年不详）、道拘（生卒年不详），寺院僧人僧真（生卒年不详），造《大般若经》（十八空）一篇。经文刻面高1.33米，宽2.02米。隶书，8行，行7字，字径18厘米，内容选自鸠摩罗什译《摩诃般若波罗蜜经》（图3-46）。曰：

图3-46

　　　　大般若经曰：内空、外空、内外空。空空、大空、第一义空。有为空、无为空。毕竟空、无始空。散空、性空。自相空、诸法空、不可得空。无法空、有法空、无法有法空。②

刻经与洪顶山北崖壁《摩诃衍经》后部分相同。

---

　　①　王尹成：《新泰文化大观》，齐鲁书社1999年版。第128页。
　　②　《大正大藏经》第8卷第250页。

其后有王子椿等人题名，曰："冠军将军梁父县令王子椿造□，息道昇、道昂、道昱、道拘，僧真并造。"刻经石东侧面，有"中正胡宾，武平元年"8字。中正胡宾，当是梁父县所属的泰山郡中正，掌评定士族品第，视从八品。题字位置显示，胡宾是后补的"功德"，经文后属名并无他的空间。

《大般若经》刻石之左一巨石上，又刻"弥勒佛、阿弥陀佛、观世音佛、大空王佛"4佛名，并列刻在一石面上①，二十世纪四五十年代被毁。镌刻时间可能比《大般若经》还要早些，供奉人不详。

光化寺东南一公里映佛岩上，王子椿等人又刻《文殊般若经》（图3-47），

图3-47

---

① 唐仲冕：《岱览》卷第二十二《徂徕山》（清嘉庆十二年1807刻本）。卢衍庆：《重修泰安县志》，1929年版。

刻经面高1.35米，宽3.4米，隶书，14行，行7字，字径20厘米。内容选自梁扶南国三藏曼陁罗仙译《文殊师利所说摩诃般若波罗蜜经》98字段，即僧安在洪顶山北崖壁、南崖壁，峄山五华峰、妖精洞，阳山大石棚，罗汉山常刻的一段经文。

经文右上方刻经主题名，刻面高2.45米，宽1.17米，隶楷书，上刻2行曰："般若波罗蜜经主：冠军将军梁父县令王子椿"。下刻4行曰："武平元年，普憘，僧齐大众造，维那慧遊"。字径6～30厘米不等。

第五节　西行邺都，大开眼界

一、鼓山石窟开眼界

大约武平二年（571），僧安道壹离开徂徕山光化寺，西行穿过华北大平原，辗转来到北齐都城——邺城（今河北临漳境内）。这是他第一次离开家乡，也是其宣教弘法事业的重要转折点。

僧安到邺都的具体时间不太清楚，以他参与鼓山北响堂寺、滏山南响堂寺的刻经工程推算，或许是在武平三年（572）春来到鼓山北响堂寺的。当时，唐邕在鼓山北响堂寺的大规模刻经已接近尾声。僧安或是冲着刻经活动而去，遗憾的是，他没能参加得上，只在洞窟外摩崖石壁上刻了几处佛名。

鼓山石窟乃皇家工程，位于鼓山西坡山腰间。主要洞窟有北洞、中洞和南洞三大窟，三窟中的雕刻内容都是统一规划设计的。如南洞内造三尊佛，洞内前壁窟门左右两侧刻《无量义经·德行品第一》。经的内容、位置完全对应着佛像题材，三尊佛像正是经中所讲的三世佛①。经、像配合，相得益

---

① 李裕群：《邺城地区石窟与刻经》，《考古学报》1997年第4期，第457页。马忠理：《邯郸北朝摩崖佛经时代考》，焦德森主编：《北朝摩崖刻经研究》三，内蒙古人民出版社2006年版，第44页。马忠理：《邯郸鼓山、滏山石窟北齐佛教刻经》，山东省石刻艺术博物馆编：《北朝摩崖刻经研究》（续），香港天马图书有限公司2003年版，第253页。

彰，彰显出工程的皇家气派与主导思想。北齐天统四年（568）三月，晋昌郡开国公唐邕凭自己的特殊身份，征得同意，乘机在窟外及廊柱上又增刻了4部经文。

唐邕刻经在当时是轰动都城佛教界的大事件，原因不仅是他的社会地位高①，重要的是，刻经规模大，参与人员多，护法口号调门高——誓言把佛经尽勒名山。

唐邕大规模刻经的原因主要来自两方面：背景原因是佛教内部广泛存在的"末法"思想，与北魏太武帝拓跋焘的灭佛；直接原因是北周武帝抑释灭佛政策的恐吓。

"末法"思想在佛教界早已存之，《大乘法苑义林章》卷六曰：

佛灭度后，法有三时，谓正、像、末。具教、行、证三，名为正法；但有教、行，名为像法；有教无余，名为末法。

《大悲经》曰：

正法千年，像法千年，末法万年。

教徒们认为：释迦牟尼入灭后，佛教日衰，从时段上推算，大教已经过了"正""像"时代，如今已进入"末法"时期。"末法"时期法难阴云笼罩，佛教究竟还能持续多久？僧徒们忧心忡忡。社会现实中，虽然帝王统治者们倡导佛教，大肆修建寺院，利用佛教"敷导民俗"，"助王政之禁律"，促使佛教在北齐时期再度迎来命运的高潮。然而，一百年前的北魏太武帝（408～452）大规模灭佛事件，仍让他们心有余悸。

百年前太武帝拓跋焘灭佛的原因，魏收《魏书·释老志》记载得清楚：

---

① 唐邕历职：特进骠骑大将军，开府，仪同三司，尚书令，并州大中正，长安县开国侯，晋昌郡开国公，晋昌王，录尚书事。见李百药：《北齐书·唐邕传》，中华书局1972年版，第530～533页。

世祖即位……虽归宗佛法，敬重沙门，而未存览经教，深求缘报之意。及得寇谦之道，帝以清静无为，有仙化之证，遂信行其术。时司徒崔浩，博学多闻，帝每访以大事。浩奉谦之道，尤不信佛，与帝言，数加非毁，常谓虚诞，为世费害。帝以其辩博，颇信之。会盖吴反杏城，关中骚动，帝乃西伐，至于长安。先是，长安沙门种麦寺内，御骅牧马于麦中，帝入观马。沙门饮从官酒，从官入其便室，见大有弓矢矛盾，出以奏闻。帝怒曰："此非沙门所用，当与盖吴通谋，规害人耳！"命有司案诛一寺，阅其财产，大得酿酒具及州郡牧守富人所寄藏物，盖以万计。又为屈室，与贵室女私行淫乱。帝既忿沙门非法，浩时从行，因进其说。诏诛长安沙门，焚破佛像，敕留台下四方，令一依长安行事。又诏曰："彼沙门者，假西戎虚诞，妄生妖孽，非所以一齐政化，布淳德于天下也。自王公已下，有私养沙门者，皆送官曹，不得隐匿。限今年二月十五日，过期不出，沙门身死，容止者诛一门……自今以后，敢有事胡神及造形像泥人、铜人者，门诛……诸有佛图形像及胡经，尽皆击破焚烧，沙门无少长悉坑之。"是岁，真君七年三月也。①

此即中国佛教史上"三武法难"的第一次灭佛运动。无数经书被烧，大量僧尼被迫还俗，流匿山野甚至被诛杀，大批寺院被焚，或充作官衙官宅。长安关中一带的佛教势力受到沉重打击，僧俗们大呼，"末法"时代的"法难"真的来了。

高宗文成帝（440～465）好佛，即位后下诏恢复佛教②。于是，"天下承风，朝不及夕，往时所毁图寺，仍还修矣。佛像经论，皆复得显"③。虽然佛教得以恢复，但"法难"的惨痛教训，僧尼们心中的刻骨创伤，却挥之不去。

促使唐邕大规模刻经的直接原因，与北周武帝宇文邕由抑佛到灭佛的政策有关。宇文邕生于西魏大统九年（543），北周武成二年（560）即皇帝位。"性沉

---

① 魏收：《魏书·释老志》，中华书局1972年版，第3033～3035页。
② 魏收《魏书·释老志》载："释迦如来功济大千，惠流尘境……助王政之禁律，益仁智之善性，排斥群邪，开演正觉……思述先志，以隆斯道。今制诸州郡县，于众居之所，各听建佛图一区，任其财用，不制会限。其好乐道法，欲为沙门，不问长幼，出于良家，性行素笃，无诸嫌秽，乡里所明者，听其出家。"见中华书局1974年版，第3035～3036页。
③ 魏收：《魏书·释老志》，中华书局1974年版，第3036页。

深有远识"。崇文尚武，善于抓大事，对国家意识形态建设尤为用心，曾七次"集百僚、道士、沙门等讨论释老义"，论三教优劣。建德二年（573）"十二月癸巳，集群臣及沙门、道士等，帝升高座，辨释三教先后，以儒教为先，道教为次，佛教最后"①。

这次三教排序，僧尼们意识到已经释放出了不祥信号。果然，建德三年（574）五月"丙子，初断佛、道二教，经像悉毁，罢沙门、道士，并令还民。并禁诸淫祀，礼典所不载者，尽除之"②。除佛前后三年，关、陇地区佛教诛除几尽，闻听灾祸风声的教徒们，纷纷逃难北齐，亡匿太行山泰山一带。

东魏迁邺时，洛阳已有大批僧尼随迁邺城，加之北周逃难的僧人，邺都近畿（今邯郸、安阳区）聚集了大批和尚，邺城成了北方佛教的中心。他们为禳灾避祸设计出了多种方案，在祭祀、讲经、法会、持斋、施舍、供养、开窟造像……之外，还为佛经的永久保存投入了大量精力。于是，唐邕通力资助的经文上石工程开工了。

唐邕在南洞窟门廊的刻经，开始于皇家工程主体结束之后。一共刻了4部（图3-48）：《维摩诘经》一部、《胜鬘经》一部、《孛经》一部、《弥勒成佛经》一部③。开工于天统四年（568）三月，完成于武平三年（572）五月，历时4年零2个月。

《无量义经·德行品第一》的功能，是配合洞窟观像诵读的。而唐邕的四部经，则纯粹是为了保存佛经，《唐邕刻经记》言：

> ……眷言法宝，是所归依。以为缣缃有坏，简策非久，金牒难求，皮纸易灭。于是发七处之印，开七宝之函，访莲花之书，命银钩之迹。一音所说，尽勒名山。……一讬贞坚，永垂昭晰，天神左右，天王拥卫。书未仙游，字无飞灭。

除唐邕刻的四部经外，鼓山石窟还有《无量寿经偈》，位于窟门外左侧。

---

①　令狐德棻：《周书·武帝纪》，中华书局1971年版，第83页。

②　令狐德棻：《周书·武帝纪》，中华书局1971年版，第85页。

③　鼓山《唐邕刻经记》。

图3-48

经主不是唐邕，但它的书写者，却与唐邕四部经的书写者同一人。其开刻时间，约在四部经工程结束、唐邕离开鼓山石窟后不久，即武平三年（572）五月之后的下半年，或武平四年（573）上半年。

廊门石柱上的《佛名经》及《七阶礼忏文》，马忠理说是北齐末刻的①，李裕群说与隋代在邺城活动的三阶教有关，应视为隋代人刻②。从刻字特点上看，有北朝隶楷书体方笔厚的遗韵，但比北朝隶楷书增加了更多的楷书因素，隋代典型楷书的笔法已占据了上风。因此，笔者也认为是隋人的作品。

最能引起我们注目的作品，无疑是刻在南洞窟顶上层1号窟上方山崖上的"宝火佛"（图3-49）、"无垢佛""阿弥陁佛""大空王佛"题名（图3-50），因为这是僧安道壹的笔迹。"大空王佛"是僧安在泰峄山区常刻的佛名，另外两佛

---

① 马忠理：《邯郸北朝摩崖佛经时代考》，焦德森主编：《北朝摩崖刻经研究》三，内蒙古人民出版社2006年版，第45页。

② 李裕群：《邺城地区石窟与刻经》，《考古学报》1997年第4期，第472页。

图3-49

名书风与"大空王佛"完全相同，亦是僧安的作品。

　　从空间位置上看，僧安道壹的佛名是鼓山南洞窟造像刻经整体工程的"额外品"，其题刻佛名的形式，与南洞窟也不协调。由此可以得出两种可能的猜想：一、僧安来到鼓山石窟现场时，这里的刻经工程已经完工，他看到满洞壁的经文，抑制不住十几年刻经的责任冲动，故在洞窟外崖壁上刻下最"自我"的佛名。二、唐邕刻经进行时，僧安即在现场，但由于他的身份或其他什么原因，未能加入皇家高层次佛事活动中来。僧安道壹在山东的地位——大沙门，在邺都却受到了冷落。

图 3-50

二、滏山石窟展身手

　　离开鼓山石窟寺，僧安道壹南行来到相距15公里的滏山石窟寺。僧安到来时，这里的开窟造像刻经工程已经进行了五六年。作为局外人，初来乍到，不可能立即融入当地工程班子中来。所以他先在石窟寺山门外东南不远的小山坡上，刻下了"大空王佛"①（图3-51）。"大空王佛"是僧安道壹的独家"创

———————————

　　①　在僧安道壹"大空王佛"4字左边立佛旁，另有楷书"大空王佛"题名，非僧安作品，年代也晚于北齐。

图3-51

造"，是他早期（在山东崇梵寺、洪顶山寺）礼佛的"品牌佛"，别人从未刻过。此"大空王佛"的风格，与僧安在山东的"大空王佛"风格完全一致。僧安未能赶得上鼓山石窟寺洞内经文的书刻，来到滏山，已开凿的窟（华严洞）内经文也已经刻了大半。山寺洞窟内斧凿声经日不绝，山寺外"大空王佛"的书刻者——僧安，只能观摩、学习、等待。

滏山石窟的开凿始于北齐天统元年（565），隋沙门道净（生卒年不详）撰写的《滏山石窟之碑》记得清楚：

　　……有灵化寺比丘慧义，仰惟至德，俯念巅危，于齐国天统元年（565）乙酉之岁，斩此石山，兴建图庙。时有国大丞相淮阴王高阿那肱，翼帝出京，憩驾于此，因观草创，遂发大心，广舍珍爱之财，开此□□之

130

窟……功成未几，武帝东并，扫荡塔寺，寻纵破毁。①

石窟初建者灵化寺比丘慧义（生卒年不详），不见僧传记载。灵化寺亦未入史籍，其位置或在滏山附近。慧义有如此大的影响和能力号召诸方力量开窟供佛，断不是一般僧人。开工后又有高阿那肱（？～580）的慷慨资助，昭玄大统定禅师（生卒年不详）的直接参与，更说明他的地位非同一般。

开窟资助人高阿那肱，《北齐书》《北史》有传。《北齐书》云：

> 高阿那肱，善无人也。其父市贵，从高祖起义。那肱为库典，从征讨，以功勤擢为武卫将军……士开死后，后主谓其识度足继士开，遂致位宰辅。武平四年，令其录尚书事，又总知外兵及内省机密……又为右丞相。②

后来，高阿那肱在北周攻打北齐时投降了北周。北周授其大将军，封公，为隆州刺史。后遭诛。高阿那肱不是佛教徒，但对佛教有好感，对有的高僧非常器重。③

从整体观察，滏山石窟是仿两层重檐楼阁式建筑而开凿的。上、下两层共7个洞窟，下层两洞窟，最先动工的是右边一窟，叫"华严洞"。其形制为中心柱式，中心柱上雕像，洞壁上刻《大方广佛华严经》。这是依照《华严经》思想设计的。原规划把经文刻满左、右、前三壁，实际上只刻了右壁及前壁④。左壁原计划刻1～3品，但未能实现。什么原因，还不清楚。估计当时已经打好了界格，文字数量及其排列都进行了精准地计算安排。已刻出的右、前壁经文从第四品开始，隶书，工丽典雅，从书法风格判断，是由两位书手书写的⑤。僧安道壹到来时，窟内大部分工程已经完成，当然不可能为他"预留"什么空间。

下层紧挨"华严洞"的是"般若洞"，与华严洞同时设计，同时开工，但

---

① 此碑刻在滏山石窟下层"般若洞"与"华严洞"之间的崖壁上。

② 李百药：《北齐书·恩倖传·高阿那肱》，中华书局1972年版，第690页。

③ 道宣：《续高僧传》卷八《释昙遵传》：释昙遵，"丞相淮阴王肱深器之"。见《历代高僧传》，上海书店1989年版，影印《大正大藏经》第五十卷版本，原页码480。

④ 《华严经》4～7品，共225行，满行48字，计1.27万字。

⑤ 赖非：《谈中皇山、鼓山、滏山石窟摩崖刻经的书者》，《中国书法》2016年第12期。

进度比华严洞迟，竣工比华严洞晚些。僧安道壹参与了洞内绝大部分文字的书写，包括：

一，窟门左前壁《文殊般若波罗蜜经》98字选段①，与《大集经·海慧菩萨品》选段②（图3-52）。共10行，行14字，138字。曰：

图3-52

文殊师利白佛言：世尊，何故名般若波罗蜜？佛言：般若波罗蜜，无边、无际，无名、无相，非思量、无归依、无州渚，无犯、无福，无晦、

① 《中华大藏经》第八卷第257～258页。

② 《大正大藏经》第十三卷第50页。

无明，如法界无有分齐，亦无限数。是名般若波罗蜜，亦名菩萨摩诃萨行处。非行，非不行处，悉入一乘，名非行处。何以故？无念无作故。

知诸众生心性本净，是名为慈；观于一切等如虚空，是名为悲；断一切憙，名为憙心；远一切行，名为捨心。

《文殊般若波罗蜜经》98字段，是僧安在山东洪顶山、金口坝寺院、峄山、阳山、罗汉山、卓山、徂徕山刻过的内容，《大集经·海慧菩萨品》一段则首次出现。

二，洞窟内中心柱后隧道后壁上刻《摩诃般若波罗蜜经·法尚品》第八十九（图3-53），隶楷书，20行，行8字，字径16厘米。经文曰：

图3-53

善男子！诸佛无所从来，去亦无所至。何以故？诸法如、不动相，诸法如即是佛。无生法无来无去，无生法即是佛。无灭法无来无去，无灭法即是佛。实际法无来无去，实际法即是佛。空无来无去，空即是佛。善男子！无染无来无去，无染即是佛。寂灭无来无去，寂灭即是佛。虚空性无来无去，虚空性即是佛。善男子！离是诸法更无佛。诸佛如、诸法如，一如无分别。善男子！是如常一，无二无三，出诸数，法无所有故。①

经文后题两行小字，曰："比丘法贵供养。□□□□□第九阿弥陁佛主比丘惠景供养。"

三，洞窟内周壁龛柱上的"十六佛名"，选自《妙法莲华经·第三化诚喻品第七·十六佛》②。现仅见九、十、十二佛名，其他皆被后人凿灭。

四，"昭玄沙门统定禅师敬造六十佛"题记一处。

以上4部分作品皆隶楷书，隶法、楷法相融，书风一致，端庄工整，精美潇洒，是僧安被滏山石窟寺接纳后，大显身手的得意之作。

令人费解的是，僧安在此窟（今称曰"般若洞"）刻的经文与洞窟内涵并不匹配，洞窟的中心柱式设计与华严洞一样，出自"华严"意识，"十六佛名"与之对应。而刻经却出自"般若经系"内容③。这种"不协调"出现的原因，让人联想到如下的可能性：一，般若洞完工时间比华严洞晚，而且拖后的时间相对较长，华严洞《华严经》的两位书手已经离开了滏山石窟寺。二，僧安道壹的宗教思想与慧义等人不一，而且僧安并不愿顺从慧义，恰巧慧义对经文的要求不太严格。三，选择常刻的熟练的内容，书写顺手，更有把握。特殊情况下出现特殊的作品，对石窟整体工程来讲，的确有些偶然。

石窟上层大体完工后，僧安在4、5号窟门楣上方刻下《文殊般若经》卷下52字段（图3-54）。隶楷书，19行，满行4字，残存80余字。内容与他在山东洪顶山、水牛山所刻的经文相同④。此外，僧安又在5、6号窟上方，刻下《大般涅槃

---

①　《大正大藏经》第8卷第421页。

②　《大正大藏经》第9卷第22页。

③　李裕群：《邺城地区石窟与刻经》："2窟（指般若洞）内所刻十六佛名出自《法华经·化城喻品》，可知十二列龛中坐佛为十六佛，1窟十二列龛亦应相同。据此亦可以推断，北响堂北洞十六列龛，即是十六佛。既然1、2窟出现《法华经》内容，那么，前壁所刻释迦多宝出自《法华经·见宝塔品》也是很自然的。2窟内所刻《般若》系经文，尚无法与题材对应。"见《考古学报》1997年第4期，第459页。

④　刻经曰："舍利弗，汝问云何名佛，云何观佛者。不生、不灭、不来、不去，非名、非相，是名为佛。如自观身实相，观佛亦然。唯有智者，乃能知耳。是名观佛。"见《中华大藏经》第9卷第251页。

图 3-54

图 3-55

经·圣行品》偈文①（图3-55）。隶楷书，4行，共16字，山东司里山也曾刻过。

　　这两件作品的镌刻时间，大约在武平二、三年间，最迟不晚于武平五年（574）底。因为这一年僧安已经离开了邺都，回到他的故乡山东兖州，并于武平六年（575）在尖山启动了另一项善事。

　　滍山石窟上层还有"观音洞"，因刻《妙法莲华经·观世音普门品》②而名。经文刻在窟内左、右、前三壁上，共115行，残存1800余字。隶书，用笔呆板，笔画瘦硬，方笔醒目。结体呈方形，严整规矩，略显模式化，非僧安书写。本窟后壁两处题名，与三壁经文风格一致，为一人书。何人所为，不得而知。

---

① "诸行无常，是生灭法，生灭灭已，寂灭为乐。"《大正大藏经》第12卷第450页。
② 《大正大藏经》第9卷第56～58页。

第四章
僧安道壹刻经历程（下）

武平六年（575）春，僧安道壹回到他的"根据地"兖州邹鲁一带，开始了第二阶段的刻经善举。

他返回山东时，晋昌王唐邕的妃子赵氏等人，也有意在海岱大地留下功德。于是，她们与西汉丞相韦贤后人韦子深及其妻、息，在尖山旁刻下经文两段，佛名、佛号、题记若干。

武平六年（575）秋后，僧安来到泰山，在山阳经石峪镌刻了《金刚经》前半部。工程因北齐灭亡而未善终，但仍称得上他刻经事业中最宏伟的作品。

北周宣政元年（578），僧安于邹鲁故地再次组织规模可与泰山《金刚经》相媲美的护法工程——铁山《大集经》的刊刻。紧接着，大象二年（580），又在葛山组织镌刻了《维摩诘经·见阿閦佛品》。葛山之后，再也见不到他的作品。大象二年（580），邹鲁豪门韦氏家人在冈山刻《入楞伽经》时，僧安是否在场指导，不得而知。从山上也有"大空王佛"题名来看，他在现场的可能性是有的。葛山冈山刻经之后，僧安道壹去了哪里？没有人能给出答案。

第一节　东归尖山，重任在肩

　　尖山在山东邹城市东郊，因其尖尖的山顶而名。当地人今呼尖山曰"朱山"，朱山为"珠山"之讹。珠山之北为九龙山，西汉鲁王刘庆忌（？～前51）与明鲁王朱檀（1370～1390）死后葬在这里。由朱檀墓所在山峰南眺，十几里处有一孤立的、既尖又圆的山，当地人传为龙口中的衔珠，"珠山"之名由此而来。但在许多邹县志书中，则叫尖山。

　　尖山刻经并不在尖山上，而在尖山东2里小山岭上。山岭石面阔平，因刻有"大空王佛"4字，当地人称曰"大佛岭"。北齐武平六年（575），僧安道壹组织了邹鲁豪门——西汉丞相韦贤（约前148～前67）的后裔韦子深（生卒年不详）等，在此镌刻了佛经、佛偈、佛名、题名共15处（图4-1）。1960年，修西韦水库需要石料，村民于此开岭采石，刻经被全部毁灭（图4-2）。

图4-1

图4-2

尖山刻经经主，（"汉大丞相京兆韦贤十九世孙州主簿兼治中、镇军将军、胶州长史、北肆州刺史兴祖弟子深妻徐、息钦之、伏儿"。）韦子深为韦兴祖（生卒年不详）之弟。兴祖任州主簿兼治中，即本州（兖州）主簿、治中。主簿典领文书、经办事务，州、郡、县均置。有实权，地位较高，多由地方望族人士担任。治中为州之佐吏，主选置。身份低但职权重，由刺史自辟，例用本地豪族。兴祖后转镇军将军、胶州①长史。长史掌顾问参谋，为所在官署掾属之长，职权尤重。北朝时太傅、太尉、司徒、司空、诸将军及诸王国、边州郡均设。镇军将军，即镇军将军府。北朝连年兵戈，边州郡刺史往往加带将军衔，加以使持节、都督某州或某某数州军事。这种都督刺史皆开幕府，置僚属②。韦兴祖曾任镇军将军府、胶州刺史部之长史，后又升为北肆州刺史。北肆州，魏收《魏书·地形志》无，而有肆州。《续高僧传》

---

① 原刻拓片"胶"字后脱一字，应为"州"字。北朝胶州治所在今山东诸城。
② 黄本骥：《历代职官表·历代官职概述》。

卷二十八《释志湛传》则有北肆州①，该州或仅在北齐设，且设置时间较短，故而失载。

经主中又有晋昌王唐邕妃赵氏、仪同三司陈德茂（生卒年不详）妃□氏、陈德信（生卒年不详）妃董氏。

唐邕此时已封为王②。作为朝廷高级官员眷属，邕妃赵氏携同陈德信妃董氏等，参与邹鲁刻经弘法，其意义非同小可。她们是否亲自来到邹鲁，还是于邺都闻知僧安在山东的刻经壮举，捐了一些资助？不得而知。事实上，她们的参与影响了一批山东人。自此以后，泰峄山区才出现了大规模的刻经，而此前的活动多是小工程。

赵妃于尖山刻经后不久即去世，赵母为其亡女在河北涉县中皇山崖壁上造《妙法莲华经·观世音普门品》及观世音像③，以祈亡女在天受福。像在正中，经文在佛像下方及左侧。佛像右侧刻题记，现存12行，行14字④。题记虽无年月，但学者们认为，赵妃卒于武平六年（575）六月以后，此当是公元575至576年间刻的。⑤

又，"经主□□□德信妃董"，残去部分应为"侍中陈"3字。侍中陈德信

---

① 道宣：《续高僧传·释志湛传》："……命终，托河东薛氏为第五子，生而能言，自陈宿世不愿处俗。其父任北肆州刺史，随任便往中山七帝寺……"《历代高僧传》，上海书店1989年版，影印《大正大藏经》第五十卷版本，第686页。

② 见李百药：《北齐书·唐邕传》，中华书局1972年版，第530页。

③ 位于中皇山北段崖壁《深密解脱经》第七品与第八品之间

④ 可见文字有："……躯……马□□□□□□亡女赵妃，志趣贞石，德□内融，春秋未几，奄颓兰馥。闻者悲悼，声言顿绝，况曰母子焉。堪忍痛，今因令王建福之次，遂竭家资，敬造观世音像、《观世音经》。刊勒凿石，题文不朽。唯愿亡女移斯秽属，入彼华堂，与无相同原门之海，福润人□，具游净国。"

⑤ 李裕群在《邺城地区石窟与刻经》中认为："'令王建福之次'可以理解为赵妃母让唐邕在其娲皇宫刻佛经、建福业处，再为赵妃刊经雕像。现存赵妃母出资所刻经位于《深密解脱经》第7品和第8品之间的小山梁南壁上，非统一规划设计，而系利用山梁空间壁面补刻。这一现象正与发愿文相合。而娲皇宫所刻诸经与南洞刻经无一重复，这也与唐邕发愿将一切经勒诸名山相合。因此，娲皇宫刻经可以大体判断为唐邕所刻。按山东邹县尖山刻经原有'经主□尚书晋昌王唐邕赵妃'的题名和武平六年（575）四月、六月纪年题记，则赵妃约卒于该年六月以后。武平七年（576年）十二月改元隆化，翌年正月（577年）北齐灭亡。故该经约刻于575年至576年间。"见《考古学报》1997年第4期。

在《北齐书》《北史》中无正传，但在二书的《帝纪》《恩幸列传》和《资治通鉴》中，有多处关于他的文字①。正是由于陈德信的显赫地位，其妃董氏财大气粗，才得以与唐邕妃赵氏共同资助僧安道壹，回邹鲁实现刻经建功之举。

又，"经主□□同陈德茂□□"。陈德茂，史不见载，或为陈德信兄弟。其妃与唐邕妃赵氏、陈德信妃董氏结伴行善，用意当然是对自己满满的祝福。

又有经主韦伏儿（生卒年不详）、韦□之，经主韦子深妻徐法仙（生卒年不详），比丘尼法门（生卒年不详）、法力（生卒年不详）、慧命（生卒年不详）、法緆（生卒年不详）等，以韦氏族人最多。

邹鲁韦氏为韦贤后裔。韦贤，字长孺，班固（32～92）《汉书》有传。曰：

> 其先韦孟，家本彭城……徙家于邹……自孟至贤五世。贤为人质朴少欲，笃志于学，兼通《礼》、《尚书》，以《诗》教授，号称邹鲁大儒。征为博士，给事中，进授昭帝《诗》，稍迁光禄大夫詹事，至大鸿胪……本始三年，代蔡义为丞相，封扶阳侯，食邑七百户……地节三年，以老病乞骸骨，赐黄金百斤，罢归。②

冯云鹏（生卒年不详）、冯云鹓（生卒年不详）《金石索》考曰：

> 考韦贤字长孺，鲁国邹人。其先韦孟为楚元王傅，后王戊不道，遂去

---

① （1）李百药：《北齐书·幼主纪》："隆化二年（577年）春正月乙亥，（幼主）即皇帝位，时八岁，改元为承光元年。……于是黄门侍郎颜之推、中书侍郎薛道衡、侍中陈德信等劝太上皇帝往河外募兵，更为经略，若不济，南投陈国，从之。"中华书局1972年版，第111页。"任陆令萱、和士开、高阿那肱、穆提婆、韩长鸾等宰制天下，陈德信、邓长颙、何洪珍参予机权。"中华书局1972年版，第112页。（2）司马光：《资治通鉴·陈纪六》："（齐主）宠任陆令萱……等宰割朝政，宦官邓长颙、陈德信、胡小儿、何洪珍等并参与机权，各引亲党，超居显位。"中华书局1956年版，第5339页。（3）李延寿：《北史·齐本纪下第八》："至大象末，阳休之、陈德信等启大丞相隋公（杨坚），请收葬（北齐君主、诸王等），听之，葬于长安北原洪渎川。"中华书局1974年版，第299～300页。（4）李延寿：《北史·齐本纪下第八》："任陆令萱、和士开、高阿那肱、穆提婆、韩长鸾等宰制天下。陈德信、邓长颙、何洪珍参与机权。"中华书局1974年版，第300页。

② 班固：《汉书》，中华书局1962年版，第3101页。

位，家于邹。其在邹，诗云"爰止于邹，髦茅作堂"是也。自孟至贤五世，贤笃志博学，受业于瑕邱江公，故今嶧阳犹有韦园。年七十余，位至丞相。地节三年致仕少子玄成，复位至丞相。故邹鲁谚云："遗子黄金满籯，不如一经也。"其子孙世居邹鲁。

　　韦贤墓在邹县峄山之阳，石表大刻曰"汉丞相韦贤墓"。①

　　尖山刻经文、佛名、佛号、题名共15处，从内容上看，是分作两组刻的。第一组以《文殊般若题名》《文殊般若波罗蜜经》（98字段）为中心，周围刻出资人经主题名。第二组以《大空王佛题名》《思益梵天所问经》为中心，周围刻功德人经主题名。

　　从现场地形地势观察，很可能先刻的第一组，因为这组作品在大佛岭的最高处，地势平坦，场面开阔，内容也是僧安最喜欢、最常刻的一段经文。这一组先刻了《文殊般若题名》，内容为"文殊般若"4字。刻面长2.28米，宽1.75米。隶楷书，2行，行2字，字径75～98厘米（图4-3）。又刻《文殊般若波罗蜜经》98字段，隶楷书，7行，行14字，字径50厘米（图4-4），选自梁曼陀罗

图4-3　　　　　　　　　　　　　　　图4-4

　　①　1980年春，山东省文物普查工作试点会议在邹城召开，其间，笔者曾于峄山前目睹韦贤墓前石人，其墓表则不知何时遗失。

仙译《文殊师利所说摩诃般若波罗蜜经》①。起自"文殊师利白佛言"，终止"无念无作故"。此之前，曾刻于洪顶山北崖壁、南崖壁（共两处），瑕丘金口坝寺院，峄山五华峰、妖精洞（共两处），还刻于阳山、罗汉山、卓山、徂徕山、滏山石窟寺般若洞（各一处）。

经文右方刻经主人名与僧安道壹题名。刻面长6.12米，宽0.95米。隶楷书，3行，行32字，字径25厘米（图4-5）。曰：

> 大沙门僧安，与汉大丞相京兆韦贤十九世孙、州主簿兼治中、镇军将军、胶州长史、北肆州刺史兴祖弟子深、妻徐、息钦之、伏儿等，同刊经佛于昌邑之西绛岭嵯山里。于时，天降车迹四辙，地出踊泉一所。故记。大齐武平六年岁乙未六月一日。

又有《徐法仙题名》，在经文之右。刻面长2.99米，宽0.48米。隶楷书，1行，共9字，字径35厘米。曰："经主韦子深妻徐法仙"。

经文左侧刻年款。刻面长1.09米，宽0.57米。隶楷书，2行，行12字不等，字径23厘米。曰："……十……儿……武平六年□月□□日。"

第二组作品在第一组以北，相邻，以《大空王佛题名》《思益梵天所问经》为中心。

《大空王佛题名》刻面长6米，宽1.85米。隶楷书，1行，4字，字径175厘米。曰："大空王佛"（图4-6）。其尺寸规模仅次于洪顶山北崖壁"大空王佛"（长9.3米）。

"大空王佛"右侧刻《唐邕妃等题名》。刻面长2.76米，宽1.2米。隶楷书，3行，行11字不等，字径32厘米。

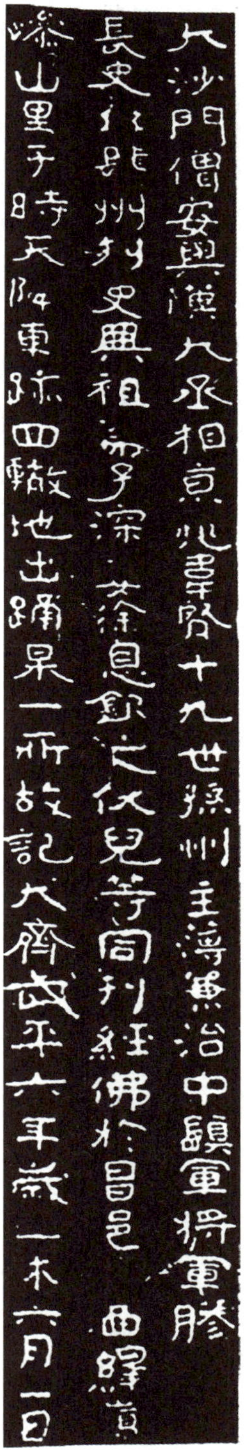

图4-5

① 《中华大藏经》第八卷第257～258页。

 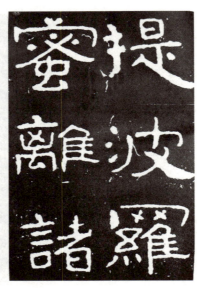

图4-6　　　　图4-7

曰："经主□书晋昌王唐邕妃赵。经主□□同陈德茂□。经主□□□德信妃董。"

"大空王佛"左侧刻《僧安道壹等题名》，隶楷书，2行，字径40厘米。曰："大都经佛主大沙门僧安道壹。佛主前大发心。经主汉大丞相十八世孙韦伏儿、韦钦之。"

"大空王佛"北邻刻《思益梵天所问经》。6行，行13字，共78字。隶楷书，字径50厘米。节选自鸠摩罗什所译《思益梵天所问经·问谈品》（图4-7）。曰：

> 佛言：若菩萨能舍诸相，名为檀波罗蜜。能灭诸所受持，名为尸波罗蜜。不为六尘所伤，名为羼提波罗蜜。离诸所行，名为毗梨耶波罗蜜。不忆念一切法，名为禅那波罗蜜。知诸法无生性，名为般若波罗蜜。[①]

僧安道壹第一次刻此段经文。

《思益梵天所问经》北侧刻《韦伏儿题名》。面长1.38米，宽0.86米。隶楷书，3行，字径30厘米。曰："经主□骑伏儿……经主□韦将……都维那经主韦子……"

《思益梵天所问经》左下侧刻《法门等题名》。刻面长3.59米，宽0.45米。隶楷书，1行，15字，字径30厘米。曰："比丘尼法门、法力、慧命、法緆、闍□善住。"

"文殊般若"4大字东偏南19度120米处，有三块圆形巨石，其位置呈鼎三足状，当地村民呼为"支锅石"。其上有三题刻：

《诸行无常偈》：5行，行4字，隶楷书，字径30厘米。出自昙无谶译《大

---

① 《大正大藏经》第15卷第46页。

般涅槃经·圣行品》，曰："诸行无常，是生灭法，生灭灭已，寂灭为乐。"接着刻"韦玉振，振息长达"。刻面长0.91米，宽0.62米。隶楷书，2行，行2字，字径30厘米。

另还有《僧安道壹题名》，刻面长0.98米，宽0.6米。隶楷书，3行，行2字，字径30厘米。曰："沙门僧安道壹"。

尖山的刻经活动，是僧安道壹一生最轻松、最惬意的事佛工程。主要因为四方面的原因：一是石面平坦，书写镌刻省力省工，不像洪顶山、峄山、徂徕山等地那样扎架子爬高。二是心情愉悦。离开被视为"外人"的邺都，在自己的家乡刻经，而且此前曾来过多次，有新朋旧友助势。三是事业新开端。邺都之行，眼界大开，踌躇满志，初试身手，想法多多。四是经主给力。场面威，气氛和，资金官令两保障。僧安的刻经事业结束了拘谨寒酸、处处求人的历史，即将揭开波澜壮阔的新篇章。

第二节　泰山展宏志，无奈急收兵

一、泰山的佛教环境

北齐武平六年（575）冬，僧安道壹完成尖山刻经工程，转身北上，来到泰山前——兖州东平郡。这里是他的家乡，他要在这里策划一项更宏大的护法工程。

泰山是五岳之首，在远古的传说中，就有帝王封禅泰山的故事。故事中的泰山，是天下最大、最高的山，是通天之山、通神之山。"昔者黄帝合鬼神于泰山之上"[1]，"中国人死者魂神归岱山也"。李贤等注："《博物志》：泰山，天帝孙也，主召人魂。东方万物始，故知人生命。"[2] 所以泰山又是神山，对泰山的

---

① 《韩非子·十过》。
② 范晔：《后汉书·乌桓鲜卑列传》，中华书局1865年版，第2980～2981页。

崇拜与祭祀，不仅由来已久①，而且代代有加。因此历代诸宗教信徒无不占领泰山阵地，利用泰山的特殊地位做足、做大自家"文章"。

僧安道壹出生在泰山西南东平湖边，一生的活动圈子很少离开泰山峄山一带，对泰山的认识与情感，自然深而浓、强而烈。邺城六年的游学经历，令他眼界大阔，思路顿开。此时的他踌躇满志，意气昂扬，重为自己设计了新的弘法方向——离开寺院、走向社会，把自己的命运当作佛教的命运，把佛教的事业看作社会的事业。尖山刻经给他积累了组织大活动的经验，这次来泰山，他要做一件前无古人后无来者的大工程——寻找合作者，把《金刚经》镌刻在神山之上。

他在泰山的落脚地，仍然是寺院。北朝时期，泰山之阳的大寺院为数不少。如团山脚下羊栏村北有四禅寺，北齐河清二年（563）创建。② 僧安北上泰山时，此寺院刚建10年，他来没来过此寺，不太清楚，但他一定知道四禅寺的存在。

四禅寺不知何时被毁，金大定二年，福灯（生卒年不详）又在废寺之北数百步处重建，取名法云寺③。清乾隆三十四年（1769）七月四日大雨，法云寺被冲毁。清末又重建，但规模比原来小得多。目前，寺院内立有金大定二年（1162）《四禅寺牒记》碑，与金大定丙申（1176）《重修法云寺之记》碑。

---

① 司马迁：《史记·封禅书》："自古受命帝王，曷尝不封禅？盖有无其应而用事者也，未有睹符瑞见而不臻乎泰山者也。……管仲曰：'古者封泰山禅梁父者七十二家，而夷吾所记者十有二焉。昔无怀氏封泰山，禅云云；虙羲封泰山，禅云云；神农封泰山，禅云云；炎帝封泰山，禅云云；黄帝封泰山，禅亭亭；颛顼封泰山，禅云云；帝俈封泰山，禅云云；尧封泰山，禅云云；舜封泰山，禅云云；禹封泰山，禅会稽；汤封泰山，禅云云；周成王封泰山，禅社首；皆受命然后得封禅。'"《白虎通·封禅》："王者易姓而起，必升封泰山何？教（报）告之义也。始受命之时，改制应天，天下太平，功成封禅，以告太平也。所以必于泰山何？万物所交代之处也。必于其上何？因高告高，顺其类也。"

② 《新续高僧传四集》卷第五十《福灯传》载："福灯飞锡北来，道过徂徕山下羊栏村，旧有四禅寺废址，石佛断碑犹存，摩挲可识，盖创于北齐河清二年。"《高僧传合集》，上海古籍出版社1991年版，第917页。

③ 唐仲冕：《岱览》卷二十二曰：团山在广长岭西五里，岜崿四围，樵蹊纡折，其顶有古四禅寺，北齐河清二年建，金大定二年奉敕重建，赐额"法云"。僧法润、福灯相继主持，元至元间，高峰禅师重修。乾隆三十四年七月四日大雨，山裂泉横溢，寺基荡然。（清嘉庆十二年刻本）

泰安市东20公里祝阳镇姚庄村有云台寺，也是当地名寺①。早年，此寺遗址上曾出土东魏兴和二年（540）胡元方（生卒年不详）等人造像一躯，唐仲冕（1753～1827）《岱览》卷第十四《岱阳之东》载此造像记②。光绪版《泰山志》、孙星衍（1753～1818）《寰宇访碑录》（光绪版）也载此记。《胡元方造像记》证明云台寺的建置年代最晚在东魏，也有可能早到北魏时期，与光化寺的兴建差不多同时。

云台寺自北朝建寺以来，旋盛旋衰，饱经风霜，一直延续到当代。1958年拆除，1960年修建粮所时将寺内碑刻全部砸碎充作石料垒成房基，今院内偶尔可见粗绳纹残砖，为建寺之初的遗物。

泰安市南大汶口镇兴华村有法林寺，始建于北魏。1984年5月出土北魏太和十八年（494）铜鎏金佛像一躯。高47厘米，宽36.5厘米。铜像背面刻发愿文，11行，共119字。③

又有建崇寺，在泰安市区，具体位置不明，始建年代不详。清代此寺址上曾出土一件佛图铭，石高97厘米，宽40厘米，厚10厘米。北周建德三年（574）二月二十八日刻，正面额竖题"建崇寺"3字，王湛正书。其下造一主二仆像，碑阴及一侧亦造像，造像之下为题记。④

县东南30里旧县村有天封寺，寺有金代党怀英（1134～1211）书《重修天封寺碑》，今藏泰安博物馆。旧县村为秦汉以来奉高县治所在地，北齐时东平郡治曾迁至此处。魏收《魏书》卷一一四《释老志》载，文成帝下诏："诸州郡

---

① 《泰安县志》（道光版）云："大云禅寺，在县东四十余里姚庄，旧名古云台寺。金重建，有大定四年敕牒碑，及明弘治十五年宋安重修碑记。"

② 造像记曰："右真书，刻在大云寺西墀下石柱上。四面佛像，文已剥蚀。仅存有'大魏'字、'兴'字、'二'字、'庚申'字，当为东魏兴和二年庚申岁也。余惟'胡元方'等数人名可识。"见汤贵仁、刘慧：《泰山文献集成》第三卷，泰山出版社2005年版，第346页。

③ 发愿文曰："太和十八年十一月八日，太山郡奉高县法林寺尼妙音，为弟子法达敬造释迦像。愿眷属、师僧、父母及一切众生，在所生处，因庄严净面奉圣容，仰谐道教，一闻法言，位登无生，脱若行建。堕于非虔者，夜遇观音大圣，速念解脱，所愿如此。像之行建，虽是妙音成道，众助名多，难列一豪之福。功弥于上，所愿如是。"见泰安博物馆吉爱琴：《泰安大汶口出土北朝铜鎏金莲花座等文物》，《考古》1989年第6期。

④ 北京图书馆金石组编：《北京图书馆藏中国历代石刻拓本汇编》008，中州古籍出版社1989年版，第164～165页。

县，于众居之所，各听建佛图一区"。天封寺或初建于此时。

泰山谷山寺亦有大名，北魏时期僧意和尚（生卒年不详）建。《谷山寺记》云："继有僧善宁（生卒年不详），远涉荒梗，首至谷山旧址，破屋废圮而已。独山色如旧，出没起伏，益远而益秀，善宁独喜雅契，宿心于是……凡卅余年，则谷山初祖也。"僧善宁入驻谷山寺的具体时间不详，他来时，这里已是一片废墟，说明在此之前，寺院早已存在。《记》中既然称他为初祖而非始祖，说明他上距僧意时代不会太远。《谷山寺记》最后谈到："今谷山寺尚仍旧名，计其岁月，盖七百有余岁矣，是复兴之数云。呜呼异哉！泰和元年五月九日记。"由泰和元年（1201）上溯700年，正是北魏初期。谷山寺于金泰和六年（1206）特赐改名为"玉泉禅寺"。

乾隆间编修的《泰安县志》，录载了许多寺院，其创始年代多已无考。有的注明为晚期所建，但对了解北朝隋期间的寺院，也能提供一些线索。如：冥福寺，在岱庙东偏，内有后唐长兴四年（933）及晋天福八年（943）碑。竹林寺，旧在傲来峰左，创建年代无考，或曰唐代。洪福寺，在县东60里梭村，有元修庙碑。法云寺，在茅茨庄。石佛寺，在县东南延庄东，宋宣和间修。大觉禅院，县东南90里，在古南城内，传为太傅故宫旧址。宝德寺，县南40里满庄。天宫寺，县南55里西遥庄。兴善寺，县西南70里砖舍。隆兴寺，县西南10里。灵感寺，县西南70里孝门。大佛寺，县西15里。

泰山前寺院遗址上出土北朝隋期间的佛教遗物有：北魏延昌元年（512）法坚（生卒年不详）、法荣（生卒年不详）造像记[1]；北齐彭敬宾（生卒年不详）等造像记[2]；北朝铜鎏金莲花座[3]；北朝菩萨像[4]；隋开皇十一年（591）张子初（生卒年不详）等造像记[5]。

以上诸寺院，僧安道壹都有可能去过。但刻经石峪《金刚经》时，最有可

---

① 《山东通志·艺文志》石四，第4569页。

② 卢衍庆：《重修泰安县志》卷十三，1929年版。

③ 泰安博物馆吉爱琴：《泰安大汶口出土北朝铜鎏金莲花座等文物》，《考古》1989年第6期。

④ 泰安博物馆吉爱琴：《泰安大汶口出土北朝铜鎏金莲花座等文物》，《考古》1989年第6期。

⑤ 1957年出土于泰安市政府院内，今藏泰安市博物馆。

能的住锡处是岱岳寺。岱岳寺，具体位置不明。隋仁寿置塔，敕召雍州人释慧重（生卒年不详）送舍利于泰山之岱岳寺。唐道宣《续高僧传》卷二十六《释慧重传》描述了当时的情形：

> 仁寿置塔，敕召（释慧重）送舍利于泰山之岱岳寺。初至放光，乃至入塔，相续流照。岳上白气三道下流，至于基所。岳神庙门无故自开，如是者三。识者以为神灵归敬故也。

他的《广弘明集》卷十七《佛德篇》也载：

> 泰州于岱岳寺起塔。舍利至州，其夜，岳庙内有鼓声，天将晓，三重门皆自辟。或见三十骑从庙而出，盖岳神也。舍利自州之寺未至数里，云盖出于山顶。五色而三重，白气如虹，来覆舍利。散成大雾，沾湿人衣，其状如垂珠，其味如甘露。自旦至午，雾气乃敛而归山，分成三段，乍来乍往，如军行然。盖亦岳神之来迎也。

此外，释道世《法苑珠林》卷四十也有相似的记载。

岱岳为五岳之首，岱岳寺因岱岳而置、而得名。隋仁寿间（601～604）能分得舍利，足见此寺绝非一般小寺，其规模的形成也不是一朝一夕之事，始创时间肯定是在北朝。目前尚不清楚岱岳寺位置在哪里。从隋文帝曾颁分舍利于泰山之阴的神通寺来看，岱岳寺不可能也在山阴。况且，岱岳寺是以五岳名山的名义来接受舍利的，而对泰山的典祀，自古以来均在山阳。因此推测，岱岳寺位置必在山阳。唐仲冕《岱览》曾记载过岱岳禅院，在城（泰安城）西南，单从寺名来看，两者似乎有点关系，岱岳禅院是否岱岳寺的后名，仍需调查。

北朝期间，由于战乱而隐于泰山的僧人比较多，见于记载的有：释宝积（生卒年不详），"姓朱，冀州蓨人……齐亡法毁，隐太山……讲扬《智论》及《摄大乘》"[①]。释僧昕（生卒年不详），"潞州上党人……暨周灭二教，逃隐泰

---

① 　道宣：《续高僧传》卷二十六《释宝积传》，《历代高僧传》，上海书店1989年版，影印《大正大藏经》第五十卷版本，原页码669。

山"。学《十地》《涅槃》，咸究宗领[1]。他们为泰山的佛教发展，也做出了一定贡献。

引人注目的是，这里还出了两位著名的比丘尼。一位是道馨尼，姓羊，泰山人（今属新泰市）。出家后住洛阳东寺，诵《法华》《维摩》《小品》。为比丘尼诵经第一人，见《比丘尼传》卷一《道馨传》。另一位是僧念，亦姓羊，泰山南城人（今属新泰市），招提寺昙叡法师（生卒年不详）之姑。十岁出家，为法护尼（生卒年不详）弟子，从师住太后寺，见《比丘尼传》卷四。

二、经石峪《金刚经》的刊刻

经石峪《金刚经》的刊刻，僧安道壹是费了心思、下了大功夫的。无论是环境与位置的选择、形式与内容的设计，还是最终追求的整体效果，都经过了周密的思考与规划。

泰山为太古代造山运动所形成，山上到处都有裸露的大面积花岗岩石崖。刻经选择在泰山中路右侧一处幽静的天地里，左、右、后三面环山，后山体上一组巨石酷似一尊坐佛，前方场景开阔，山下不远处即岱岳寺所在（刻经需要寺院作为基地保障）。得天独厚的自然环境，颇具匠心的场景选择，均见僧安的大空情怀与大手笔意识。佛、法、僧本是一体，竣工后的法场活动，无疑是僧俗社会的普遍期待。所以确定选址的重要因素之一，是刻经之后活动的方便，经石峪的位置恰恰满足了这一点。独有的天地，幽静的环境，阔大而平坦的石面，经场与寺院举目相望，直接把"三宝"融合在天地和谐的道场之中了。

从经石峪的广阔空间与僧安以往刻经布局的习惯来看，经石峪刻经设计整体上分作两部分，前半部分为经文，后半部分为年款、题名和发愿文。经文部分进行了字行、字距、字数的精确设计，年款、题名、发愿文则大体圈定了位置范围，即在经文左侧第47行之后。右经文、左题记，字数长短皆依石面空间而定。

经文刻面最长处52米，短处26.4米，宽32.2米，面积1200平方米（图4-8）。

---

① 道宣：《续高僧传》卷二十六《释僧昕传》，《历代高僧传》，上海书店1989年版，影印《大正大藏经》第五十卷版本，原页码673。

图4-8

经文内容为鸠摩罗什译《金刚经》前半部分[①]，自"如是我闻，一时佛在舍卫国
祇树给孤独园"起，至"当知是经义不可思议，果报亦不可思议"止。刻47行，
行10～92字不等，字径50～60厘米。设计为2998字，现存1382字（有笔痕者
统计之）。

　　工程开工之前，现场要举行一定的仪式，参加人员有：工程策划人、捐资
人、设计者、书写人、校对人、镌刻工、寺院僧人、住持与官府佛教官员等。
之后宣布开工。按操作程序，工程分为打界格、书写文字（含校对）、镌刻三个
步骤。

　　首先打界格，在石面大约中心的位置选一个点，以此点为中心，取横竖
两条相互垂直的线，作横、竖界格的基线。由基线向上、下、左、右四个方
向，按照一定的尺寸平行打出界格，界格网络遂即绘成。界格尺寸：行字
距界格57厘米，行空距界格10厘米。字距界格56厘米，字空距界格10厘米
（图4-9）。

　　界格打好后，即可书写（含校对）。经石峪《金刚经》的书写准确无误，无

①　《大正大藏经》第8卷第748～751页。

图4-9

一增字、掉字现象①，这说明，《金刚经》在书写前必有一设计小样，而且书写后又经过了反复校对。书写用自制的灰墨（或石灰、或烟灰），直接在绘好界格的石面上挥笔，写、描结合，遇到石面凸凹处，也皆依石势书写，并不避崎就平。

经字书写后即行镌刻，先由技术熟练的石匠顺笔画边缘进行双勾凿镌。再由普通石工将双勾笔画内的石头剔去，成为最终的完成品。当时，至少有七、八位石工参与了镌刻。工程分两期完成，第一期刻第1至24行，第二期刻第25至47行。两期工程存在着明显的风格差异：

第一期工程有空行，如在第10与11行之间空一行，第18与19行之间空一行，第24与25行之间空一行。第二期则没有空行。

第一期工程有清晰的10厘米字距界格，第二期无明显空格。

第一期工程行距界格、字距界格皆凿出，第二期未刻。

第一期工程字略小，书风拘谨，第11至24行略有放纵。第二期字略大，书风放纵。

经石峪《金刚经》的经主，毫无疑问皆是一些有社会地位和经济实力的人，可惜他们没有留下姓名。千余年后，我们只能根据僧安道壹刻经合作人的组成，

————————

① 比经石峪《金刚经》晚三年镌刻的铁山《大集经》，增字、掉字颇多。

来寻找当年经主的蛛丝马迹了。

僧安的刻经生涯前后持续了20多年，早期活动主要在泰山以西东平湖沿岸崇梵寺、洪顶山寺院周围，这里不仅有他出家的寺院，同时还是他入道的地方。之后又到瑕丘邹鲁一带弘法，入驻过多处著名寺院，接触了很多寺院僧人。在此时期，他先后在书院东山、天池山、云翠山、大寨山、司里山、二鼓山、银山、洪顶山、凤凰山、水牛山、嶷阳山、金口坝寺院、峄山、阳山、陶山、罗汉山、徂徕山等17座山上或寺院里刊刻了佛名、佛经与经名。与他合作的经主们，大部分都是寺院中的比丘僧人。武平元年至五年（570~575），在京城邺都鼓山石窟、滏山石窟的刻经，僧安仅是一位书手，并不是工程的中心人物。出资的经主有寺院僧人，更有唐邕、高阿那肱这样的权贵。武平六年（575），僧安从邺都返回山东，在尖山刻经时，他受邺都唐邕刻经的影响，改变了从前与比丘们合作的思路，来到社会上，鼓动朝廷官僚及地方豪强捐资做功德。官僚豪强财大气粗，能保障工程顺利推进，刊经规模也比以往大得多。尖山《文殊般若波罗蜜经》《思益梵天所问经》、铁山《大集经》、葛山《维摩诘经》的刊刻，僧安都是采用这样的做法来化缘资助的。经石峪也不例外。如此大的工程体量，不向官僚豪强伸手，仅靠寺院比丘僧人的"腰包"，是万万办不成的。

让僧安道壹遗憾的是，《金刚经》没有刻完便无奈停工。第1至31行的文字镌刻认真，书写严整，刻工精细，皆为完成品。第32行之后绝大部分字仅做了双勾，笔画却未施剔刻，成为只有善始、没有善终的半截子工程。没刻经主，没刻书丹人，没刻组织者，也没刻年号与发愿人目的期望——经石峪刻经给后人留下一连串疑问。

虽然如此，人们仍能从僧安的作品风格与活动排序上，推测经石峪《金刚经》的年代。他在泰峄山区刻下明确纪年的作品有：司里山残偈（皇建二年前）、二鼓山佛名（河清元年，即562年）、洪顶山《法洪铭赞》（河清三年，即564年）、峄山五华峰刻经（河清三年，即564年）、徂徕山映佛崖刻经（武平元年，即570年）、尖山刻经（武平六年，即575年）、铁山刻经（大象元年，即579年）、葛山刻经（大象二年，即580年）。将这些作品按年代顺序"排队"分析，可知僧安书风早期隶味浓，晚期楷味浓，隶势中楷书因素逐渐增多，是僧安书风发展的轨迹。经石峪《金刚经》处在这一演变轨迹的中间略晚环节，比徂徕山、尖山刻经楷味略浓，比铁山、葛山刻经隶势略显，即在尖山刻经（武平六年，即575年）向铁山刻经（大象元年，即579年）、葛山刻经（大象二年，即580年）书风转变过渡之中，介于尖山、铁山书风之间。

武平六年（575）六月后不久，尖山刻经完工。公元577年，周武帝灭北齐，统治山东地区，并在山东推行灭佛政策。这期间（公元577至579年），僧安是不敢明目张胆地到处刻经的。公元579年，宣帝即位，对佛政策解禁，僧安才得以在铁山刻《大集经》。公元580年，静帝（573～581）在帝位，僧安又于葛山刻《维摩诘经》。按年月排列的结果可知，僧安在本阶段里的大块时间，只有公元575年七月至577年正月一年半的时间。正是此时，他进行了经石峪《金刚经》的镌刻。

经石峪《金刚经》只刻了一半便匆匆收工，必有大变故——这大变故就是北齐政权的灭亡。令狐德棻（583～666）《周书·武帝纪下》载：建德五年（576）冬十月，

> 己酉，帝总戎东伐……六年春正月……壬辰，帝至邺。齐主先于城外掘堑竖栅。癸巳，帝率诸军围之，齐人拒守，诸军奋击，大破之，遂平邺。齐主先送其母并妻子于青州，及城陷，乃率数十骑走青州。遣大将军尉迟勤率二千骑追之……甲午，帝入邺城……尉迟勤擒齐主及其太子恒于青州。[1]

北周灭北齐，

> 合州五十五，郡一百六十二，县三百八十五，户三百三十万二千五百二十八，口二千万六千[八]百八十六。乃于河阳、幽、青、南兖、豫、徐、北朔、定并置总管府，相、并二总管各置官及六府官。[2]

武帝攻占邺城是在建德六年（即北齐承光元年，高绍义武平元年，577年）正月，经石峪大约是在北齐武平六年（575）七、八月份开的工。干了一年多的时间，便遇上北周灭北齐。政权更替、官僚亡奔、经主与工程人员四处逃

---

① 令狐德棻：《周书·武帝纪下》，中华书局1971年版，第95～100页。
② 令狐德棻：《周书·武帝纪下》，中华书局1971年版，第101页。

散，僧安道壹也只好离开泰山，南下来到兖州平阳（今邹城境）——他的"根据地"，以观时局动静。

第三节　护法在当前，铁山再奋起

周武帝建德三年（574）五月开始推行的灭佛政策，实际效果并不像史书中记载的那样惨厉。原因一是佛教在中国的发展已有几百年，基础雄厚，受众广大，其影响已渗透到社会各角落、各层次，深得民众拥戴。佛不仅能给人们带来精神的抚慰，还能给一些投机取巧的人带来丰厚的实惠。灭佛困难重重，阻力甚大。二是虽有"禁令"，却未能持之以恒、落到实处。周武帝最大的心事和志向是灭掉北齐，统一北方，他的注意力集中在强军备战上，很少顾及其他。

据《周书·武帝纪》记载，建德二年（573）六月，周武帝即着手准备。"大选诸军将帅。丙辰，帝御露寝，集诸军将，勖以戎事。庚申，诏诸军旌旗皆画以猛兽、鸷鸟之象。"① "十一月辛巳，帝亲率（大）[六]军讲武于城东。癸未，集诸军都督以上五十人于道会苑大射，帝亲临射宫，大备军容。"②

建德三年（574）正月，"丙子，初服短衣，享二十四军督将以下，试以军旅之法。"③ "六月丁未，集诸军将，教以战阵之法。"④ 十二月，"诏荆、襄、安、延、夏五州总管内，有能率其从军者，授官各有差。……癸卯，集诸军讲武于临皋泽"⑤。

建德四年（575）春正月，"初置营军器监"⑥。七月"丙子，召大将军以上于

① 令狐德棻：《周书·武帝上》，中华书局1971年版，第82页。
② 令狐德棻：《周书·武帝上》，中华书局1971年版，第83页。
③ 令狐德棻：《周书·武帝上》，中华书局1971年版，第83页。
④ 令狐德棻：《周书·武帝上》，中华书局1971年版，第85页。
⑤ 令狐德棻：《周书·武帝上》，中华书局1971年版，第86页。
⑥ 令狐德棻：《周书·武帝下》，中华书局1971年版，第91页。

大德殿，帝曰：'太祖神武膺运，创造王基，兵威所临，有征无战。唯彼伪齐，犹怀跋扈。虽复戎车屡驾，而大勋未集。朕以寡昧，纂承鸿绪，往以政出权宰，无所措怀。自亲览万机，便图东讨。恶衣菲食，缮甲治兵，数年已来，战备稍足。而伪主昏虐，恣行无道，伐暴除乱，斯实其时。'……'朕当亲御六师，龚行天罚'"①。

建德五年（576）春正月，"集关中、河东诸军校猎"②。"九月丁丑，大醮于正武殿，以祈东伐。……己酉，帝总戎东伐。"③

以上记载可知，从建德二年（573）至建德五年（576），三年间，周武帝一直在抓"东伐"大事。即使于下令灭佛的建德三年（574），也不忘伐齐总略。五月丙子下令灭佛，六月丁未即"集诸军将，教以战阵之法"。可见周武帝战略始终如一。

从社会现实上看，北周的灭佛很可能仅做了一些表面工作，烧了一批佛经，退还了一些庙宇，赶走了一帮和尚，禁止了一部分释奠。寺院中的佛像或有某些毁坏，但山林中雕像刻经则基本完好。从长安附近渭水流域保留下来的大量造像碑，邺都近畿鼓山石窟寺、滏山石窟寺、中皇山保留下来的大量造像刻经看，周武帝的灭佛确实有点"雷声大雨点稀"。

更重要的是，发令灭佛的周武帝，于"宣政元年（578）……六月丁酉，……崩于乘舆，时年三十六"④。六月"戊戌，皇太子宇文赟（559～580）即皇帝位"⑤。宇文赟对佛教无恶感，大象二年（580）"二月丁巳，帝幸露门学，行释奠之礼"⑥。毫无疑问，宣帝的"释奠之礼"，就是对灭佛令的解禁。

大象元年（579）"二月辛巳，宣帝于邺宫传位授帝"，是为静帝。大象二年（580）六月，"庚申，复行佛、道二教，旧沙门、道士精诚自守者，简令入道"⑦。佛教及僧尼们获得彻底解放。

---

① 令狐德棻：《周书·武帝下》，中华书局1971年版，第92～93页。
② 令狐德棻：《周书·武帝下》，中华书局1971年版，第94页。
③ 令狐德棻：《周书·武帝下》，中华书局1971年版，第95页。
④ 令狐德棻：《周书·武帝下》，中华书局1971年版，第106页。
⑤ 令狐德棻：《周书·武帝下》，中华书局1971年版，第115页。
⑥ 令狐德棻：《周书·宣帝纪》，中华书局1971年版，第122页。
⑦ 令狐德棻：《周书·静帝纪》，中华书局1971年版，第131～132页。

　　宇文赟即皇帝位（宣帝）刚两个月的时候，即大象元年（579）八月，僧安道壹组织的铁山刻经工程便开始了。这时候，僧安甚至还不清楚宣帝对佛政策是抑还是倡。铁山刻经的开工，说明北周的禁佛仅限于周武帝灭北齐之前的北周范围内，北齐被灭之后的太行山以东地区，佛教仍然在一定范围、一定程度上活跃着。

　　僧安道壹组织的这次刻经壮举，位于邹城北铁山之阳摩崖石坪上（图4-10）。铁山在北齐时期称前冈山，海拔146米，花岗岩质。刻经石坪上有一石坑，当地人传为铁拐李在此晒经留下的脚印，故有"铁山"之名。

图4-10

　　铁山刻经分为三部分：一是经文；二是刻经颂文，称《石颂》；三是参与者题名。

　　经文刻在摩崖石坪上部，刻面长53米，宽15.6米，倾向205度，水平仰倾30度。经文刻在巨大的线刻碑形图案中，碑首刻六龙缠绕，额题"大集经"3字（双勾）。碑身线刻界格，碑座由一左一右双龟组成，右龟图案已刻出，左龟仅见个别刻痕。碑在中国传统文化意识中有神圣永年之意，僧安道壹在洪顶山即曾设计了摩崖碑刻经。此次佛经也镌刻在碑上，可见铁山匡氏兄弟的刻经要比其他处更从容、更讲究、更虔诚。经文17行，行57～62字，隶楷书，字径50～70厘米。内容为昙无谶译《大集经·海慧菩萨品》，《石颂》谓《穿菩提品》。起自"佛言善男子云何名为穿菩提心"，终至"万六千天得无生法忍"。^①

匡哲（生卒年不详）、匡显（生卒年不详）、匡□、祖珍（生卒年不详）、李桃（生卒年不详）等，是刻经的主要出资人，《石颂》中讲得清楚：

> 佛弟子匡喆及弟显、□、祖，珍，汉丞相衡之苗裔也。秀德自天，英姿独拔，知宏纲尚缺，□□纽方倾……于是乃与同义人李桃汤□□奴等……乃率邑人……乃割家资，舍如霜叶，在皇周大象元年大渊献八月庚申朔十七日丙子，瑕丘东南大冈山南冈之阳……

李桃名不可考，匡氏兄弟乃匡衡之苗裔。匡衡（生卒年不详），其先东海郡丞人，迁居邹县，汉元帝时为丞相，封乐安侯，班固《汉书》有传。曰：

> 匡衡字稚圭，东海承人也。父世农夫，至衡好学……建昭三年，代韦玄成为丞相，封乐安侯，食邑六百户……子咸亦明经，历位九卿，家世多为博士者。^②

其后裔世居于邹，县城东有匡庄，匡衡墓在焉^③。城北三十里有羊下村，匡氏子孙居所。

经文左下方刻颂文一篇，专颂此次刻经胜举，有题目曰《石颂》。刻面长17米，宽3.5米。颂文之上刻"石颂"2字，篆书，字径70～95厘米。颂文隶楷书，与经文风格相同，皆为僧安道壹书写，12行，行43～52字，字径22厘米。曰：

---

① 《大正大藏经》第13卷50页。

② 班固：《汉书·匡衡传》，中华书局1962年版，第3331页。

③ 陈寿卿修：《续修邹县志稿·人物志上》，民国二十四年版（1935）："匡衡：字稚圭，先世东海郡丞人，至衡始迁居邹邑之羊下村……今城东匡庄有匡衡墓……按：丞，今为峄县地，其地亦有匡衡墓。古名人每有葬其衣冠者，故两地皆有墓。"

石　颂

　　观［者］曰：沧海水澹，清波而难守；赤电兴震，□光而易灭。但以四毒□躬，［八］疵萦骨，秽纳皆罗，孰有谁无？自非体括三乘，身苞十力，讵辩/□□之章，［乌］知［救］护之品者哉！是以□□佛弟子匡喆，及弟显、□、祖、琳，汉丞相衡之苗裔［也］。秀德自天，英姿独拔。知宏纲尚缺，察地纽方倾；叹/沧海犹迁，嗟［太］山言□。遂弃乌涂而在□□清骸而□府。于是乃与同义人李桃，汤□、娥等，可谓门抽杞梓，家握芳兰，飚□龙腾，谿然凤/举。□率邑人，敢欲寄泉天沼，共汲无竭之辈，□财法肆，［伺以］永用之宝。仍割家赀，舍如［霜］叶。在皇周大象元年，岁大渊献，［八］月庚申朔，十/七日［丙］子。瑕丘东南大岗山南岗之阳，前观邾峄峨峨，睹拂汉之峰；却瞻岱巘巍巍，［眺］排云之岳；兼复左顾昌岩，［右］临传驷，表里山川，林/［茫］文□。于是有［齐］大沙门安法师者，道鉴不二，德悟一原，匪直秘相咸韬，书工尤最。乃请神豪于四显之中，敬写《大集经·穿菩提品》九百/卅字，□斯胜句，［以］□［扶］世。遂乃约石图碑，焕炳常质。六龙上绕，口萦五彩□云；双龟下蟠，甲负三阶之路。纵使昆仑玉谍，□观金简，周穆记功，秦皇勒绩，□今胜□，譬彼蔑如也。释迦本演之世，工□十二那由他，众生发菩提心一万六千，天□得无生法忍。［况］此群英，联珪共/珤，同□善心，采斑俪□，成斯福业者乎！从今镌构，逢劫火而莫烧；神□□□，对□风而常住。尒其丹青□□，所以图［其］盛法；金石长存，/□□□之不朽。此岩不镌，后叶何观？璋才同返，鸳藻谢归。犹览此征，诚何堪抃跃！聊措寡毫，以申短韵，乃作颂。粤：/

　　茫［茫大］道，非若□□。空来寂住，能卷能舒。想□□岸，□离陷途。称肌代乌，放鸽残躯。六度常满，三空不缺。敢缉遗训，式彰余烈。缣竹易销，/金石难灭。托以高山，永留不绝。寻师琂翰，区县独高。精跨羲诞，妙越英猱。如龙蟠雾，似凤腾霄。圣□幽轨，神□秘法。从此瞢□，树标永劫。

　　铁山《石颂》下方刻两处题名，一处为孙洽（生卒年不详）等人的题名，现存刻面长3.25米，宽3.4米。隶楷书，6行，行3～10字，字径19～30厘米。曰：

宁朔将军、大都督、任城郡守、经主孙洽。东岭僧安道壹署经。齐搜扬好人、平越将军、周任城郡主簿、大都维那间长嵩。

题名称孙洽为经主，他官居任城郡守，是否真的为刻经出资，亦未可知。重要的是官地位的象征性意义。

又有齐搜扬好人、大都维那间长嵩（生卒年不详）。大都维那为寺院管理者。寺院管理人员的出现，标榜的也是官方意义。"搜扬好人"一职，阮元云："搜扬好人乃北齐所设官，即征求遗逸之意。唐《房彦谦碑》云：开皇初频诏搜扬人物，是隋初犹沿此制也。"①

另一处题名已毁灭，确切位置不详。清道光十四年（1834）董纯（生卒年不详）、马星翼（生卒年不详）纂《邹县志稿》卷十一载：铁山石崖之左石屏上还有题名数行，可辨者有："齐任城郡功曹、周平阳县功曹、大都维那赵郡李巨敖。"从刻经现场观察，李巨敖（生卒年不详）题名或在孙洽题名之右，今石面已被凿毁，有拓片传世。

平阳县，属高平郡，为高平郡四县之一。晋属有平阳城、漆城、白马沟。白马沟即今白马河。北齐时，邹省入平阳县，辖域即今邹城以西至白马沟以东一带。李巨敖在北齐时为任城郡功曹属员，北周又为平阳县功曹属员。功曹职掌选举，兼参诸曹事务。大都维那，主寺院管理。李巨敖的出现，其意义与孙洽、间长嵩同。

第四节　葛山续光环，《阿閦》圆道场

僧安道壹刻完铁山《大集经》后，接着又组织了葛山工程。葛山位于今邹城东13公里大束镇葛庄村北1.2公里处，当地人称曰"北山"，海拔235米。经文刻在葛山西麓巨大石坪上（图4-11），刻面花岗岩质，长21米，宽8.5米，倾

---

① 阮元：《山左金石志》卷第十。小铁山摩崖残字八种。

图4-11

向270度。隶楷书，10行，中间另空一行，行42字，字径50厘米。内容为鸠摩罗什译《维摩诘经·见阿閦佛品》，起自"尔时世尊问维摩诘汝欲见如来为以何等相观如来乎"，终止"若他观者名为耶观"。①

　　经文下方石面刻发心主题名，6行，行5字，风化严重，可识者有：第一行"心主""平郡"，第二行"高"，第三行"心主""开"，第五行"主"等字，此外皆"灭"，实际上是写了未刻。可知发心主为高平郡某些人士，其他信息一概全无。虽然如此，我们仍能从葛山刻经的位置及倾向上，感觉到僧安道壹来此刻经的用意。僧安最初是在河清三年（564）来平阳一带刻经的，那时选址在峄山阳山。武平六年（575）又选在尖山大佛岭刻经，大象元年（579）选在铁山，而今又选在葛山，同时还有冈山刻经。从地理位置上看，这6座山正好围成一圈——一个耐人寻味的佛法道场。这样的道场，河清三年（564）之前，僧安曾在崇梵寺洪顶山寺周围组建过。

　　葛山刻经的同时，韦氏家族于冈山的刻经也在进行中。武平六年（575），僧安曾与韦家在尖山有过合作。鉴于他与韦家的关系，冈山刻经也有可能是他

----

　　①　《大正大藏经》第14卷第554～555页。

组织的。其中也有一刻"大空王佛"，不过，他却没有参与书写。猜测其原因，或与一直在葛山忙碌有关，或与身体欠佳有关……葛山之后再也没有见到僧安刻经，僧安去了哪里？从其一生对刻经事业的追求与情怀看，"身体欠佳"的猜测或能成立。

第五节　冈山罹病，长叹西归

冈山在邹城北近郊铁山北邻，海拔243米。山体花岗岩，巨石凸兀，树木葱郁，风光秀丽。冈山东麓山脚下，正对着"经石沟"（当地人叫"狼沟"）是一片三面环山的开阔地。这里山上树葱石兀，山脚泉水涌流，远处田畴平展，村落点布，是一处幽静又开放的美妙环境。根据泰峄山区北朝寺院的选址特点与规律①，有理由认为，北朝时期这里曾建有寺院。寺院存在时间不长，也没有留下名字，故暂名"冈山东寺院"。与冈山刻经活动最为密切的寺院，很可能就是这座寺院。

冈山所刻的经文内容主要是菩提流支（生卒年不详）所译《入楞伽经》，节选的同一篇经文，用小字刻一遍，大字再刻一遍。小字经文由山谷中央刻起，顺山势由低处向高处（即由东向西）排列。大字经文则从山谷底刻起，沿山谷上行，或一字一石，或多字一石，一直刻到山顶，也是顺山势由低处向高处（即由东向西）排列。"小字刻"与"大字刻"，两段经文刊刻的方向、顺序完全一致，说明刻经活动是同一伙人参与，刻经的起点在山的东麓，山东麓"狼谷"谷底应有他们衣食住行活动的据点。

1990年以来，我们曾多次在此地做过考古调查。如今这里是一砖场，长期烧砖大规模动土，早已把该地翻了个底朝天。庆幸的是，在离《入楞伽经》第

---

① 泰峄山区北朝寺院的选址特点与规律：一，幽静的地方，但离人群又不太远；二，山脚下靠近水源；三，地势平坦有可耕种的土地。慧皎：《高僧传》卷三《昙摩密多传》云："于闲旷之地，建立精舍，植柰千株，开园百亩。"

二石——"楞伽"石不远的山脚处，发现了北朝的残砖瓦片，虽然残破厉害，数量不多，却足以说明，北朝时期冈山刻经活动的据点——寺院，就在这里。

西行翻过冈山，山之西北坳有"晚照寺"遗址。遗址东、南、北皆山，将午始见日光，故名曰"晚照寺"。寺院延续时间很长，遗址面积约7000平方米。西半部于20世纪60年代修水库时遭到破坏，出土了大量砖瓦陶片。东半部高台上为早期寺院殿堂建筑遗址，出土的粗绳纹长方砖及莲花纹圆瓦当，证明其时代可上自隋代或初唐。联想到冈山东麓山脚下的北朝建筑，晚照寺很可能是由山之东搬迁而来①。寺址又有宋元瓷片出土，更晚的遗物很少见到。初步推断，宋元以后，晚照寺的建筑中心发生了西移，至清末，位置与规模未再有大的变动。

冈山刻经有三部分：

一、《观无量寿佛经》，刻在"鸡咀石"东、南两面，另有佛名、题名；二、小字《入楞伽经》，分散刻在5块摩崖石面与巨石上；三、大字《入楞伽经》，分散刻在几十块巨石上。

第一部分：鸡咀石《佛说观无量寿佛经》。

鸡咀石在冈山中部，位置绝佳，形状奇特，酷似鸡首朝东方引颈鸣叫之状。冈山刻经的缘起，或因鸡咀石的魅力。《佛说观无量寿佛经》②刻在鸡咀石东、南两面，内容连贯。

东刻面倾向117度，高2.3米，宽1.4米。楷书，10行，行15字，字径11～14厘米（图4-12）。曰：

如是我闻：一时，佛在王舍城耆阇崛山中，与大比丘众，千二百五十人俱；菩萨三万二千，文殊师利法王子而为上首。尔时王舍大城有一太子，名阿阇世，随顺调达恶友之教，收执父王频婆娑罗，幽闭置于七重室内，制诸群臣，一不得往。国大夫人，名韦提希，恭敬大王澡浴清净，以苏蜜和麨，用涂其身，诸璎珞中盛蒲桃浆，密以上王。尔时大王食麨饮浆，求水漱口；漱口毕已，合

① 猜测寺院搬迁的原因，可能与寺院周围环境有关。寺院东不远处，是平阳城（今邹城）至鲁城（今曲阜）的交通官道，如此开放的环境会经常受到骚扰，不利于寺院存在。

② 南朝宋西域三藏彊良耶舍译，《大正大藏经》12卷0365页。

图4-12

南刻面倾向195度，高1.3米，宽0.95米。楷书，5行，行4～8字，字径10～15厘米。曰：

掌恭敬，向耆阇崛山遥礼世尊，而作是言："大目捷连是吾亲友，愿兴慈悲，授我八戒。"

鸡咀石北面刻佛名、题名（图4-13）：

图4-13

佛名有："释迦文佛、弥勒尊佛、阿弥陁佛"。其上方刻一龛小佛像，又有"石经"2字。题名在佛名右，刻面高1.95米，宽1.5米。楷书，曰："象主：朝思和，韦传竹妃。二郎，比丘惠晖，比丘尼法会。大象二年七月三日。比丘道成，僧岸，唐章。"

"鸡咀石"（图4-14）东南3米处，石上刻"大空王佛"名。刻面朝上，长1.02米，宽0.29米。楷书，1行，4字，字径20～25厘米。

图4-14

附近一石刻"阿弥陀佛"名。刻面倾向70度，长0.7米，宽0.19米。楷书，1行4字，字径18厘米。

"鸡咀石"东一独立石上，刻"大、一切佛"4字，刻面朝上，长0.66米，宽0.3米。楷书，2行，共4字，字径8厘米。

鸡咀石东、南、北三面的佛经、佛名、题名及鸡咀石东边的三佛名，内容连贯性强，笔法书风相同，为一人书写，可断定为冈山刻经的第一期工程。鸡咀石题名中但言像主，不言经主，实则经、像同主，皆为朝思和、韦传竹妃等人所为。

第二部分：小字《入楞伽经·请佛品第一》。

鸡咀石一组刻经完工后，经主们又在鸡咀石南面不远处看中一片光滑平坦的崖壁，于是动了再刻一经的功念。选择的内容是《入楞伽经·请佛品第一》，自"如是我闻"起，至"自在三昧"止。[①]包括书写者在内的原班人马，一同参与。共刻5石：

"如是"石[②]（图4-15），在一崖壁上，与"鸡咀石"比邻，在其西南5米处。刻面倾向60度，高2.5米，宽0.79米。楷书，4行，行13字，字径16～20厘米。曰："如是我闻，一时婆伽婆住大海畔，摩罗耶山顶上楞伽城中。彼山种种宝性所成，诸宝间错，光明赫炎，如百千日照曜金山。复有无量华。"

图4-15

"园香"石，与"如是"石同刻一崖壁上，"如是"石在右，此刻在左。刻面倾向63度，高1.57米，宽1.82米。楷书，7行，行8字，字径16～20厘米。曰："园香树，皆宝香林，微风吹击，摇枝动叶。百千妙香，一时流布，百千妙音，一时俱发。重岩屈曲，处处皆有仙堂、灵室、龛窟。无数众宝所

——————————

① 《大正大藏经》第16卷第514页。

② 依照残破碑帖拓本取前两字命名的方法，为此石命名。下同。

成，内外明澈。"

"日月"石（图4-16），刻面倾向70度，高1.4米，宽1.88米。刻字倾斜，楷书，5行，行4字，字径34厘米。曰："日月光辉，不复能现，皆是古昔诸仙贤圣，思如实。"

图4-16

"法得"石（图4-17），石呈球形，经文刻在石上方，刻面长1.1米，宽0.67米。楷书，3行，字径27～34厘米。曰："法得道之处。"

"与大"石（图4-18），石呈球形，刻面倾向82度，高1.65米，宽1.83米。楷书，6行，行46字，字径28厘米。曰："与大比丘僧，及大菩萨众，皆从种种他方佛土，俱来集会。

图4-17

图4-18

是诸菩萨具足无量自在三昧。"

第三部分：大字《入楞伽经·请佛品第一》。

刻在5处崖壁与圆石上的小字《入楞伽经·请佛品第一》，设计上出现了问题：崖壁上的字小，圆石上的字大，显得极不协调。于是经主们决定更换书写人，重新设计，重刻一遍此经此段。刻经自"经石沟"最东端起，沿"经石沟"由低向高处（即由东往西）刻，一直刻到山顶。按原计划，选刻的此段经文为188字，比第一遍小字经多出23字。今缺38字（刻于几石不详），现存27石：

"如是"石（图4-19），在"经石沟"南岸一摩崖石壁上。崖高约9米，刻面凹凸不平，未经加工，倾向80度。上有莲花图案，已模糊不清，高2.65米，宽3.4米。楷书，7行，行1～4字不等，字径30～40厘米。曰："如是我闻一时婆伽婆住大海畔摩罗耶山顶上。"

"楞伽"石，在"经石沟"最东端，与"城中"刻比邻。刻面斜仰上，倾向250度，长1.07米，宽0.52米。楷书，1行2字，字径51厘米。曰："楞伽。"

"城中"石，在"经石沟"最东端，与"楞伽"刻比邻。刻面斜仰朝上，倾向275度，长0.93米，宽0.86米。楷书，2行，行2字，字径35厘米。曰："城中彼山"。未见"种种宝"3字。

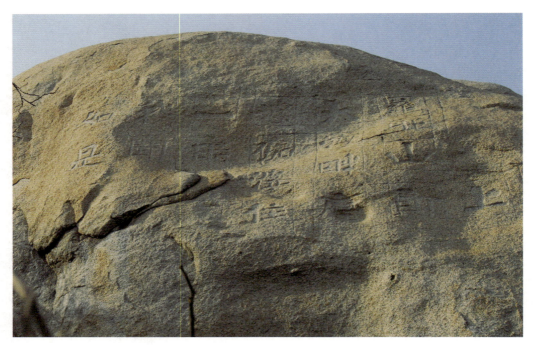

图4-19

图4-20

　　"性所"石，在"经石沟"南摩崖石壁上部，与"复有""如是"二刻比邻。刻面倾向70度，长0.45米，宽0.95米。楷书，横排2字，字径45厘米。曰："性所。"未见"成诸宝间错光明赫"8字。

　　"炎如"石（图4-20），在"经石沟"中一不规则的独立巨石上。石原站立，今倾卧于地，刻面斜朝上，倾向220度，高1.5米，宽1.35米。楷书，3行，行3字，字径35～50厘米。曰："炎如百千日照曜金山。"

　　"复有"石（图4-21），在"经石沟"南侧石壁上，刻面倾向85度，高1.8米，宽2.9米。楷书，6行，行4字，字径40厘米。曰："复有无量华

图4-21

园香树百宝香林微风吹击摇枝动叶百千妙（石经）。"

"香"石，在"经石沟"南侧"复有"石上，刻面倾向345度，高0.48米，宽0.42米。楷书，1字，字径47厘米。曰："香。"

"一时"石，在"经石沟"南一独立巨石下面，与"复有"刻比邻。石原站立，今倾卧于地，刻字被压在下。楷书，2字，字径43厘米。曰："一时。"

"流"石，在"经石沟"内一独立圆石上，刻面倾向140度，刻字斜向上方。楷书1字，字径45厘米。曰："流。"

"布"石，在"经石沟"内一独立巨石上，刻面倾向346度。楷书1字，字径68厘米。曰："布。"

"百"石，在"经石沟"内。刻面倾向45度，刻字倾斜。楷书1字，字径28厘米。曰："百。"

"千"石，在"经石沟"内一独立圆石上，刻面倾向105度，稍倾斜。楷书1字，字径40厘米。曰："千。"

"妙"石，在"经石沟"内一大石下。楷书1字，字径43厘米。曰："妙。"

"音"石，在"经石沟"内。刻面向上，楷书1字，字径43厘米。曰："音。"未见"一时俱发"4字。

　　"重"石，在"经石沟"内一独立石上，刻面倾向290度。楷书1字，字径52厘米。曰："重。"

　　"岩"石，在"经石沟"内。石原立姿，今倒卧，现刻面倾向250度，楷书1字，字径50厘米。曰："岩。"未见"屈曲"2字。

　　"处"石，在"经石沟"内。石原立姿，今倒卧，断为二。楷书1字，字径40厘米。曰："处。"未见"处皆有仙堂灵室龛窟无数众宝所成内外"17字。

　　"明澈"石（图4-22），在山顶。呈不规则形。刻面倾向120度，高0.53米，宽1.18米，无界格。楷书，2字，左右排列，字径51厘米。曰："明澈"。未见"日月光辉不"5字。

图4-22

　　"复能"石，在山顶。呈球形，直径3.2米。刻面向上，长1.07米，宽0.62米，有界格。楷书，2字，字径47厘米。曰："复能。"

　　"现皆"石（图4-23），在山顶。石呈球形，径3米左右。刻面倾向92度，高1.76米，宽1.78米，有界格。楷书，3行，行3字，字径39厘米。曰："现皆是古昔诸仙贤圣。"

　　"思如"石（图4-24），在山顶。刻面倾向72度，高1.15米，宽4.6米，有界格。刻字倾斜，楷书，9行，行2字。字径36厘米。曰："思如实法得道之

图4-23

图4-24

处与大比丘僧及大菩萨。"

"众皆"石（图4-25），在山顶。石呈不规则形，刻面倾向240度，长1.1米，宽1.05米，有界格。字倾斜，楷书，2行，行2字，字径36厘米。曰："众皆从种。"

图4-25

"种"石，在山顶，刻面倾向125度，高0.96米，宽0.55米，有界格与莲花纹。楷书1字，字径35厘米。曰："种。"

"他方"石（图4-26），在山顶。刻面倾向105度，高1.92米，宽3.46米，有界格与莲花纹。楷书，6行，行3字，字径37厘米。曰："他方佛士俱来集会是诸菩萨具足无量自在。"

"三昧"石，在山顶。石残去一半，刻面向上，长0.9米，宽0.55米，有界格。楷书，1行2字，字径47厘米。曰："三昧。"

"神通"石（图4-27），在山顶。刻面倾向357度，高2.04米，宽2.8米，有界格与莲花纹。楷书，5行，行3字，字径38厘米。曰："神通之力奋迅游化善于五法自性识。""神通"石右侧刻"種无"2字。刻面倾向115度，高0.66米，宽0.33米。"種"字右半"重"部仅刻大竖笔，其他笔画双勾。"種无"2字与本

图 4-26

图 4-27

经文无关。

　　"二种"石（图4-28），在山顶。呈球形，刻面倾向12度，高1.22米，宽2.36米，有界格。楷书，4行，行2字，字径40厘米。曰："二种无我究竟通达。"

图4-28

第五章

僧安道壹刻经分期

  僧安道壹刻经活动有四个阶段：崇梵寺、洪顶山寺为一段，南行瑕丘、峄山为一段，西行邺都为一段，东归尖山、泰山、铁山、葛山、冈山为一段。四段大致分为两期：尖山之前的刻经为前期，尖山之后的刻经为后期。分期依据是：

  一，刻经规模上，前期比后期小得多。

  二，刊刻内容上，前期重佛名，后期重经文，很少或基本不见佛名。

  三，刻经合作人员，前期主要以寺院僧人比丘为主，后期则以社会上的达官显贵、名门望族成员为主。

  四，刻经书风上，前期以隶书为主，隶势突出；后期转变为隶、楷笔法融合而成的隶楷书。

  五，刻经目的与功能上，前期旨在弘法，后期变为以护法为主、兼宣教的目的功用。

　　僧安一生的刻经活动经历了北齐、北周两个朝代，时间延续了20多年。日本学者桐谷征一把这一过程分为七期[①]。我们认为，僧安刻经活动有四个阶段：崇梵寺、洪顶山寺为一段，南行瑕丘、峄山为一段，西行邺都为一段，东归尖山、泰山、铁山、葛山、冈山为一段。四段大致可分为两期：尖山之前的刻经为前期，尖山开始的刻经为后期。其依据是：一、前后两期单刻规模不同，前期规模小，后期规模大。二、前后两期刊刻内容不同，前期重佛名，后期重佛经。三、前后两期刻经合作对象不同，前期为寺院比丘僧人，后期为社会豪富显贵。四、前后两期刻经书风不同，前期隶书风格浓，后期楷书风格显。五、前后两期刻经目的不同，前期重在弘法，后期重在护法。从僧安书丹或僧安主持、他人书丹的佛经佛名对比表中可见差别。

表5-1　　　　　　　　　　　　僧安道壹刻经分期表

地点	内容	面积（m²）	合作者	字体	纪年
书院东山	大空王佛	2.3×0.5		隶	
天池山	大空王佛	1.2×0.32		隶	
云翠山	大空王佛	1.4×1.3	比丘僧令 比丘道□ 比丘僧太 比丘智□ 比丘宝陵	隶	
大寨山	阿弥陁佛	0.7×0.3		隶	
	《诸行无常偈》			隶	皇建二年前
司里山	佛名（残）			隶	
	《摩诃般若经·明咒品》			隶	

　　[①] 〔日〕桐谷征一：《北齐大沙门安道壹刻经事迹》认为僧安刻经可分为七期。第一期：山东省东平县洪顶山；第二期：山东省东平司里山、银山、平阴云翠山、书院山、鼓山、大寨山；第三期：河北省滏山南响堂寺、鼓山北响堂寺、涉县古中皇山；第四期：山东省新泰徂徕山、邹县峄山、尖山、汶上水牛山、滕州陶山；第五期：河南省林县洪谷寺、河北省武安县水浴寺、河南省卫辉县香泉寺；第六期：山东泰山经石峪；第七期：山东邹县铁山、葛山、冈山。见焦德森主编：《北朝摩崖刻经研究》（续），香港天马图书有限公司2003年版。

续表

地点	内容	面积（m²）	合作者	字体	纪年
二鼓山	大空王佛	5.92 × 1.83	比丘僧太、比丘道颙、程伯仁	隶	河清元年
银山	阿弥陀佛	0.7 × 0.3		隶	
	佛说摩诃般若波罗蜜			隶楷	
	十三佛名	8.2 × 3.2	释法洪	隶	
	大山岩佛	3.63 × 1.96	释法洪	隶	
	高山佛	1.03 × 0.63	释法洪	隶	
	安王佛	1.6 × 0.98	释法洪	隶	
	药师琉璃光佛	0.78 × 0.14		隶楷	
	安公之碑	1.05 × 0.67		隶楷	双林后千六百廿年
	《文殊般若经》（一）	2.36 × 2.97	僧安道一	隶	
	风门口碑	0.6 × 0.2		隶楷	
	僧安道一题名	0.58 × 0.12		隶	
	僧安道壹题名	1.87 × 1.09		隶楷	
洪顶山	僧安道壹铭赞	2.47 × 1.42		隶	
	法洪铭赞	2.15 × 1.42		隶	河清三年
	《文殊般若经》（二）	4 × 2.45	释法洪	隶	
	《摩诃般若经》	1.96 × 1.28	释法洪	隶	
	《大集经·海慧菩萨品》	1.5 × 1.4	释法门	隶	
	《仁王经》	2.13 × 1.17	释法洪	隶	
	大空王佛题名、记	9.3 × 4.9	释法洪	隶	释迦双林后一千六百廿三年
	《摩诃衍经》	7.55 × 2.9	释法洪	隶	
	大空王佛（南崖一）	1.35 × 0.45		隶	
	大空王佛（南崖二）	2.35 × 0.45		隶	
	大空王佛（南崖三）	1.5 × 0.31		隶	
	大空王佛（南崖四）	2.21 × 1.08		隶	
水牛山	《文殊般若经》	2.16 × 1.95		隶	
凤凰山	弥勒佛	0.92 × 0.72	彭大卖	隶	

续表

地点	内容		面积（m²）	合作者	字体	纪年
凤凰山	华光佛		0.7×0.3		隶	
	大空王佛		0.85×0.23		隶	
嶷阳山	大空王佛			僧凤等	隶	
金口坝寺院	《文殊般若经》				隶楷	
峄山	《文殊般若经》（五华峰）		2.13×3.63	何能等	隶	河清三年
	《文殊般若经》（妖精洞）		3.8×2.6	董珍陁	隶	
阳山	《文殊般若经》				隶	
陶山	阿弥陀佛、观世音佛等		1.82×1.65		隶	
罗汉山	《文殊般若经》				隶	
卓山	《文殊般若经》"般若"题字		4.3×3.7		隶	河清□年
云龙山	阿弥陀佛				隶	天统年间
徂徕山	《大般若经》（十八空）		1.48×1	县令王子椿父子	隶	
	弥勒佛、阿弥陀佛、观世音佛、大空王佛				隶	
	《文殊般若经》		3.4×1.35	县令王子椿僧齐大众维那慧游普慒	隶	武平元年
鼓山	大空王佛、宝火佛等名				隶楷	
滏山	《文殊般若经》		1.75×1.95		隶楷	
	《大集经》		0.35×1.95		隶楷	
	《摩诃般若经·法尚品》			比丘惠景、比丘法贵	隶楷	
	《摩诃般若经》				隶楷	
	《诸行无常偈》				隶楷	
	大空王佛				隶	
	《文殊般若经》				隶	
尖山	文殊般若		2.28×1.75		隶楷	
	僧安等人题名		6.12×0.95	韦子深妻徐、息钦之、伏儿	隶楷	
	徐法仙题名		2.99×0.48	徐法仙	隶楷	
	年款题刻		1.09×0.57		隶楷	武平六年

地点	内容	面积（m²）	合作者	字体	纪年
尖山	大空王佛	6×1.85		隶楷	
	唐邕妃等题名	2.76×1.2	唐邕妃、陈德信妃、陈德茂妃	隶楷	
	僧安道壹题名	3.3×0.3	僧安道壹、韦伏儿、韦钦之	隶楷	
	《思益梵天所问经》			隶楷	
	韦伏儿题名	1.38×0.86	韦伏儿、韦将	隶楷	
	法门题名	3.59×0.45	比丘法门、法力、慧命、法緆	隶楷	
	《诸行无常偈》	1.33×0.43		隶楷	
	韦玉振、韦长达题名	0.91×0.62	韦玉振、韦长达	隶楷	
	僧安道壹题名	0.98×0.6		隶楷	
泰山	《金刚经》	1200		隶楷	
铁山	《大集经》	53×15.6	匡哲等	隶楷	大象元年
	《石颂》	17×3.5	匡哲等	隶楷	大象元年
	孙洽等题名	3.25×3.4	孙洽等	隶楷	大象元年
	李巨敖题名		李巨敖	隶楷	大象元年
葛山	《维摩诘经》	21×8.5		隶楷	大象二年
	题名			隶楷	大象二年
冈山	《入楞伽经》（小字）		二郎、比丘惠晖、比丘尼法会、比丘道成、僧岸、唐章、朝思和、韦传竹妃	楷	大象二年
	《观无量寿佛经》				
	众佛名				
	题名				
	《入楞伽经》（大字）				

由上表可以看出如下几个问题：

第一，在刻经规模上，前期比后期小得多。

前期选刻的经文大多在100字以内，刻字字径不超过二三十厘米，刻面约在三四十平方米间。后期选刻的经文都在几百字、甚至超过千字，字径多在50厘米左右，单刻面积不少于一百平方米，有的竟达一千多平方米。从整体上看，前期的洪顶山刻经虽然也颇具规模，但洪顶山每一单刻面积与后期泰山经石峪、铁山、葛山等相比，显然是"小巫见大巫"。僧安前、后两期刻经在规模上的变化，反映了刻经工程的观念及为刻经工程提供保障的经济实力在改变。

第二，刊刻内容上，前期重佛名，后期重经文，很少或基本不见佛名。

前期所刻每一山（处）几乎都有佛名，有的佛名则反复地刻。如"大空王佛"，洪顶山刻5处，书院东山、天池山、云翠山、二鼓山、凤凰山、嵫阳山、鼓山石窟、滏山石窟各刻一处，共13处。此外，重复刻的还有阿弥陀佛（洪顶山、大寨山、陶山、云龙山、徂徕山）、弥勒佛（洪顶山、凤凰山、徂徕山、鼓山石窟）、观世音佛（洪顶山、陶山、徂徕山）。重复刻的偈文有《诸行无常偈》，见之于司里山、滏山石窟。不重复的佛名有：安乐佛、式佛、具足千万光相佛、维卫佛、随叶佛、拘楼秦佛、拘那含牟尼佛、释迦牟尼佛、大势至佛、安王佛、高山佛、大山岩佛、药师琉璃光佛（皆在洪顶山），宝火佛、无垢佛、师子佛（皆在鼓山石窟）。后期仅在尖山刻大空王佛，冈山刻阿弥陀佛、弥勒尊佛、释迦文佛、大空王佛，而且冈山4佛名并非出自僧安之手。

前期所刻经文节选内容重复者多，后期则不重复。例如，选刻"文殊师利白佛言：世尊，何故名般若波罗蜜？佛言：般若波罗蜜，无边、无际、无名、无相，非思量、无归依、无洲渚，无犯、无福，无晦、无明，如法界无有分齐，亦无限数。是名般若波罗蜜，亦名菩萨摩诃萨行处。非行，非不行处，悉入一乘，名非行处。何以故？无念无作故"（《文殊师利所说摩诃般若波罗蜜经》节文98字段）者，有10处，即洪顶山北崖壁、南崖壁各一处，瑕丘金口坝寺院一处，峄山妖精洞、五华峰各一处，阳山一处、罗汉山一处、卓山一处，徂徕山映佛岩一处，滏山石窟第2窟一处，均在前期（后期唯有尖山刊刻）。选刻"佛言：舍利弗，汝问云何名佛，云何观佛者。不生、不灭，不来、不去，非名、非相，是名为佛。如自观身实相，观佛亦然。唯有智者，乃能知耳。是名观佛"（《文殊师利所说摩诃般若波罗蜜经》节文）者，有3处，即洪顶山北崖壁一处，水牛山摩崖一处，滏山石窟第4窟门额上方一处，也均在前期。选择《摩诃衍经》"十八空"一段者有2处，即洪顶山北石壁一处，徂徕山光化寺旁一处（标明《大般若经》），均在前期（后期不见）。前期不重复刻的经文只有《大集经·海慧菩萨品》48字节文（洪顶山北崖壁），《仁王经》节文（洪顶山北崖壁），《摩诃般若波罗蜜经·明咒品》节文（司里山主峰东崖壁），《摩诃般若波罗蜜经·法尚品》（滆山石窟第2窟隧道后壁）。

从尖山刻经开始，经文节选内容很少重复。尖山刻《思益梵天所问经》《文殊般若波罗蜜经》节文，经石峪仅刻《金刚经》，铁山仅刻《大集经》，葛山仅刻《维摩诘经》，冈山仅刻《入楞伽经》和《观无量寿佛经》。刻经内容由重复刻到不重复，反映了僧安刻经以弘法为主的思想倾向，转向了以护法为主。

第三，刻经合作人员，前期主要以寺院僧人比丘为主，后期则以社会上的达官显贵、名门望族成员为主。

刻经活动最主要的合作者是经主，因为经文佛名刊刻的资用要由他们提供，没有他们的捐赠，经文刊刻是很困难的。从现存题记看到，僧安早期刊刻的经文佛名，合作者主要是寺院的僧人比丘。如云翠山刊刻"大空王佛"的合作者有比丘僧令、比丘道□（颥）、比丘智□、比丘宝陵；二鼓山刊刻"大空王佛"的合作者是比丘僧太、比丘道颥，另有程伯仁，他们都是崇梵寺的人。洪顶山刻经刻佛名的合作者有释法洪、道门，法洪可能是洪顶山寺院的主持，而道门是这里的僧人。水牛山刻经碑的合作者有白石寺比丘□□、石窟寺法高，还有羊穆等邑人。嵫阳山刻佛名合作者有僧凤、僧芠、道怀、僧□，他们多是当地寺院的僧人。也有几位居士，如耿绍宗妻、息等。峄山刻经的合作者有董珍陀、东莞何能、陈留□仇□、河间刘广、广弟义、赵根、孟苟儿、沙门僧万、王凤等，有从外地来此的善男信女，也有峄山当地的僧人。徂徕山刻经的合作者有县令王子椿及其诸子，还有僧齐大众、维那慧游、普憙。滆山石窟寺刻经的合作者主要是慧义、定禅师，当然还有高阿那肱的资助。

从尖山刻经开始，僧安的合作对象主要是社会上的达官显贵。这种变化既有深刻的社会文化与信仰根源，也与僧安西行邺城受到的启发、获得的经验有直接关系。邺城近畿刻经主要是社会上层权贵捐资，一位是晋昌王唐邕，一位是淮阴王高阿那肱。他们既有雄厚的经济实力，又有崇高的社会地位，这两个条件对刻经工程的顺利完成无疑都是最有力的保障。僧安在邺城深受此一思想的启发，归鲁后，便把捐资对象的选择，由寺院内转移到社会上。尖山刻经的合作者有唐邕妃赵氏、陈德信妃董氏、陈德茂妃□氏，当地名门韦贤之后韦子深族人。泰山经石峪虽没有留下经主姓名，但无疑也是高官显贵拿的钱。铁山经主是匡衡后裔匡哲兄弟及同义人李桃，又有郡守孙洽，朝廷释教官员大都维那李巨敖、间长嵩。葛山刻经经主多来自高平郡，肯定也是一些官员。冈山刻经未明经主，却有像主若干，而造像仅有一小龛，龛高不足30厘米，显然经主像主同为一伙人，其中也有韦氏族人。僧安合作者身份前后不同的变化，实际上是把刻经活动由寺院行为转向了官场行为、社会行为，由单纯的宗教内部事业变成了社会群体事业，宗教的社会色彩、政治色彩越来越浓。

第四，在刻经书风上，前期以隶书为主，隶势尤为突出；后期转变为隶、楷笔法融合而成的隶楷书。

僧安刻经在尖山之前是较浓的隶书风格，尖山之后则转化成了隶楷书。尖山以前的作品大多取横势，横笔多作波画；尖山之后的作品大都取方势，横笔不再作波画，有的甚至出现了提按法。横势与波画是隶书的典型笔画特征，方势与横笔的非波状形态则是楷法影响的结果。

第五，僧安在刻经目的上，前后两期存在着明显的倾向性变化。

前期刻经篇幅短、规模小、内容重复者多，而且重佛名，合作对象也以寺院僧人比丘等"圈内"人士为主。反映了僧安此时刻经的目的，并不在乎经文内容本身，而是主要倾向于营造"佛无处不在"的气氛，以宣扬佛法"广大无边"为己任。后期刻经篇幅长、规模大、内容不重复，且很少再刻佛名，合作对象扩展到社会上。说明此时僧安已很注重经文内容本身，反映出他刻经的目的倾向已从营造气氛、弘法做功德，转变到护法宣教上来。

僧安道壹的刻经与邺都近畿的刻经，在刊刻目的和功用上，有相同的一面，也有不同的一面。总的说来，邺城附近的刻经可分为两类：一类是为了禅诵的需要，另一类则是为了护法。

禅诵类经文是为坐禅时诵念而刻的，它与石窟紧密地结合在一起。如安阳小南海，鼓山石窟南洞前壁，滏山石窟1号、6号窟，安阳香泉寺等处的刻经，就是按这样的功用设计刊凿的。小南海中窟造释迦牟尼像，洞外刻《大般涅槃经·圣行品》，经文内容正是修禅谛观时所依据的法典。鼓山石窟南洞雕凿的造像题材，典出《法华经·见宝塔品》，其前壁所刻《无量义经》，乃是"法华"三部之一，造像与经文内容和谐一致。滏山1号石窟造像内容出自《华严经》，窟壁上又刻了《华严经》，经文内容不仅与造像题材协同统一，连刊刻位置也考虑到诵念的方便。"如果说'宗教造像是为了宣传宗教的目的而创造的，通过艺术形象表现出宗教的教义，让人们接近、了解乃至信仰它'，那么石窟刻经不仅对宗教造像作出了解释，而且更直接地宣传了宗教教义。因而造像和刻经融于一窟，使僧俗礼拜者既可以目睹种种形象东西，又可以通过诵读佛经，了解和觉悟佛教的教义、哲理。在某种程度上，石窟成为宣扬佛教义学场所。"①

护法类刻经是"末法"思想与"法难"影响的结果。宗教学说形成之后，保护它的地位，光大它的影响，对教徒们来说，是一个永恒的念题和长期而艰巨的任务。一旦遇到毁法，护法的要求和愿望便超乎寻常地强烈！佛教末法思想是十六国以来流行的信仰危机的产物，它的根源可以追溯到印度贵霜王朝三邪见王时期的大规模毁佛运动②。北凉译经大师昙无谶为挽救佛教在西方遭到的厄运，夜以继日地翻译佛经，其中就有以《大般涅槃经》《金光明经》《大集经》《大方等无想经》《悲华经》等为代表的若干护法经典。然而，佛徒们诚惶诚恐的"法难"还是出现了，这就是北魏太武帝太平真君七年（446）的第一次灭佛。虽然七年后魏成帝恢复了佛教，但笼罩在佛教徒心中的末法阴影却难以散去。以至北齐时，那些心有余悸的信徒们，仍难忘记太武灭法、经像毁的惨景。特别又闻听北周武帝于天和四年（569）与建德二年（573）两次集百僚、沙门、道士进行儒、释、道之辩，意在扼佛的消息③，佛教的前景愈来愈使人感到危机四起。于是，唐邕为保存佛经，发愿将其尽刻于天下名山，由此而开始了鼓山、中皇山大规模的刻经工程。所刻经文首尾完整有序，章品标明，规模宏大，震惊全国上下。

僧安早期刻经篇幅短、规模小，内容均为节选的经典语录，重复者尤多，而且，更加看重佛名偈语。这些节选的语录精句，与禅诵类节选不同。禅诵类内容与石窟造像题材一致，经、像互印，相得益彰。僧安刻经一不配合石窟，二不配合造像，只是想通过到处刊刻经文佛名偈语，造成佛无处不在、无时不

---

① 李裕群：《邺城地区石窟与刻经》，《考古学报》1997年第4期。

② 《舍利弗问经》描述了当时的毁佛残景："……因遂害之，无问长少，血流成河，坏诸塔寺，八百余所。诸清信士举声号叫，悲哭懊恼，王取囚系，加以鞭罚，五百罗汉，登南山获免……"

③ 令狐德棻：《周书·武帝上》：天和四年（569）二月"戊辰，帝御大德殿，集百僚、道士、沙门等讨论释老义。"建德二年（573）"十二月癸巳，集群臣及沙门、道士等，帝升高坐，辨释三教先后，以儒教为先，道教为次，佛教为后。"建德三年（574）五月"丙子，初断佛、道二教，经像悉毁，罢沙门、道士，并令还民。并禁诸淫祀，礼典所不载者，尽除之。"中华书局1971年版，第63～86页。

有的宗教氛围。在僧安心中，高山是佛，山岩是佛……佛在哪里呢？佛"不生、不灭，不来、不去，非名、非相"。如何体察到佛的存在？"如自观身实相……唯有智者，乃能知耳"。佛名即佛，观者即禅。身到心到，禅观可达智慧彼岸，得阿耨多罗三藐三菩提，此即般若力量、佛的力量。人们一旦进入这种"气场"，就会感到巨大的力量存在——这就是僧安意欲营造的氛围。

僧安后期的刻经虽然也是节选内容，但篇幅显然比前期要长得多。而且字形大、规模大，内容也不再重复，一般是一处（山）只刻一种经文，且很少再刻佛名。合作对象也由寺院内扩展到社会上，寻求高官显贵、名门望族，参与捐资、还愿、做功德。这些从形式到内容的变化，表明僧安刻经的目的已从广造气氛、弘法宣教，转向护法宣教、修积功德上来了。这种转变与周武灭佛有关，与唐邕发誓尽刻佛经于天下名山之壮举的影响，更有直接关系。

周武帝从公元574年5月开始大举灭佛，主要影响北周境内。北周境内灭佛开始时，僧安在哪里？从以上对其刻经活动的排序上可以推测，这一年他正驻锡邺城。西边（北周境）大肆灭佛，东边（邺都）唐邕为护法大举刻经，严峻的形势对僧安心灵的震撼是可想而知的。唐邕以为"缣缃有坏，简策非久，金牒难求，皮纸易灭"。因此"发七处之印，开七宝之函，访莲花之书，命银钩之迹，一音所说尽勒名山"[①]。僧安也深知"缣竹易销，金石难灭"，所以"托以高山"，才能"永留不绝"[②]。从铁山《石颂》中可以明显地看到唐邕护法刻经对僧安的影响，僧安从此也由刻经弘法，转向了刻经护法。

至于僧安为什么没有像唐邕那样刊刻完整篇章的经文，当然是有很多原因的。其一，泰峄山区的岩石以花岗岩为主，花岗岩颗粒大，质地坚硬，不宜刻小字，而周围的水层石灰岩则层质松散，难成大篇。其二，僧安的合作对象没有唐邕那样的经济实力，他们在本地虽也称得上豪门权贵，但怎能和权倾朝野的唐邕、高阿那肱相比！其三，尽管僧安后期刻经有明显的护法倾向，但他早年即已形成的宿志——营造佛法氛围的使命已根深蒂固。由此可见，一生忙碌的僧安，生活在政权更迭、社会动荡、法场屡遭劫难的环境中，其思想的形成发展与变化，是极为微妙复杂的。

———————————

① 河北邯郸峰峰矿区鼓山石窟《唐邕写经记》。
② 山东邹城铁山刻经《石颂》。

第六章
僧安道壹信仰

　　僧安道壹活动的北朝时期的泰峄山区，流行着各种各样的佛教师说。从总体上讲，文殊般若思想似乎在这里一直占据着明显的优势地位。僧安道壹本人也是文殊般若"性空"思想与"一行三昧"典则的信奉者、弘扬者。

　　洪顶山风门口的《安公之碑》，是僧安道壹宗教信仰的告白书。他所推奉的"一"，是指心专一境的禅定，是达"道"的方式，即用禅定的方法，达到超世间无烦恼的身心状态——"安"。用"安心"的方法完成禅定，达到"安"的状态。"安故能一，一故能安"，脱离世俗，摆脱烦恼。僧安道壹将他的宗教主张刻在"自我"的封闭环境里，不单是在阐释他的名字，宣示他的主张，同时也是倡导并奉行先禅宗时期"一行三昧"的般若思想。对僧安道壹来讲，他的名字，就是他的行动，他的信仰与追求，他的境界与超越。

　　统治者往往将佛教作为自己的统治工具，从政治、经济、舆论等方面大力扶持佛教，于是佛教在南北朝时期迎来了大好的发展机遇。不同译经集团的出现，将佛教译籍多渠道、多种类地推向社会。在不同利益者的政治需求鼓吹下，酝酿出各种各样的佛教师说。为后来佛教宗派的出现，进行着深层次的准备与造势。三论学、涅槃学、毗昙学、成实学、地论学、律学、禅学，纷纷结众树旗，登场立说。僧安道壹生活的泰峄山区，本是儒家文化的根据地，此时也免不了成为佛教诸师说大行其道的菩提园。

　　泰峄山区的佛学思想是如何表现的？杜继文先生在看了山东东平湖一带僧安道壹的刻经资料后，提出了一个让人注意的问题。他说："北齐灭后约一百五十年，高举'南宗'大旗的慧能（638～713）弟子神会（684～758）在滑台大云寺的无遮大会上，向'北宗'神秀（606～706）的门徒发动了争取禅宗正统的斗争，迎接挑战的，是'山东崇远法师'，神会抨击的重点人物则是嵩岳普寂和东岳降魔。后者又称'兖州降魔世藏'，《景德传灯录》将其列为神秀弟子。换句话说，神会首先冲击的不是神秀在两京的门徒，而是在山东的势力。据此，人们很容易产生一个疑问：禅宗北宗为什么在山东会有如此强大的影响力？"[①]泰峄山区的佛学状况如何，禅宗北宗在山东的影响力究竟怎样，出土或遗存的文物资料透露了一些信息。

　　从遗存的文物资料看，东魏之前，曲阜鲁城内已建有一座规模很大的寺院——圣果寺。其位置在鲁城东北角外，汉灵光殿北不远处，今圣果寺村

---

①　杜继文：《平阴安道壹摩崖刻的佛教文化意义》，柳文金编：《山东平阴三山北朝摩崖》，荣宝斋出版社1997年版，第7页。

东岳降魔师，又称泰山降魔师。《宋高僧传》卷第八《唐兖州东岳降魔藏师传》："释藏师，姓王氏，赵郡（今河北赵县）人也。父为亳州掾。稚齿寻师，居然慕法，而性好独处。谯多厉鬼，持魅于人。藏七岁只影闲房，孤形迥野，尝无少畏。至年长弥见挺拔，故号降魔藏欤……俾诵《法华》踰月彻部，登即剃落受具习律焉。次讲南宗论，大机将发，俄投尘尾，九州灵迹罕不登升。后往遇北州鼎盛，便誓依栖。秀问曰：'汝名降魔，我此无山精木怪，汝翻作魔邪。'曰：'有佛有魔。'秀云：'汝若是魔，必住不思议境界也。'曰：'是佛亦空，何不思议之有。'时众莫不异而钦之。先是秀帅悬记之，汝与少皞之墟有缘。寻入泰山数年，学者臻萃，供亿克周，为金舆谷朗公行化之亚也。一日告门人曰：'吾今老朽，物极有归，正是其时。'言讫而终。春秋九十一矣。"《历代高僧传·宋高僧传卷第九》，上海书店1989年版，影印《大正大藏经》第五十卷版本，原760页。

（"圣"字当地也有作"盛"或"胜"者）内[1]。圣果寺早期的资料见不到，东魏天平二年（535），该寺刻过一尊佛像碑，流传至今，今藏日本东京大学文学部[2]。佛像背面刻了《金刚般若波罗蜜经》，这是泰峄山区兖州一带目前所见最早的般若经系作品，可知般若系经典在本地区的流传由来已久。在儒学根据地，在定儒为一尊的汉鲁王殿堂旁，僧侣们如此大造声势，明目张胆地与儒学分庭抗礼。一方面可知般若系势力在此地非同小可，另一方面，也足见儒学在东魏时期的包容胸怀。此时僧安道壹大约15岁，估计刚出家不久，还是崇梵寺的一名小比丘。

与此同时，泰山一带涅槃经系经文也在流行。济南附近古历山黄石崖上刊刻了《诸行无常偈》[3]，另还有造像若干。徂徕山石佛峪有《诸行无常偈》[4]。略晚一点的司里山，也有此偈文出现，那就是僧安的书写，估计是应邀而作。至隋代，司里山东崖壁上刻了《大般涅槃经·憍陈如品》，说明泰峄山区还活跃着涅槃经系的信奉人群。

北齐时期，泰峄山区普遍流行的刻经，仍然是般若经系内容。兖州金口坝附近寺院刊刻的数量最多，估计每座寺院都有。仅1992年出土（水）的残石，就有七八通碑的个体[5]，是残碑刻经诸内容的最高比例。而实际上，这只是北齐兖州刻经现状的"冰山一角"。除《文殊般若经》外，另有《思益梵天所问经》，亦金口坝出土（水），鸠摩罗什译本。经文言佛为网明菩萨及思益梵天等诸菩萨说诸法空寂之理，与文殊般若宣传的内容同是"性空"理论。可以看出，僧安道壹所在的北齐几十年间，兖州一带最流行的佛经是般若系经典。此外，还有法华经系。东平海檀寺刻过《观世音经》，巨野石佛寺刻过《大方广华严

---

[1]　山东省文物考古研究所等编：《曲阜鲁国故城》，齐鲁书社1982年版，第4页"鲁故城遗址遗迹分布图"。

[2]　〔日〕大阪市立美术馆《中国の石佛——庄严な为祈り》图版说明107，1925年版。

[3]　大约在二十世纪四五十年代，偈文全部毁灭。尹彭寿《山左六朝碑石目》、夏曾德《历城金石续考》、民国编《续修历城县志》均有著录，北京图书馆金石组编：《北京图书馆藏中国历代石刻拓本汇编》005册203页收录该刻偈拓片，上有陆和九戊子（1888年）冬月题跋。跋曰："此未断本，字字完好，可宝也！石在山东历城千佛山黄石崖，近拓已裂为三石已。戊子冬十月，陆和九志。"

[4]　周郢：《石佛峪观经像记》，《泰山晚报》2023年1月5日。

[5]　王大中编著：《兖州金口坝刻石遗珍》，中国文史出版社2016年版。

十恶品》，一直传至隋代，东平汶上片区都有法华经系的佛造像或碑刻，说明当地对《观世音经》的信奉诵读不仅时间长，而且信众广。

兖州之东的泗水天明寺，坐落在古泗水之旁，环境绝佳，寺院规模不小。有《维摩诘经》的信奉者刊出《见阿閦佛品第十二》节文，影响很大。其碑阴的《隽修罗碑》，记有当地信众若干，可见它的群众基础之广。

北周灭北齐，泰峄山区由北周政权管理了几年，不过很快便成为隋的天下。民众对佛教经典的供奉诵念，显而易见是受周武帝灭佛的影响，铁山上的《大集经》，就是为护法而刻的。此时，般若经系暂时受到冷落，净土经系、大集经系、禅宗经典、维摩诘经大流行。

值得注意的是，北齐北周时期文殊般若经系大流行的时候，《楞伽经》同样受到人们的热捧。菩提流支译10卷本《入楞伽经》，开头的一段在冈山刻了两遍。《楞伽经》解释"如来藏缘起"，与后来流传的《大乘起信论》思想有些相近。它与文殊般若学一样对禅宗的形成影响很大，在山东泰峄山区兖州一带早有发展的基础。150年后的唐代，禅宗北宗在山东的强大影响力绝非空穴来风，刻经背后大批信众的存在及其活动，早已形成了深厚的历史传统与信仰根基。

僧安道壹去世以后，隋初唐时期的泰峄山区开始流行密宗经典《佛顶尊胜陀罗尼经》与般若经系《心经》，另还有《佛在金棺上嘱累造经像经》《佛说罪福报应经》《高王观音经》《佛说父母恩重经》《大方广佛华罗经初发心功德品》《观世音经》等。这些经典虽然有些是疑伪经，但它的存在、普及却是事实。一直至中唐，皆如此，金口坝出土（水）了一大宗这类刻经碑石。①

以上资料表明，北朝时期泰峄山区的佛教活动比较复杂，并非仅有影响早期禅宗发展壮大的"禅宗"势力。其他思潮的共存乃至相互间的影响，也是显而易见的事实。

文献中记录的讯息内容是：僧安道壹出生前（北魏孝宣帝延昌年间），《法华》在本地流传已久。泰山西衔草寺僧人释志湛，齐州山茌人，读《法华经》，用为常业。志湛乃朗公曾孙之弟子②，影响代代相传，到僧安出家大约20岁左右

---

① 王大中编著：《兖州金口坝刻石遗珍》，中国文史出版社2016年版。

② 道宣：《续高僧传·释志湛传》，《历代高僧传》，上海书店1989年版，影印《大正大藏经》第五十卷版本，第686页。

的时候，泰山之西的寺院仍流行《法华》信仰。丹领寺释僧照诵传的即是《法华经》。①

与僧安道壹年龄差不多的释法侃，姓郭，荥阳人，年未登冠来泰山灵岩寺，从渊法师诵《十地》《地持》。北齐灭亡后，释法侃南渡，栖住建业。②

又有释宝安，兖州人，与僧安道壹同时代奉佛。初依慧远听涉《涅槃》，周灭北齐，南投陈国。隋统一，还归乡壤兖州③。

释法性，亦兖州人，长僧安道壹约七八岁。少习禅学，精厉行道，仁寿送舍利至本州普乐寺。④

僧安圆寂后的泰峄山区佛教信仰，从下几例人物资料可窥一斑：一是兖州人释慧斌，僧安卒后6年出生，23岁离开兖州入台山修诸静虑。一入八载，备行观法，乃往泰山灵岩诸寺，以行道为务先。34岁入梁父甗山存道寺，更寻律部，博听经论，多以行道咒业为心，或诵释迦观音，或行文殊悔法……⑤

又有释法冲，约北齐武平三年（572）生于兖州。年二十四，遭母忧，读《涅槃》，发出家心。至安州暠法师下，听《大品》"三论"《楞伽经》。回兖州，时峄阳山多有逃僧避难，冲但施道粮。纯学大乘，并修禅业。僧安卒后的二三十年间，是释法冲在兖州的主要活动时段⑥。七十年后的初唐永徽年间，泰峄山区《金刚经》《心经》大盛，不少僧徒以此为业⑦。

以上文献资料同样显示，北齐时期，文殊般若思想在泰峄山区兖州一带一

---

① 道宣：《续高僧传·释僧照传》，《历代高僧传》，上海书店1989年版，影印《大正大藏经》第五十卷版本，第647页。

② 道宣：《续高僧传·释法侃传》，《历代高僧传》，上海书店1989年版，影印《大正大藏经》第五十卷版本，第513页。

③ 道宣：《续高僧传·释宝安传》，《历代高僧传》，上海书店1989年版，影印《大正大藏经》第五十卷版本，第674页。

④ 道宣：《续高僧传·释法性传》，《历代高僧传》，上海书店1989年版，影印《大正大藏经》第五十卷版本，第675页。

⑤ 道宣：《续高僧传·释慧斌传》，《历代高僧传》，上海书店1989年版，影印《大正大藏经》第五十卷版本，第591页。

⑥ 道宣：《续高僧传·释法冲传》，《历代高僧传》，上海书店1989年版，影印《大正大藏经》第五十卷版本，第666页。

⑦ 道宣：《续高僧传·释明濬传》，《历代高僧传》，上海书店1989年版，影印《大正大藏经》第五十卷版本，第665页。

直占据着明显的优势地位。隋代初唐略有减弱，但金刚般若、《心经》却很流行。

北齐时期的佛典流行，张总将其划为三大区："山东刻经的般若区、河南刻经为主的华严区、河北涉县具唯识古学与般若的法相区系，并与响堂刻经的般若华严皆具。"① 其实，河北的几件般若经系作品——溹山石窟般若洞《文殊般若经》98字段、《法上品》、《文殊般若经》54字段，都是山东僧安所刻。河北到底有无般若经的诵读者，并不清楚。僧安的作品与洞窟内涵不一，"般若"的出现纯属一种偶然，应该把它们"划"回山东的信奉圈子。

如此看来，山东兖州一带的佛典信奉，的确已经形成了自己的特点。虽然也有其他内容存在，但其"主旋律"还是很明显、很强势的。这种环境传统，对禅宗早期"山东崇远法师"们的出现与成长，自然是水到渠成的必然。山东僧团对禅宗北宗形成的贡献，无疑是不可否认的了。当然，这其中也有僧安道壹的贡献。他在20多年的奔走鼓动中，对宣传般若"性空"思想不遗余力。大刻特刻《文殊般若经》98字段10处、54字段3处，《大集经》选段3处……无疑收到了特殊的效果。僧安道壹本人也在般若修为中，丰富了自身，坚定了有空信仰的禅师信念。

杜继文先生说："《文殊般若》在南朝梁即有两个译本，唐玄奘则编译在他的《大般若经》中，而其在僧俗中的流通情况，则难知其详。直到唐代著名禅师神秀答武则天问，说其所禀禅法为'东山法门'，所依典诰是'《文殊般若》一行三昧'，才使人们认识到此经在禅宗形成期所起的作用，或许并不下于四卷《楞伽经》。讲'一行三昧'的那部《文殊般若》，也正是安道壹刻文所用的译本。"② 《文殊般若经》下曰："文殊师利言：世尊，云何名一行三昧？佛言，法界一相，系缘法界，是名一行三昧。"③ 一行，专于一事也。"一行三昧"，即心定于一行而修三昧也。《三藏法数》四曰："一行三昧者，惟专一行，修习正定也。"《文殊般若经》下又曰："善男子善女人欲入一行三昧，应处空闲，舍诸乱意，不取相貌，系心一佛，专称名字，随佛方听，端身正向，能于一佛，念念

---

① 张总：《山东碑崖刻经经义内涵索探》，山东省石刻艺术博物馆编：《北朝摩崖刻经研究》（续），香港天马图书有限公司2003年版。

② 杜继文：《平阴安道壹摩崖刻的佛教文化意义》，柳文金编：《山东平阴三山北朝摩崖》，荣宝斋出版社1997年版，第5～6页。

③ 《中华大藏经》第八卷第258页。

相续，即是念中，能见过去未来现在诸佛……如是入一行三昧者，尽知恒沙诸佛法界无差别相。"①一切佛即一佛，一心念佛，即是念一切佛。

看来，僧安道壹大刻特刻的"大空王佛"，即来自《文殊般若经》的"一行三昧"思想。他在山东、河北共刻了43处（种）佛名，其中"大空王佛"刻有16处。刻的规模最大的佛名，也是"大空王佛"，最大者长（高）9.3米。佛典中有"空大佛"。空大佛，过去世之一佛，空王为佛之总名。《法华经》说，释尊与阿难共于空王佛所发心。佛典中没有"大空王佛"。[大空，《大方等大集经》："何者名为大空，东方、东方空。乃至四维空。非积聚，不可坏，不可取。何以故？诸法性尔。是名大空。"《放光般若经》："何等为大空？八方上下皆空，是为大空。"《光赞经》："彼何谓为大空？所谓东方亦空、南方、西方、北方、东南、西南、西北、东北方、上方、下方，皆亦悉空，不可毁伤，不可坏起。所以者何？本净故也。"《摩诃般若波罗蜜经》："何等为大空？东方东方相空，非常非灭故。何以故？性自尔。南西北方四维上下南西北方四维上下空，非常灭故。何以故？性自尔。是名大空。"]应该说，"大空王佛"称得上僧安道壹的"创造"，其依据便是来自这些经典。

张总先生认为："'空王'作为佛的尊号，有两种含义：一即诸佛之别称，或者说'空王'为佛的总名，因佛空无一切邪执，故称空王。二即过去古佛之称……但综观来看，大空王佛在此并非过去古佛之称，而应是一切佛的通称。即'空王'只是佛之异名，诸佛之别名……而非一古佛之名。"②

杜继文先生则认为："安道壹如此突出地大书特书'大空王佛'，我以为用意……用于轻蔑一切权势。这种情绪，与禅宗早期受到当权者压迫的遭遇是相吻合的。"③

从僧安道壹一生的经历看，他曾多次与官僚豪强合作事佛，作为个人，他并没有与当权者直接冲突。他不厌其烦地大刻特刻"大空王佛"，其宗旨还是在于宣传他所信仰的"性空"理念，未必是对当权者的示威。大乘佛教观念认

① 《中华大藏经》第八卷第258页。
② 张总：《山东碑崖刻经经义内涵索探》，山东省石刻艺术博物馆编：《北朝摩崖刻经研究》（续），天马图书有限公司2003年版，第14～15页。
③ 杜继文：《平阴安道壹摩崖刻的佛教文化意义》，柳文金编：《山东平阴三山北朝摩崖》，荣宝斋出版社1997年版，第7页。

为，佛的形象及其名称是信仰者的自我感应，信仰者完全可以根据自己的感觉，随意创造自己心中的佛。僧安道壹除创造了"大空王佛"，还在洪顶山创造了"高山佛""大山岩佛"。有学者说是民间信仰，其实大乘佛教的宗教主张就是民间化、大众化、群众性。冈山鸡咀石东有"大·一切佛"题刻，其旁不远处即有"大空王佛"。从笔迹上看，冈山刻经皆非僧安书写，可别人向来不刻"大空王佛"，此地的"大空王佛"及刻经，与僧安肯定有一定关系。或者刻经工程由他组织的，或者刻经内容由他选定的。这里，"大空王佛"与"大·一切佛"刻在一起，显然是说"大空王佛"即"大·一切佛"。大乘是讲多佛的，他们从专念一佛开始，佛佛相通，一切诸佛，皆同一相。所以就可以由念一佛，而见一切佛，并通向法界。

僧安道壹也刻了别的佛名，如在洪顶山刻式佛、维卫佛、释迦牟尼佛、具足千万光相佛，还有西方三圣阿弥陀佛、观世音佛、大势至佛。鼓山上又刻宝火佛、无垢佛等。有意思的是，这些佛名基本上没有重刻，因此笔者认为，它们很可能是应佛名主的要求而作。洪顶山众佛名应法洪要求，鼓山众佛名应当地佛名主要求。在僧安心中，"大空王佛"即一切佛，是广大无边、具足千万神力、通达一切的佛。

洪顶山北崖壁风门口处有《安公之碑》，是了解僧安道壹宗教主张的重要资料。谈到"碑"，有学者认为，可能是僧安死后的"盖棺评语"。其实不然，此碑刻于"释迦双林后一千六百廿年"，比北崖壁的"大空王佛"（释迦双林后一千六百廿三年）还早三年，是僧安来洪顶山寺院最早的一批作品。此时他的年龄约在45～50岁间，其事业刚开始。从内容上看，此"碑"是僧安道壹终生信念的至高宣言。以"碑"名之，当取神圣不可动摇之意。

《安公之碑》是僧安道壹对自己的名字所作的信仰阐述，其形式类似于"否之否"的文字游戏。僧安道壹在崇梵寺修行的时候名叫"僧安一"，河清元年（562），在二鼓山刻"大空王佛"时，署名就是"僧安一"。这是他此阶段唯一的一次属名。来洪顶山寺院后，刻北崖壁风门口《文殊般若经》98字段时，属名改为"僧安道一"。加了"道"字，其中"一"字延续了二鼓山"一"的习惯。自此以后，他便正式采用这个名字，一直到死。唯一变的是后来"一"字改作"壹"，不再写作"一"。这是强调了"壹"的"专一"性。在洪顶山的第二段工程里，他郑重地刻下了"僧安道壹"4字，标上礼制意味浓厚的圭形框，并在其旁附上《铭赞》。释曰："大沙门僧安，又名道壹，广大乡□□里人也"。《安公之碑》用"一"而不用"壹"字，与写、刻难度上是否有关，不清楚。但早期用"一"不用"壹"，确实是僧安的习惯。

碑文对其名字"安""一"2字进行了阐释，辩证论述了"安"与"不安"的关系。"安"谓"安心"，心期待于某一点，而安住于此。"安"在大乘佛教的修行中是倍受推崇的。比僧安道壹略晚一点的道信（580～651），直接提出了"安心"的主张。此前，求那跋陀罗在"禅训"里还讲过如何才能"安心"的方法。以"安心"为修道的第一着，要学佛，得先学安心。只有安心念佛，才可以见佛，见一切佛。佛佛相通，通向法界。安下心来不断诵念，就可以使心变得单纯集中，心自然也就安定下来。只有心安了，心才会逐渐清净，即所谓得清净心。

《安公之碑》中的"一"，是指心专一境的禅定，是知"道"的方式。即用禅定的方法，达到超世间无烦恼的身心状态——"安"。用"安心"的方法完成禅定，用禅定的方法达到"安"的状态。脱离世俗，摆脱烦恼，"安故能一，一故能安"。洪顶山风门口地处山腰间，远处湖泽，脚下寺院，半封闭的环境，别具洞天，是面壁禅定修行的佳处。僧安道壹将他的宗教主张刻在这里，不单是在郑重阐释他的名字，宣示他的目标，同时也是倡导并执行先禅宗时期的"一行三昧"般若思想。对僧安道壹来讲，他的名字，就是他的行动，他的思想与信仰，他的境界与追求。因此，他把自己的主张以碑铭的形式镌刊在这里，与他最得意的"大空王佛"一样，成为他信仰中的灵魂。所以他在这两件作品中的年款，特意使用了佛历。另还有他的《铭赞》，其他作品从不这样落款纪年，足见他的别有用心。

从纪年刻石看，僧安道壹在洪顶山寺院待了三年，他思想的形成，与在这里的三年修行有很大关系。此前崇梵寺的修业，范围小，思路窄，有很大局限性。洪顶山寺与法洪的接触，僧安受到巨大影响，从此，他开始走出自我圈子，接触广大社会。

僧安道壹来洪顶山寺院是冲着法洪来的。法洪何许人也？洪顶山南崖壁《法洪铭赞》说他是"中天沙门"。汉魏之际来中国内地的天竺僧人，大、小乘都有，一直延续到北魏北齐，陆路（河西走廊）和水路（广州、连云港、青岛等）来华的僧人，皆络绎不绝。法洪来华的具体情况无可知，《铭赞》称他"非空不谈，非如不说。谈空说如，是非两泯。无说无谈，有无双亡"。可知他是一位十足的大乘佛教和尚。般若经认为，智慧探讨的是真理问题，即"真如""如""如如""实相""真谛"等，即事物的本来面貌或真实面貌。法洪追求的即是"空观""真如"的终极原理。可见，《法洪铭赞》是对法洪的赞词，同时也是法洪宗教主张的宣示。僧安离开崇梵寺，无疑是膺服法洪的"空""如"大乘观主张，才来洪顶山寺的。僧安应法洪之邀，镌刻了十三佛名，又更大手笔地刻下《文殊般若经》98字段两处、《文殊般若经》54字段一处、《大集经·海慧菩萨品》选段一处、《仁王经》选段一处、《摩诃衍经》选段一处。刻佛名是僧安的习惯，刻经文则是从未有过的事。从洪顶山开始，他刻佛名亦刻佛经，并且佛经成了主体内容。一直延续下来，刻遍泰峄山区，一直刻到邺都鼓山滏山石窟两寺。小有五十几字的精雕细琢，大有两亩多地的皇皇巨制，直到圆寂，其心未泯。可见法洪对他的影响不仅在于信仰倾向上，还在于事业修为的具体内容上。

僧安道壹一生有5年时间（武平二年至六年，即571～575年）是在京城邺都度过的。邺都是北齐的政治中心，也是中国北方佛教的盛地。他在这里的活动细节，虽不太清楚，然他曾组织了鼓山石窟寺佛名、滏山石窟寺般若洞及四、五号洞窟门外经文偈语与寺外小山岭佛名的书写镌刻，确是真实的存在。在这些活动中，他结识了在鼓山石窟寺刻经的晋昌王唐邕，和滏山石窟寺刻经的慧义、定禅师、高阿那肱等社会上层人物。亲自感受了邺都佛教盛行的波澜场面，参加并见识了佛国最高规格的大小法会、讲经、祭祠、持斋、施舍、供养……活动。他认识到，佛僧的理想就是广大信众的理想，佛教的事业就是广大社会的事业，只有把事业做到社会上，才能完成普度众生的最高理想。他借鉴了鼓山滏山刻经的经验，回山东后，在兖州一带接连谋划了几项大工程。刻经的目的与功能，也由弘法宣教转变为护法担责。僧安与唐邕慧义一样，与佛教其他高僧大德一样，他的责任心越来越强。

在中国佛教史上，僧安道壹不过是一个无名沙门，他没有著书立说、诠经释论，没有开山立宗、呼纳海岱，更没有匡时济世、摧魔伏妖。他不过是一个"心专一境"、期望通过"一行三昧"的禅定、弄懂世间"缘起性空"的真谛，达到阿耨多罗三藐三菩提境界的普通僧人。然而，让他自己都没有料到的是，他特殊的弘法护法行为，为中华文化留下了一笔宝贵遗产，为中国书法史留下一宗绝无仅有的艺术宝藏。

第七章
僧安道壹书法

　　僧安道壹书法以隶书为骨架，有机地融合了篆、楷书的有益元素，用笔朴实，线条含蓄，体势开张，意境深远。风格安详简约，气息婉通静穆，品格萧散峻逸，在中国书法史上独树一帜。近视之，端庄静穆，似尊尊佛像；远眺之，空阔从容，若高原走马；俯察之，翩然飞动，如云鹤游天。再衬之以山林峭壁，梵呗钟声，作品不仅与大自然融在一起，更与佛教义理化为一体。其场面之博大，气势之恢宏，意境之深远，堪称我国书史一绝。铁山《石颂》中"精跨羲（王羲之303～361）、诞（韦诞179～253），妙越英（张伯英? ～约192）、繇（锺繇151～230）"的赞语，不为过誉。

　　僧安道壹的刻经活动可以分为两个时期，书法风格同样也分为两个时期。前期作品是比较浓厚的隶书风格，以洪顶山刻经为代表；后期作品则是融入了楷、篆法的隶楷书，以泰山《金刚经》、铁山《大集经》《石颂》为代表。我们所谈他的书法特色，主要指后期的隶楷书作品。

　　僧安道壹以巨大的石坪作"纸"，全身之力贯之于毫端，虽或因笔小石涩而出现描描画画的笔画，但却无任何生硬造作、软弱无力之弊。线条粗细匀适，筋骨内含，飘中有沉，畅中有涩。尤其那些主体笔画，更显得浑穆练达而富有张力。短小线条恪守着含蓄的特点，俯仰起伏，讲究笔画内在的动感，而不在外形上追求姿采。与当时社会上普遍存在的书法媚浮风气迥然有别。其用笔以圆笔为主，个别地方偶见方笔。结体以方形居多，呈横张宽博之势者也不在少数。显然这是以隶法为基本骨架，吸收了楷书体势所形成的特点。取势排宕，长笔大画能极势而去，短笔小画则可借助于空间以蓄待发之势。如此长短互应、动静结合的处理，使作品更显婉通静穆、萧散峻逸。

第一节　僧安道壹书法特色的形成

　　大量资料表明，在魏晋南北朝书坛上，存在着为数众多的隶楷书作品，它们是有别于其他各类书法的一个独特类型。僧安道壹晚期的刻经作品，正是这一类型的代表。

　　那么，隶楷书类型的艺术特点是如何形成的呢？分析起来，不外乎两方面的原因：一是活跃的社会文化环境的影响；二是在隶向楷转变的特定阶段里，书法自身运动规律的作用使然。

　　人所共知，魏晋南北朝是我国历史上规模巨大的民族斗争与文化融合的时期。在这样的环境里，各民族之间的文化撞击，一方面使少数民族接受了先进的汉文化影响，促进了边远地区的开发；另一方面，汉民族也大量吸收了少数民族文化的新鲜血液，增强了自身的活力。大动荡清除掉不少阻碍社会发展的负面力量，调整了那些不适应生产力发展的社会关系，为新生事物的出现埋下伏笔。动乱的年代虽然到处充满痛苦与灾难，但于社会文化的深层里，却存在着无比广泛的交流与竞争、创建和前进，并从中造就了一大批人才。这些人，有的出身于世代从政的官僚世家。优越的物资经济条件、深厚的传统文化功底，使他们顺理成章地成了社会的宠儿。有些则是新兴的士大夫出身。远大的政治抱负，非凡的军事才能，特殊的动荡环境，把他们推向社会舞台的风口浪尖。还有那些出类拔萃的佛教徒，他们与战乱的社会保持着一定距离，有相对安定的生活"圈子"和良好的师承教育。知识渊博，思想活跃，精晓佛理，也备通儒家经典、魏晋玄学。敢于冲破两汉以来定"儒"于一尊的思想学术枷锁，接触各种各样的新事物、新观念。

思想活跃带来了文化艺术的繁荣，文学、绘画、雕塑……无不取得空前的成就。书法实践在完成了隶向楷过渡的实质性转变之后，除保留着汉代以来既有的篆、隶、章草等类型外，还创造出一些新的书法类型——魏书类型、行魏书类型和隶楷书类型。书法理论研究日趋深入，出现了卫恒（？～291）的《四体书势》、索靖（239～303）的《草书势》、卫夫人（272～349）的《笔阵图》、王僧虔（426～485）的《论书》、袁昂（461～540）的《古今书评》、萧衍（464～549）的《古今书人优劣评》、庾肩吾（487～551）的《书品》等有分量的论著，对我国书法艺术的笔法演变、书家品评等问题，都进行了很深的探索和论述。理论的总结与开拓，更加有力地促进了书法自觉意识的提高，推动着书法各类型健康地发展，从而拓展出一个百花盛开的魏晋南北朝大书苑。在这样的环境里，刻经隶楷书以其独特的面貌出现，绝非偶然。

从书法史的角度观察，刻经所处的北朝后期，书坛上"汉字—书法"的演变主流，早已完成了隶向楷转化的关键环节。魏书的隶意脱尽，楷法已相当成熟。有很多作品甚至与初唐楷书难以区分，可以说，隶向楷的转变已经完成。那么，为什么在楷书近乎成熟的时候，却出现了刻经这样的亦隶亦楷的作品呢？它们是否与晋至北魏初期大量存在的亦隶亦楷（楷书的早期形态）的作品一样，也是隶向楷转化主流中必然出现的现象呢？这个问题涉及北朝刻经书法形成的根本原因，不弄清楚它，我们就无法理解刻经书法客观存在的事实。而要想搞明白这一问题，还必须从魏晋南北朝各书法类型的演变过程着手考察。

在当时书坛上众多的书法类型中，魏书、行魏书是最新的内容，是书坛主角；篆书、典型隶书和章草书都是传统内容，是配角。①各种角色的新旧因素相互撞击，使得这个时期的书法如同这时期的学术思潮，空前活跃，异常错综复杂。

这种复杂场面是按照变革、提高、巩固三个阶段发展的。

三国时期是变革期。客观地讲，两汉隶书向隋唐楷书的转化，实质内容是在本期内完成的。汉末，典型隶书无论是作品数量与规模，还是在书坛上的应用地位，都占绝对优势。它们用笔扎实，笔画遒劲，作风朴厚。蚕头雁尾作为它的典型笔画，飞动而不媚浮。显然，这还是地道的汉代遗风。这说明在当时的主体文化层中，书法仍还保留着汉代格局。然而在广大社会下层，情形却大不一样了。通俗隶书的快速发展，正酝酿着一场新的"汉字—书法"革命。

在汉代一直保持着平稳演进步调的通俗隶书，到了三国，用笔、结体无不呈现出向魏书转化的势头。例如，吴《衡阳郡太守葛府君碑》即表现出非常明显的魏书模样。

两晋时期，书坛上大变革大转折的架势全面拉开。通俗隶书突然间迅猛发展起来，笔画与体势中孕育的魏书成分急剧增加。而此时恰又遇上了极为活跃的新文化环境，所以在很短的时间里便完成了隶向魏的转变。魏书作为一种新字体，很快便确立了自己的基本面貌，不久便形成了与典型隶书相抗衡的局面。它们在用笔上改变了传统的方法，起、落、转、折有了明显的节奏；结体上也打乱隶书平直的对称关系，出现了侧欹的层次感。

与魏书迅猛发展的势头相比，典型隶书则前景暗淡。它们不仅数量大减，面貌上也基本抛尽了三国时期尚还保留的古朴遗风，而仅剩下姿态俏丽和笔画工整的外壳了。它们的娴熟笔法，几乎全是用来多余的装饰，给人的感觉，除了造作的躯体，再没有什么性情可言。如《辟雍碑》《裴祗墓志》等作品即是如此。一部分作品百般装饰，另一部分作品却极不认真，这两种现象虽然表现形

---

① 　魏书即魏碑书，也有称真书者；行魏是魏书的行书写法，实用中多见此类作品。典型隶书是汉代具有典型的隶书特征笔画——蚕头雁尾的波画的隶书；通俗隶书是笔画劲直、无波挑的实用性隶书。见赖非、王思礼：《魏晋南北朝书法类型初探》，《北朝摩崖刻经研究》，齐鲁书社1991年版，第89~115页。署名"村民""山庄"为二作者临时笔名。

式不同，但却说明了同一个问题——典型隶书已经完成了它的历史使命，走向衰亡。

典型隶书衰亡的原因，主要是由于当时文字变革的要求比较突出，书坛格局的主潮流是隶书向魏书的转化。在这一大趋势下，魏书是新生事物，是发展方向。而典型隶书则是过时的"凤凰"。尽管当时偶尔也拿它作为装饰品、艺术品，它们甚或也不乏某些情调，但在"汉字—书法"变革的大潮面前，这样的作品只能是无可奈何的川中末流了。

北魏是魏书的发展期。书坛大变革的顺利完成，书法更大程度地摆脱了传统笔法的束缚，走上自我运行的自觉轨道。在这个轨道上，魏书取得了长足发展。从作品数量的绝对优势上便可看出，北魏是魏书的天下，平城早期碑铭、洛阳邙山墓志、龙门造像题记、云峰四山刻石、敦煌经卷等，都具有典型的代表意义。加之全国各地出土的碑、志、记、题名，其量以数千计之。

早期作品笔风劲健朴实，行笔大起大落，结体松散平正，可称之为"平画散结"阶段。宣武帝以后笔风大转。笔画长枪大戟，行笔快慢分明，结体脱尽隶意，以侧欹雄强为基调，可称之为"斜画紧结"阶段。公元520年以后，书风又一大变。侧欹的体势开始向平正复归，用笔越发精到细腻。以前常见的方折外露的筋骨被秀美之风取代，成熟的楷书因素跃然纸上，可称之为"平画宽结"阶段。可见，由隶的平正变为早期魏书的侧欹，再由侧欹转向成熟魏书的平正，乃是隶向楷转变过程中三个不同阶段的体势特征。它们转变的步伐，正是魏晋南北朝书坛主体书风演进的步伐。

两晋尚还存留的典型隶书，到北魏几乎绝了迹，这是它自产生以来从未遇到的尴尬与危机。篆书虽然还可在少量碑额及墓志盖上找到，但却很少再有古意，而是用笔委婉盘曲，笔画着意装饰，风格柔美华丽。

北魏书坛上出现的魏书独行的单调局面，无论从艺术性质的要求上，还是当时多元而繁荣的文化背景上看，皆不协调。看起来，这是一个令人费解的现象。其实，翻一下我国书史便会明白，这种现象不单在北魏出现过，隶书存在的西汉中、后期，楷书存在的唐代早期，都曾有过。究其原因，原来是新字体出现之后，新字体实用与书法艺术两者的矛盾关系得到了暂时的统一，新字体的新鲜内容"合并"了它的实用性与艺术性，实用的文字就是艺术审美的文字。北魏虽有不少有作为的书法大家，但他们谁也摆脱不了时代的笼罩。他们的努力和贡献，只能是顺应潮流，把精力放在魏书的发展上，而不是其他。所以，魏书独占北魏书坛的景况，艺术主张虽然"压抑"了些、无奈了些，但却有利用于新字体的快速成熟。

东魏、西魏、北齐、北周，是隶向魏变革发展之后的巩固期。有两种倾向比较明显：一种是，大批作品继续沿着北魏以来的书法主潮流发展下去。例如《崔令姿墓志》《王令媛墓志》等，用笔结体愈发成熟，很多作品都已进入精雕细琢的阶段，其面貌甚至很难与隋楷区分开；另一种情况是，有些作品在巩固既有笔法技巧的同时，出现了一些装饰性很强的写法，例如《李仲璇碑》《高健墓志》等。此种写法的出现，使魏书失去了刚毅峻厚的特点，而变得矫揉造作、毫无生机。

当魏书完成基本形态的确定、文字实用与书写的矛盾暂趋缓和时，文字书写的艺术性追求便凸现出来。所以北齐、北周的书坛重又出现了类型多、面貌众、形形色色争奇斗妍的场面。这一方面是艺术规律的作用和要求，另一方面，还由于本阶段发生的全面复古运动的影响①。当时的复古运动不单表现在书法上，政治上、文化上也追求古风古调，甚至连风俗礼仪也以古为好。复古风造成了古字体数量大增，不仅能在庄重的位置和场合里见到篆书，日常书写中也时而夹杂着几个篆字。或是通字用篆法，或是在一个字的某些笔画上用篆法，突出醒目，别有一番模样。

隶书在被冷落了近百年之后重又出现。但这些隶书的艺术水平，不用说上比两汉，与魏晋相较也望尘莫及。例如《鲁思明造像记》，多掺用魏书笔法，波挑套旧，行笔无力；《高百年墓志》笔画纤细，华丽而模式化；《西岳华山庙碑》笔法杂拼，结体板滞。北齐时虽也曾有上追汉隶的作品（例如平度《天柱山铭》），但毕竟时过境迁，苍茫有余而灵动不足了。看来，隶书的振兴，在当时确有一定难度。

然而，就有这样一些人，思想活跃，头脑清楚，看得准隶书复兴的契机所在。他们以隶势为基本骨架，吸收了篆书、楷书的合理成分，又重在融合上大下功夫。终于创造出书史上绝无仅有的隶楷书类型，北朝刻经书法就是这个类型在晚期的楷模。

---

① 赖非：《北朝后期的书法复古现象》，《书法研究》1994年第1期。

可见，刻经隶楷书类型的形成，一方面有赖于活跃的时代、活跃的思想和活跃的文化艺术环境；另一方面，也是最根本的，则是在隶向楷转变的总趋势下，在对传统隶书探索新的发展路子时，吸收多种书法类型的合理元素，融会贯通的结果。

第二节　僧安道壹书法意义

从南北朝整个书坛来看，以僧安为代表的北朝摩崖刻经，的确是一个独特的书法类型。1986年，王学仲先生把它称之为"刻经书法"[①]。事实上，此类风格的作品不仅出现在刻经中，墓志及世俗碑刻上也有相当数量的存在。也就是说，它们并不是专为书写佛经而创造，而是面向普罗大众。如此说来，把这类作品统称为"刻经书法"，显然有些以偏概全了。我们认为，应从内涵上称之为"隶楷书法类型"更为妥切些，因为这些作品最突出的特点，就是隶、楷笔法的融合。它们虽然流行时间不长，但在当时的书坛上，的确具有一定的数量、范围和独特性。而且在审美品格上，也取得了很大成就。"隶楷书法类型"的意义，是积极的、多方面的，可以成立的。

一、从文字发展上看，刻经隶楷书是保守派；
而从书法艺术上讲，它们则是革新内容

众所周知，文字与书法存在着极为密切的关系，但又不是一回事。文字是人们用以记录语言、交流思想的工具，因此它必须符合"大众化""规范化"原则，否则，人们就无法或者很难应用它。虽然历史上各阶段里大多是若干种字体相伴存在的情形，但总有一种字体是主要角色。这种字体在应用与发展中，一方面不断吸收与它共存的其他字体的营养；另一方面，又极力排斥其他字体

[①]　王学仲：《碑、帖、经三派论》，《中国书法》1986年第3期。

对它的干扰，这是文字所追求的"规范化"原则决定的。正是这种原则使文字的发展总是保持着相对的"统一性"和"稳定性"。书法则不同，它作为形象艺术，要受艺术求变、求新的本质规律制约。追求个性化、多样化，反对规范化、统一性，才是它的生命所在。倘若也按文字发展的原则来要求书法，那书法艺术的生命很快就要终结了。在每一种新字体刚出现的时候，文字具备双重身份，它们既反映着当时书法艺术探索与追求的趋势，同时还代表着文字发展的方向，艺术与文字在此时求得了短期的统一。魏晋南北朝时期的魏书、行魏书就是这样。而此时传统的篆书、典型隶书、章草书等类型，并不同时具备这样的双重价值。在它们身上，艺术的追求与文字的实用，两者的矛盾较为突出。艺术的追求是文字应用发展的负性力量，因为它总是从新奇的角度干扰着魏书向楷书演化的正常进程。然而从艺术追求的角度看，魏书以外的各类型也是书坛上不可缺少的内容。如果没有它们的存在，书坛必定是单调乏味、毫无生机的。可见，当时篆书、典型隶书、章草书的价值，并不偏重在文字功能上。它们对书坛的丰富与活跃，才是最突出、最根本的意义所在，尽管它们已经失去了秦汉时期的光泽，与时代的审美要求拉开了一段距离。

隶楷书是新生的书法艺术形象，它以隶书为基本框架，合理地吸收了楷书的某些笔法，由隶与楷的元素交融而成，成为书法艺术的一种新"品种"。因此说，它在艺术上的意义是积极的、有价值的。

二、隶、楷、篆三法融合，取得了成功

南北朝时期，篆、隶、楷三种笔画出现在同一作品中的现象屡见不鲜。不过，多数作品只是将这三种笔画杂掺在一起，能够有机地融合起来者极少见。《郑文公碑》在这一探索中取得了很好的效果，它以魏书为基础，融进了篆、隶成分，是北魏作品中的佳构。刻经隶楷书也同备篆、隶、楷三法，但它与《郑文公碑》不同的是，它是以隶为基础，融入了篆法与楷法。

隶书的发展一直是很顺利的，只是在魏书兴起并取得了很大"市场"时，才出现了危机。从文字发展规律上看，隶书的衰退是必然的；而从书法艺术上讲，人们并不希望这种局面出现。如何扭转隶书衰败的走势，赋予它新的生命，给热爱隶书艺术的书家们提出了严峻的课题。从现有资料看，当时确有不少人

为此付出过努力，有如下三种情形可以证明：一种是未曾摆脱传统的守旧派，如《高百年妃斛律氏墓志》《玄极寺碑》，用笔娴熟，笔画圆滑。一种是杂糅篆法，如《张世保造塔记》《鲁思明造像记》，结体或方或纵，杂糅的篆书笔画生硬造作。这两种作品都没有取得太好的效果。探索最为成功的，唯有隶楷类型。它们的书者能在隶、楷转变总趋势的背景中，以隶势为基调，用篆书的行笔法，来避免笔画中虚现象，又在恰当的地方揉进楷书的起收笔法，对那些飘而不实的笔画进行了根本性改造，将滑向低谷的隶书，重塑成一种新的笔画形象与艺术品格。可以说，它们取得了很大成功。

三、在大字榜书上进行了成功尝试

山东摩崖刻经字大如斗，历来被称为"大字鼻祖""榜书之宗"（图7-1）。杨守敬《平碑记》说："擘窠大字，此为极则。"康有为《广艺舟双楫》说："经石峪为榜书之宗，白驹谷辅之。"又说：榜书"作之与小字不同，自古为难。其难有五：一曰执笔不同，二曰运管不习，三曰立身骤变，四曰临仿难周，五曰笔毫难精。有是五者，虽有能书之人，熟精碑法，骤作榜书，多失故步，盖其势也"。康氏所说榜书"五难"，最难的莫过于气势不足。"作榜书未有不作气

图7-1

势者"。气势之形成，既要有熟练而扎实的用笔技巧，更需要宽大的胸怀，"若有意作气势，便是伧父，凡不能书人"。榜书与小字自是两种功夫，小字运笔范围小，易于周到，可求得精细。榜书运笔范围大，追求的是气势，很容易中虚。从僧安的作品看，知其深谙其中三昧。他站立在宽阔的摩崖石坪上，躬身握笔，从容落墨，行笔安详，力发全身，起收转折，挪让避就，巧妙安排，不作大幅度夸张对比，但求浑圆简约，笔画朴实，意境高远。结字外实内虚，不侧不欹，空灵宽阔，自然高绝。

四、在书法审美内涵上开辟了新境界

汉字的书写艺术之所以长盛不衰，既在于它的形式美、内容美，更重要的是它们具有充分的汉文化特质，即具有与汉文化发展始终相协调的脉律——秦帝国的威严，孕育出小篆的严谨规整；汉文化的开放，酝酿成隶书的开张飞动；南北朝各民族文化的交融，塑造着魏书的奇峻活泼；大唐盛世的繁荣，成就了楷书的雄伟华贵。文化与书法存在着千丝万缕的内在联系。这些联系，其中有很多内涵是以审美观念来沟通的。刻经隶楷书在我国书法美学史上呈现出的独特的审美内涵，无不透露着魏晋以来佛教大乘"性空"思想和道教"玄学"文化影响的简约玄澹、超然绝俗的风骨。书者在奇峻活泼的魏书时代里，立意于隶书审美价值的更新与升华，在对隶书艺术美的审视中，保留了隶书开张洞达的体势，以篆书浑穆而又简约的线条取代隶书翻飞的笔画，又吸收楷书的峻厚，从而收到了安祥、简约、含蓄、和穆的审美效果。作品"若有道之士，微妙圆通，有天下而不与，肌肤若冰雪，绰约如处子，气韵穆穆，低眉合掌，自然高绝"①。近视之，似尊尊佛像，端庄静穆；远眺之，若高原走马，空阔从容；俯察之，如云鹤游天，翩然飞动。再衬之以山林峭壁，梵呗钟声，作品不仅与大自然融在一起，更与佛教义理化为一体。其场面之博大，气势之恢宏，意境之深远，堪称我国书史一绝。

魏晋南北朝是我国美学史上第二个黄金时代，受儒、佛、道新思潮的共同影响，美学走向了自觉的空间。人们在原有的"气""神""意象"等美学范畴

---

① 康有为：《广艺舟双辑》，《艺林名著丛刊》，北京市中国书店1983年版，第57页。

之外，又提出"风骨""隐秀""神思"等新的内容。人们对自然美的欣赏突破了"比德"的狭窄框子，将人物的美、艺术的美、自然的美结合起来，追求三者的宁静、和谐、澹泊与清远。所有这些，无不是刻经书法艺术的追求与体现。它的艺术审美格调，是明窗净几上的作品无法达到的。铁山《石颂》中"精跨羲（王羲之303～361）、诞（韦诞，179～253），妙越英（张伯英，？～约192）、繇（锺繇，151～230）"的赞语，不为过誉（图7-2）。

图7-2

第八章

僧安道壹研究回顾

关于僧安道壹及其刻经的著录与研究，可分为金石学与现代石刻考古学两个阶段。

金石学阶段，先后有40多位学者对其刻经进行了著录与研究，内容涉及经处名称、刊刻内容、刻经时代、经文书者、刻经字体、刻经书法、史地事考、刻经人物等方面。

新时期石刻考古学的调查与研究，是从20世纪80年代中期开始的，至2014年，已积累了近30年的综合田野考察与室内研究，具体内容包括五个阶段的田野考察，四次国际学术讨论会的交流，收获一大批成果。

第一节　金石学的著录研究

僧安道壹的事业取得了辉煌成就，在中国佛教史、文化艺术史上的意义是深远的。他的刻经作品，前无古人后无来者，以至今天，仍然光芒四射、熠熠生辉。他离世后，其作品也随之沉寂于深山老林，至宋代金石学初兴，方有蒲阳陈国瑞关注经谷神刻①。清代乾嘉之际，金石学出现高潮，遗留在山东泰峄山区的北朝佛教刻经，引起了人们更多的注目。最初是泰山金石峪，然后是邹县四山摩崖，再有峄山、阳山、水牛山……发现的刻经越来越多，学者们的兴趣愈来愈浓，探讨的问题也越来越丰富深刻。

一、关于经石峪刻经

金石学时期，先后有30多位学者对泰山经石峪刻经进行了著录与研究，内容涉及经处名称、刊刻内容、刻经时代、经文书者、刻经字体、刻经书法、史地事考、刻经人物等方面，代表性观点如下：

（1）经处名称

泰山刊刻《金刚经》的处所，有称"石经谷""石经峪""经台峪""暴经峪""曝经石""晒经石""经石峪"者。

清孔贞瑄（孔子六十三代孙，生卒年不详），《泰山纪胜》（康熙十六年，即1677年）："经石峪……遍镌字如斗大，相传以为晒经石。"②

清唐仲冕（1753～1827），《岱览》卷十一·岱阳上（嘉庆十二年，即1807

---

①　陈氏有题记刻在泰山经石峪《金刚经》左。曰："蒲阳陈国瑞子玉按学奉高，观石经谷，熟视笔画，字径尺余，非人所能。历千百年曾不磨灭，岂非神物护持，以遗观者。政和丁酉春余一日。承议郎知县事郑温恭勒石。"赖非：《山东北朝佛教摩崖刻经调查与研究》，科学出版社2007年版，第65页。汤贵仁、刘慧主编：《泰山文献集成》第三卷，泰山出版社2005年版，第261页。

②　清孔贞瑄《泰山纪胜》（不分卷），《丛书集成初编》，民国二十五年版。

年）："经石峪，宋时称石经谷。石经者，镌隶体《金刚经》于石坡，字大如斗。随石所之，经尽而止。"①

（2）刊刻内容

泰山经石峪刻经内容有称《金刚经》者，有称《心经》者，也有不知经名者，但多数认为是《金刚经》。

明汪子卿（生卒年不详），《泰山志》卷之一·山水（嘉靖三十三年，即1554年）："石经峪在岳之阳，坦石半亩许，古刻《金刚经》，楷书，有近八分者，大尺许，山人讹传王右军书。"②

明王世懋（1536～1588），《东游记》（万历五年，即1577年作）："峪去道旁不半里，石可坐数百人，上勒八分书，皆佛经。俗传王右军书，非也。书不能唐，定宋人笔耳。"③

明于慎行（1545～1607），《登泰山记》："折而入经台峪。经台者，在道左里许。石坛斜倚山曲，方广数亩，镌《心经》一卷，字大如斗，作古篆文。"④

明无名氏《游暴经峪》诗："深岩贝叶经霜白，绝壁昙花映日红。"⑤

明无名氏《经石峪》诗："翠屏围石罅，谁把金经书？"⑥

明陈文烛（1525～？），《游泰山记》（万历六年，即1578年作）："……又数十步，则石经峪也。石可坐数百人，《金刚经》八分书，字大如斗。"⑦

明吴同春（生卒年不详），《登泰山记》（万历十一年，即1583年作）："余

---

① 汤贵仁、刘慧主编：《泰山文献集成》第三卷，泰山出版社2005年版，第260页。

② 汤贵仁、刘慧主编：《泰山文献集成》第一卷，泰山出版社2005年版，第15页。

③ 查志隆辑：《岱史》卷十八《登览志》（万历十四年1586）。汤贵仁、刘慧主编：《泰山文献集成》第二卷，泰山出版社2005年版，第242页。

④ 查志隆辑：《岱史》卷十八《登览志》（万历十四年1586）。汤贵仁、刘慧主编：《泰山文献集成》第二卷，泰山出版社2005年版，第253页。

⑤ 查志隆辑：《岱史》卷十七《登览志》（万历十四年1586）。汤贵仁、刘慧主编：《泰山文献集成》第二卷，泰山出版社2005年版，第207页。

⑥ 查志隆辑：《岱史》卷十七《登览志》（万历十四年1586）。汤贵仁、刘慧主编：《泰山文献集成》第二卷，泰山出版社2005年版，第218页。

⑦ 查志隆辑：《岱史》卷十八《登览志》（万历十四年1586）。汤贵仁、刘慧主编：《泰山文献集成》第二卷，泰山出版社2005年版，第257页。

习闻经峪之胜，冲雪往。平石半亩，上镌《金刚经》，字径尺许。"①

明钟宇淳（生卒年不详），《泰山纪游》（万历十一年，即1583年作）："旧名曝经石，不知何时刻八分书《金刚经》，字大如斗。"②

明查志隆（生卒年不详），《岱史》卷四·山水表（万历十四年，即1586年）："石经峪，在岳之阳。坦石半亩许，古刻《金刚经》，楷书，有近八分书者，大尺许。人传王右军书。"③

（3）刻经时代

经石峪刻经年代有"晋代""北齐""宋代""金、元代"及"不明时代"说，清嘉庆以后多认为北齐时刻。

明汪子卿（生卒年不详），《泰山志》卷之一·山水（嘉靖三十三年，即1554年）："石经峪在岳之阳，坦石半亩许，古刻《金刚经》，楷书，有近八分者，大尺许，山人讹传王右军书。"④《泰山志》卷之四·杂志（嘉靖三十三年，即1554年）："峪石刻《金刚经》，俗传王右军书……其字大尺余，楷书、八分相杂，无古法，决非名家，其不为右军明矣。意者金元人书耳。"⑤

明万恭（1515～1591），《高山流水亭石壁记》（隆庆六年，即1572年刻）："余既表泰山之巅，掠岱麓而南下，则憩晒经之石。石广可数亩，遍刻梵经，皆八分书，大如斗，不知何代所为。"⑥

王世懋（1536～1588），《东游记》（万历五年，即1577年作）："峪去道旁不半里，石可坐数百人，上勒八分书，皆佛经。俗传王右军书，非也。书不能唐，定宋人笔耳。"⑦

---

① 查志隆：《岱史》卷十八《登览志》（万历十四年1586）。汤贵仁、刘慧主编：《泰山文献集成》第二卷，泰山出版社2005年版，第245页。

② 查志隆辑：《岱史》卷十八《登览志》（万历十四年1586）。汤贵仁、刘慧主编：《泰山文献集成》第二卷，泰山出版社2005年版，第248页。

③ 汤贵仁、刘慧主编：《泰山文献集成》第二卷，泰山出版社2005年版，第36页。

④ 汤贵仁、刘慧主编：《泰山文献集成》第一卷，泰山出版社2005年版，第15页。

⑤ 汤贵仁、刘慧主编：《泰山文献集成》第一卷，泰山出版社2005年版，第234页。

⑥ 袁仓辑：《泰山搜玉记》卷之一《国朝祭告文》（万历七年1579）。汤贵仁、刘慧主编：《泰山文献集成》第一卷，泰山出版社2005年版，第252页。

⑦ 查志隆辑：《岱史》卷十八《登览志》（万历十四年1586）。汤贵仁、刘慧主编：《泰山文献集成》第二卷，泰山出版社2005年版，第242页。

明钟宇淳（生卒年不详），《泰山纪游》（万历十一年，即1583年作）："旧名曝经石，不知何时刻八分书《金刚经》，字大如斗。"①

明于慎行（1545～1607），《暴经石》："朝下天门阙，夕憩暴经石。此石自何年，斜倚万仞壁……"②

清孙星衍（1753～1818），《寰宇访碑录》（嘉庆七年，即1802年）卷二："石经峪《金刚经》，八分书，无年月。"定为北齐作。③

清法伟堂（1843～1907），《山左访碑录》（宣统元年，即1909年）之三："石经峪《金刚经》残字，八分书。"定为北齐作。④

（4）经文书者

经石峪刻经书者有"王右军书""韦子深书""王子椿书""唐邕书""安道壹书"之说，其中以"王子椿书"最多。清魏源认为是"北齐僧安道一所书"。清李佐贤认为是安道壹书。

明汪子卿（生卒年不详），《泰山志》卷之一·山水（嘉靖三十三年，即1554年）："石经峪在岳之阳，坦石半亩许，古刻《金刚经》，楷书，有近八分者，大尺许，山人讹传王右军书。"⑤

明汪子卿（生卒年不详），《泰山志》卷之四·杂志（嘉靖三十三年，即1554年）："峪石刻《金刚经》，俗传王右军书，虽缙绅文人亦以为然。其字大尺余，楷书、八分相杂。无古法，决非名家，其不为右军明矣。意者金元人书耳。且此经为番僧鸠摩罗什所译，于后秦姚兴弘始五年始入中国，距兰亭书记之时，几六十载，而右军已下世矣。况晋自永嘉之乱，宗社播迁，神州陆沉，泰山非晋有，使逸少尚存，亦不得至岳而书之也。"⑥

明查志隆（生卒年不详），《岱史》卷四·山水表（万历十四年，即1586年）：

---

① 查志隆辑：《岱史》卷十八《登览志》（万历十四年1586）。汤贵仁、刘慧主编：《泰山文献集成》第二卷，泰山出版社2005年版，第248页。

② 唐仲冕辑：《岱览》卷十一《岱阳上》（清嘉庆十二年1807）。汤贵仁、刘慧主编：《泰山文献集成》第三卷，泰山出版社2005年版，第264页。

③ 《石刻史料新编》第一辑第26册，台湾·新文丰出版公司印行，第19872页。

④ 《石刻史料新编》第二辑第12册，台湾·新文丰出版公司印行，第9071页。

⑤ 汤贵仁、刘慧主编：《泰山文献集成》第一卷，泰山出版社2005年版，第15页。

⑥ 汤贵仁、刘慧主编：《泰山文献集成》第一卷，泰山出版社2005年版，第234页。

"石经峪，在岳之阳。坦石半亩许，古刻《金刚经》，楷书，有近八分书者，大尺许。人传王右军书。"①

明黄鳌（生卒年不详），《九日登岱记》："闻其东有石经，为王右军所笔。"②

清聂鈫（1711～1796），《泰山道里记》（乾隆二十五年，即1760年）："石经峪，宋陈国瑞题名石经谷。石坪广亩许，古刻隶书《金刚经》于上，字大如斗，不记姓名年号，残毁过半。明王世懋辈疑为宋元人笔，而无所指实。按：北齐武平时，梁父令王子椿好内典，尝于徂徕山刻石经二，俱隶书，字迹古劲，与此如出一手，则是经或亦子椿书耶？"③

清朱孝纯（1729～1784），《泰山图志》卷五上·金石志一（乾隆三十九年，即1774年）："《金刚经》石刻，八分书。按：泰山龙泉峰西，有八分书《金刚经》，字径尺五寸许，无时代姓名。王世懋《纪游》云：'书不能唐，定宋人笔耳。'考北齐武平元年冠军将军梁父县令王子椿，尝于徂徕山刻石经二，并弥勒诸佛名。字迹瑰异，与此如出一手书，则是经或亦子椿所作耶？"④

清钱大昕（1728～1804），《潜研堂金石文跋尾》卷三（乾隆五十二年，即1787年）："泰山有经石峪，平广数亩许，刻《金刚经》于上。字大如斗，不记姓名年代。明王世懋疑为宋元人笔，而无所指实。今验其字迹古劲，与徂徕山二刻如出一手，当亦出子椿笔。宋元人不能如此淳朴也。"⑤

清宋思仁（1730～1807），《泰山述记》卷之二·岱上（乾隆五十五年，即1790年）："东为石经峪，宋陈国瑞题名……按北齐武平时，梁父令王子椿好内典，尝于徂徕山刻石经二，俱隶书，与此如出一手，则是经或亦子椿书耶？有谓右军书，非是。然其笔势遒劲，非近代所为。"⑥

清阮元（1764～1849），《山左金石志》卷第十（嘉庆二年，即1797年）：

① 汤贵仁、刘慧主编：《泰山文献集成》第二卷，泰山出版社2005年版，第36页。

② 查志隆辑：《岱史》卷十八《登览志》（万历十四年1586）。汤贵仁、刘慧主编：《泰山文献集成》第二卷，泰山出版社2005年版，第236页。

③ 汤贵仁、刘慧主编：《泰山文献集成》第九卷，泰山出版社2005年版，第44～45页。

④ 汤贵仁、刘慧主编：《泰山文献集成》第五卷，泰山出版社2005年版，第191页。

⑤ 《石刻史料新编》第一辑第25册，台湾·新文丰出版公司印行，第18767页。

⑥ 汤贵仁、刘慧主编：《泰山文献集成》第八卷，泰山出版社2005年版，第38页。

"石经峪《金刚经》残字。无年月，八分书，在泰安县泰山石经峪……聂剑光《泰山道里记》以为北齐王子椿书。元案：吴山夫《金石存》载北齐唐邕写经有《维摩诘》诸经，不止一种，今邹县尖山摩崖亦有晋昌王唐邕题字，笔法与此相同。或出邕书，未可知也。"

清金棨（生卒年不详），《泰山志》卷第十五·金石记一（嘉庆六年，即1801年）：《金刚经残刻》："隶字大径尺余，奇古雄秀。向来金石家未获睹焉，惟明人华亭孙克宏《古今石刻碑帖目》云：'泰岳之阳刻《金刚经》，大尺许，相传为王右军书。'今考其笔法，实与邹县北齐韦子深刻经同出一手，其亦为韦氏作无疑。明王世懋《纪游》云：'此书不能定唐宋元人笔耳。'真盲瞽可笑，不知笔势足以定时代，宋元人断无此结构气味。"①

清唐仲冕（1753～1827），《岱览》卷第十一·岱阳上（嘉庆十二年，即1807年）："北齐《金刚经》石刻。右八分书。在石坪上，纵横数十亩，作棋局纹。字大方尺许，波磔古宕，气体雄奇，浸淫乎汉氏矣。明华亭孙克宏《古今石刻碑帖目》云：泰岳之阳刻《金刚经》，大尺许，相传为王右军书。今考其笔法，实与邹县北齐韦子深刻经同出一手，其亦为韦氏作无疑。明王世懋《纪游》云：此书不能定唐宋元人笔耳。然观陈国瑞题名，则北宋人已叹赞为神。盖其结构、气味，必非宋元人所能到。孙克宏以为韦子深，聂钲以为王子椿，虽皆比拟之词，聂说近之。"②

魏源（1794～1857），《岱山经石峪歌》跋："泰山经石峪摩崖，隶书《金刚般若经》，字大如斗，雄逸高古，与徂徕山、水牛洞及邹县冈山之《文殊般若经》如出一手，皆北齐僧安道一所书，有《冈山石颂》题名可证。慨六朝如此墨王，而世莫知名，但知有羲之姿媚之书。爰歌以纪之。"③

清李佐贤（1807～1876），《石泉书屋金石题跋》（同治辛未考察并著录，宣统三年，即1911年版）："泰山经石峪刻《金刚经》，著录家罕言之。惟明孙克宏《古今石刻碑帖目》云：泰山之阳刻《金刚经》，字大尺许，相传为王右军书。……经刻于石坪上，作棋枰纹，笔势奇古雄秀，前人备极赞叹。然与

---

① 汤贵仁、刘慧主编：《泰山文献集成》第七卷，泰山出版社2005年版，第365～366页。
② 汤贵仁、刘慧主编：《泰山文献集成》第三卷，泰山出版社2005年版，第261页。
③ 魏源：《魏源集》，中华书局1976年版，第732页。

右军不类，决非王书。《泰山道里记》以为与徂徕山石经相似，应是北齐王子椿书。《泰山志》又谓与邹县韦子深刻经同出一手，决为韦氏所作。阮文达则谓邹县尖山摩崖晋昌王唐邕题字笔法相同，或出邕书。余按：邹县小铁山刻经及葛山刻经，字大小结构笔法与此丝毫无异，断为一人之笔。葛山之经书人已不可考，铁山之经考系僧安道壹书，则经石峪字亦属安道壹书，应无可疑。尖山齐刻经亦有安道壹题名，则泰山此经或齐或周，未可遽定。兹姑附于齐之后。"①

清孙葆田（1840～1911），《山东通志·艺文志》第十·石一认为："世传此经为北齐王子椿书，以徂徕山映佛岩书体验之，应是也。"②

（5）经文字体

经石峪刻经字体有正书说、兼八分书说。

清叶昌炽（1849～1917），《语石》石八（清宣统元年，即1909年）："北朝碑正书者无不兼带分书笔法，盖变之未尽耳。孙氏著录往往误隶为分，如泰山经石峪、徂徕山、水牛山诸摩崖佛经、邹县韦子深李巨敖诸题字、陇东王感孝颂、高润平等寺碑，孙氏皆注云八分书。其实，皆当时之正书也。磁州晋昌公唐邕写经记（武平三年），笔势与水牛山正同。赵撝叔《续访碑录》注云正书，得之矣。"

清段松苓（1744～1800），《山左碑目》卷一：北齐石经峪《金刚经》残字，体兼八分书。③

（6）刻经书法

宋陈国瑞（生卒不详），《陈国瑞题字》："蒲阳陈国瑞子玉按学奉高，观石经谷，熟视笔画，字径尺余，非人所能。历千百年曾不磨灭，岂非神物护持，以遗观者。政和丁酉春余一日。承议郎知县事郑温恭勒石。"④

明萧协中（？～1644），《泰山小史》（乾隆五十四年，即1789年）："石经峪……上勒《金刚经》，隶书，字大如斗，势遒古。传云王右军书，未有稽也。"⑤

---

① 《石刻史料新编》第二辑第19册，台湾·新文丰出版公司印行，第14194页。
② 孙葆田：《山东通志·艺文志》第十·石一，第4445页。
③ 《石刻史料新编》第二辑第20册，台湾·新文丰出版公司印行，第14828页。
④ 赖非：《山东北朝佛教摩崖刻经调查与研究》，科学出版社2007年版，第65页。
⑤ 汤贵仁、刘慧主编：《泰山文献集成》第二卷，泰山出版社2005年版，第365页。

清唐仲冕（1753～1827），《岱览》卷第十一·岱阳上（嘉庆十二年，即1807年）："北齐《金刚经》石刻。右八分书……字大方尺许，波磔古宕，气体雄奇，浸淫乎汉氏矣。"①

清包世臣（1775～1855），《艺舟双楫·历下笔谭》："北魏书，经石峪大字、云峰山五言、《郑文公碑》、《刁惠公志》为一种，皆出《乙瑛》，有云鹤海鸥之态。"②

清孙葆田（1840～1911），《山东通志·艺文志》第十《石一》："详观古人之意固是写经以求福，实欲留迹以传后。今之著录全文，亦以书法旷世无比……"③

清康有为（1858～1927），《广艺舟双楫·十六宗第十六》："经石峪为榜书之宗，白驹谷辅之。"④《榜书第二十四》："六朝大字，犹有数碑，太祖文皇帝石阙、泰山经石峪、淇园白驹谷，皆佳碑也。……观经石峪及太祖文皇帝神道，若有道之士，微妙圆通，有天下而不与，徵肤若冰雪，绰约如处子，气韵穆穆，低眉合掌，自然高绝。"⑤

二、关于徂徕山刻经

（1）刊刻内容

清朱孝纯（1729～1784），《泰山图志》卷三下·山水二（乾隆三十九年，即1774年）："……庵南有巨石，刻隶书《大般若经》。又东南为映佛岩，上镌《般若波罗蜜经》。亦隶书。"⑥

（2）刻经时代

徂徕山刻经皆认为北齐时作。

清宋思仁（1730～1807），《泰山述记》卷之六·泰山金石（乾隆五十五

---

① 汤贵仁、刘慧主编：《泰山文献集成》第三卷，泰山出版社2005年版，第261页。
② 《艺林名著丛刊》，北京市中国书店1983年版，第79页。
③ 孙葆田：《山东通志·艺文志》第十·石一第4445页。
④ 《艺林名著丛刊》第二种，北京市中国书店1983年版，第42页。
⑤ 《艺林名著丛刊》第二种，北京市中国书店1983年版，第57页。
⑥ 汤贵仁、刘慧主编：《泰山文献集成》第五卷，泰山出版社2005年版，第155页。

年，即1790年）："北齐《大般若经》石刻，在徂徕山阳光化寺东南一里许巨石上……北齐佛名石刻，在《大般若经》之左，共四佛名，并列一大石上。北齐《般若波罗蜜经》石刻，《府志》云：在光化寺东南三里许映佛岩上。"①

清陆增祥（1816～1882），《八琼室金石补正》（晚清编，1925年印刷）："徂徕山王子椿等经刻：……《山左金石志》列武平元年，盖与诸刻同时造也。"

（3）经文书者

经文书者皆认为是王子椿。

清朱孝纯（1729～1784），《泰山图志》卷五下·金石二（乾隆三十九年，即1774年）："（徂徕山）《般若波罗蜜经》，王子椿八分书，武平元年。""《大般若经》，王子椿八分书。""佛名石刻，八分书，武平元年。"②

清钱大昕（1728～1804），《潜研堂金石文跋尾》卷三（乾隆五十二年，即1787年）："右《般若波罗蜜经》……亦王子椿书也。""十八空"，盖即子椿书也。③

清宋思仁（1730～1807），《泰山述记》卷之四（乾隆五十五年，即1790年）："东南里许一巨石，刻北齐时隶书《大般若经》。字多剥蚀，后书'冠军将军梁父令王子椿书'。……东南三里为映佛岩，岩上刻《般若波罗蜜经》，亦王子椿隶书。"④

清金棨（生卒不详），《泰山志》卷第十五·金石记一（嘉庆六年，即1801年）：北齐《大般若经摩崖》，王子椿隶书，武平元年。《四佛号刻》隶书，无年月。《般若波罗蜜经摩崖》隶书，武平元年。⑤

清汪鋆（1816～？），《十二砚斋金石过眼录》卷七（同治十三年，即1874年）："考此山映佛崖，又有八分书《般若波罗蜜经》，亦是王子椿所书。"⑥

清孙葆田（1840～1911），《山东通志·艺文志》第十·石一认为："子椿好佛，自泰山徂徕及宁阳山谷多有其迹，固是尔时之风尚。要其书法实为北朝

① 汤贵仁、刘慧主编：《泰山文献集成》第八卷，泰山出版社2005年版，第140页。
② 汤贵仁、刘慧主编：《泰山文献集成》第五卷，泰山出版社2005年版，第215页。
③ 《石刻史料新编》第一辑第25册，台湾·新文丰出版股份有限公司，第18767页。
④ 汤贵仁、刘慧主编：《泰山文献集成》第八卷，泰山出版社2005年版，第94页。
⑤ 汤贵仁、刘慧主编：《泰山文献集成》第七卷，泰山出版社2005年版，第365页。
⑥ 《石刻史料新编》第一辑第10册，台湾·新文丰出版股份有限公司，第7851页。

之冠。"①

（4）史地事考

清王昶（1725～1806），《金石萃编》卷三十四（嘉庆十年，即1805年）："梁父县本汉置，属泰山郡。北齐时改泰山郡为东平郡，县仍属焉。"②

（5）刻经书法

清金棨（生卒不详），《泰山志》卷第十五·金石记一（嘉庆六年，即1801年）：北齐"大般若经摩崖"，王子椿隶书，武平元年。"雄古可爱。""金刚经残刻：隶字大径尺余，奇古雄秀。"③

三、关于水牛山刻经

（1）刻经年代

水牛山刻经年代有晋、北齐两说。

清包世臣（1775～1855），《艺舟双楫》认为水牛山《般若碑》为西晋专精蔡邕体者所书。"《般若碑》浑穆简静，自在满足，与《郙阁颂析里桥》同法，用意逼近章草，当是西晋人专精蔡体之书。无一笔阑入山阴，故知为右军以前法物。拟其意境，惟有香象渡河已，平原、会稽各学之而得其性之所近。反覆玩味，绝无神奇，但见点画朴实，八面深稳，更无欠缺处耳。"④

清孙星衍（1753～1818），《寰宇访碑录》卷二（嘉庆七年，即1802年）："水牛山《文殊般若经碑》，正书，无年月。"定为北齐作。"水牛山佛经摩崖，八分书，无年月。"定为北齐作。⑤

清汪鋆（1816～？），《十二砚斋金石过眼录》卷七（同治十三年，即1874年）："水牛山《文殊般若经碑》：孙星衍《寰宇访碑录》载于北齐之末，而包世臣《艺舟双楫》又以书势敦厚雄浑臆定为西晋人书。盖包善书，以字势论，

---

① 　孙葆田：《山东通志·艺文志》第十·石一，第4445页。

② 　《石刻史料新编》第一辑第10册，台湾·新文丰出版股份有限公司，第598页。

③ 　汤贵仁、刘慧主编：《泰山文献集成》第七卷，泰山出版社2005年版，第365页。

④ 　包世臣：《艺舟双楫》，《艺林名著丛刊》，北京中国书店1983年版，第78页。

⑤ 　《石刻史料新编》第一辑第26册，台湾·新文丰出版股份有限公司，第19872页。

而孙精于考证，当非无本而言。今两存其说，以竢博雅者订之。"①

清康有为（1858～1927），《广艺舟双楫》榜书第二十四："《般若碑》，慎伯盛称之，以为古今石本隶楷第一。谓其雄浑简静，则诚有之。遽臆定为西晋人书，则不无嗜痂之癖。考《般若碑》，是北齐书也。"②

清杨守敬（1839～1915），《平碑记》卷二：水牛山《文殊般若经》："包慎伯（包世臣）推是碑如香象渡河，无迹可寻，定为西晋人之作，宇内正书第一。余谓包氏少见北齐人碑，故有是说。不知北齐结体用笔，大抵如此。"

清梁启超（1873～1929），《碑帖跋·旧拓文殊般若经》："龚定盦诗：'南书无过《瘗鹤铭》，北书无过《文殊经》。'……《山左金石志》归诸北齐，虽不中，当不远。泰山徂徕诸摩崖写经，既出北齐人手。此刻经体用笔颇多与经石峪相近，其为同时代无疑，但其渊懿茂密之气确远出诸摩崖上，定盦推许非太过也。"③

（2）经文书者

有王子椿书，李太白韭叶书之说。

清孙葆田（1840～1911），《山东通志·艺文志》第十·石二认为：水牛山刻经："正书，无年月，字体与北齐为近。水牛山顶有北齐《文殊经碑》，然彼实王子椿书，即书徂徕映佛岩者。与此异也。"④

《宁阳续志》（民国二十年，即1931年）："唐《文殊碑》：在卧牛山前。碑载经文，不著年月及书者姓氏，相传为李太白韭叶书。按：太白久寓任城，隐居徂徕竹溪，宁阳在任城之东徂徕之西，太白往来所经，或偶留笔迹，亦未可知。但结字方整，与世所传太白书帖迥异，未敢信其必然也。"

（3）经文字体

清段松苓（1744～1800），《山左碑目》卷二：北齐水牛山摩崖，正书，含隶意。⑤

① 《石刻史料新编》第一辑第10册，台湾·新文丰出版股份有限公司，第7852页。
② 《艺林名著丛刊》第二种，北京市中国书店1983年版，第57～58页。
③ 《石刻史料新编》第三辑第38册，台湾·新文丰出版股份有限公司，第197页。
④ 孙葆田：《山东通志·艺文志》第十·石二，第4480页。
⑤ 《石刻史料新编》第二辑第20册，台湾·新文丰出版股份有限公司，第14843页。

（4）刻经书评

清包世臣（1775～1855），《艺舟双楫·历下笔谭》："而《般若碑》浑穆简静，自在满足……用意逼近章草，当是西晋人专精蔡体之书，无一笔阑入山阴。故知为右军以前法物。……反覆玩味，绝无神奇，但见点画朴实，八面深稳，更无欠缺处耳。"①

清孙葆田（1840～1911），《山东通志·艺文志》第十·石二："此《文殊经碑》，与徂徕山王子椿写经同。后段文同，字迹亦同。……案：王子椿署款冠军将军梁父县令。北齐时水牛山属平原县，与梁父县境接壤。此或竟是王子椿迹，未可知也。其书以锺王笔作北派体，茂密俊逸，浑厚闳整，视徂徕写经犹过之，微论经石峪尖山摩崖矣。"②

清杨守敬（1839～1915），《平碑记》卷二，水牛山《文殊般若经》："原本隶法，出以丰腴，有一种灵和之致。"

四、关于峄山刻经

（1）刻经年代

峄山刻经有北魏以后、北齐武平元、二年刻之说。

清董纯（生卒年不详）、马星翼（生卒年不详），《邹县志稿》（道光十四年，即1834年）：石经洞刻经："亦隶书。……称邑主，与隋碑同。虽无年月，可定为北魏以后人作。"

清吴若灏（生卒年不详），《邹县续志》（光绪十八年，即1892年）："峄山石经洞刻'文殊师利白佛言'一段……亦隶书……称邑主，与隋碑同。虽无年月，可定为北魏以后人作。"③

清陆增祥（1816～1882），《八琼室金石补正》（晚清编，1925年印刷）："……光诛于武平三年，此刻当在三年以前。又光次子羡传云，武平元年加骠骑大将军，时光子武都为兖州刺史。据此，又当在元二年间矣。石疑在尖山，而

---

①　包世臣等：《艺林名著丛刊》，北京市中国书店1983年版，第78页。

②　孙葆田：《山东通志·艺文志》第十·石二，第4480页。

③　与董纯、马星翼《邹县志稿》同。

诸家著录从未载董珍陁名。"

（2）经文字体

清董纯（生卒年不详）、马星翼（生卒年不详），《邹县志稿》（道光十四年，即1834年），石经洞刻经："亦隶书。……称邑主，与隋碑同。虽无年月，可定为北魏以后人作。"

清吴若灏（生卒年不详），《邹县续志》（光绪十八年，即1892年）："峄山石经洞刻'文殊师利白佛言'一段……亦隶书……称邑主，与隋碑同。虽无年月，可定为北魏以后人作。"①

五、关于尖山刻经

（1）经文书者

清孙葆田（1840～1911），《山东通志·艺文志》第十·石二认为："此经（尖山刻经）全文见泰安徂徕映佛岩，宁阳水牛山顶古碑详，其书体似出一手。此经疑亦王子椿迹也。"②

（2）经文字体

尖山刻经字体有八分书、隶书、正书含隶意之说。

清黄易（1744～1802），《小蓬莱阁金石目》（乾隆稿本，南京图书馆藏）："尖山佛经，八分书。"

清董纯（生卒年不详）、马星翼（生卒年不详），《邹县志稿》（道光十四年，即1834年）："齐武平六年刻石：在城北十里许，岭曰大佛岭。……隶书，凡三段"③"唐邕妃等题名一段""大空王佛与《思益梵天所问经》一段""支锅石一段"。

清李佐贤（1807～1876），《石泉书屋金石题跋》[道光己亥（1839）考察，同治辛未（1871）著，宣统三年（1911）版]邹县尖山刻经："计刻经题名共四

---

① 　与董纯、马星翼《邹县志稿》同。
② 　孙葆田：《山东通志·艺文志》第十·石二，第4475页。
③ 　即大沙门僧安与汉大丞相京兆……题名一段；徐法仙题名一段；《文殊般若经》一段。

段，俱隶书。"①

清吴若灏（生卒年不详），《邹县续志》（光绪十八年，即1892年）："北齐武平六年刻石：在城东北大佛岭。……隶书，凡三段。"②

清段松苓（1744～1800），《山左碑目》卷二：北齐尖山摩崖，正书，含隶意。③

（3）史地事考

清阮元（1764～1849），《山左金石志》卷第十（嘉庆二年，即1797年）著录尖山摩崖十种：

一刻 "大沙门僧安与汉大丞相……。案：韦贤字长孺，其五世祖韦孟家本彭城，为楚元王孙戊傅。去位，徙家于邹，贤遂为鲁国邹人。笃志于学，通《礼》《尚书》，以《诗》教授，号称邹鲁大儒。仕至丞相，乞骸骨归。事详《前汉书》。盖韦氏世居邹县久矣。《北齐书》列传只有韦子粲，称为京兆人，兄弟十三人，子侄亲属阖门百口，悉在西魏。此碑子深疑是其兄弟行也。武平六年为齐后主嗣位之十一年，逾年亡国。韦氏诸人安居东土，奉佛刊经，若不知有兴亡之事者。碑云'天降车迹四辙，地出踊泉一所'。案：《北齐后主本纪》：武平四年四月癸丑，祈皇祠坛壝蕬之内忽有车轨之辙，按验旁无人迹，不知车所从来。碑即纪此事也。踊泉事未详。"

清孙葆田（1840～1911），《山东通志·艺文志》第十·石二：尖山刻经题记："云刊经佛于昌邑之西。今验地图，尖山在邹县之东廿里，东近滕县，按《一统志表》，滕县下北齐有昌虑县，此云昌邑之西，是北齐时尖山地属昌虑县之西境也。……据碑云昌邑之西绎岭峄山，今验尖山在绎山之北，山势相接，云绎岭者是绎山之支体也。峄山当是尖山之古名，峄尖双声字。此山崛起独石峻崛，如人之峄而挺立，故名尖，乃俗称耳。"④

（4）刻经人物

清阮元（1764～1849），《山左金石志》卷第十（嘉庆二年，即1797年）："一高二尺广三尺二寸，刻'沙门僧安道壹'六字，分三行，字径八九寸不等。

---

① 《石刻史料新编》第二辑第19册，台湾·新文丰出版股份有限公司1979年版，第14193页。

② 与清董纯、马星翼：《邹县志稿》同。

③ 《石刻史料新编》第二辑第20册，台湾·新文丰出版股份有限公司1979年版，第14843页。

④ 孙葆田：《山东通志·艺文志》第十·石二，第4476页。

安道壹又见后周小铁山题名，自称东岭僧，应是一人也。"

六、关于铁山刻经

（1）刊刻内容

诸家对刻经内容不详，但言隶书梵语。

清董纯（生卒年不详）、马星翼（生卒年不详），《邹县志稿》（道光十四年，即1834年）："石崖上隶书梵语十八行……"

清吴若灏（生卒年不详），《邹县续志》（光绪十八年，即1892年）："北周大象元年刻石：在城西北隅铁山之阳石崖上。隶书梵语十八行。"①

（2）经文书者

阮元未明书者，李佐贤以为安道壹书，杨守敬以为道安书。

清阮元（1764～1849），《山左金石志》卷第十（嘉庆二年，即1797年）："一刻东岭僧安道壹著经。凡八字一行，在宁朔将军之右。安道壹已见北齐尖山摩崖。此与宁朔将军一行连属，故仍列此。一刻搜扬好人平越将军周任城郡主簿大都维那间长嵩。凡二十一字，分三行，在东岭僧之右。搜扬好人乃北齐所设官，即徵求遗逸之意。唐《房彦谦碑》云：开皇初频诏搜扬人物，是隋初犹沿此制也。间长嵩在后周时曾为任城主簿。"

清李佐贤（1807～1876），《石泉书屋金石题跋》[道光己亥（1839）考察，同治辛未（1871）著，宣统三年（1911）版]："邹县城北小铁山后周刻经……字体形制与泰山经石峪《金刚经》无异，自系一人所书。……《石颂》云有大沙门僧安法师者，工书尤最，以写《大集经》。是明言此经为安法师所书。特未著安法师之名，考后题名有东岭僧安道壹同著经一行，则所谓安法师者即安道壹无疑也。"②

清杨守敬（1839～1915），《匡喆刻经颂·序》："此撰颂者为匡喆，书石者为道安，无疑义。"

（3）经文字体

铁山刻经字体有八分书、隶书、正书含隶意之说。

---

① 与清董纯、马星翼《邹县志稿》同。

② 《石刻史料新编》第二辑第19册，台湾·新文丰出版股份有限公司1979年版，第14195页。

清黄易（1744～1802），《岱麓访碑图·铁山》题跋（嘉庆二年，即1797年，故宫博物院藏）："铁山在邹县北门外三里许，刻八分书佛经，字大径尺。……（石颂）文辞雄丽，与岱麓摩崖刻争胜。"

清董纯（生卒年不详）、马星翼（生卒年不详），《邹县志稿》（道光十四年，即1834年）："石崖上隶书梵语十八行……"

清吴若灏（生卒年不详），《邹县续志》（光绪十八年，即1892年）："北周大象元年刻石：在城西北隅铁山之阳石崖上。隶书梵语十八行。"

清段松苓（1744～1800），《山左碑目》卷二：北周小铁山摩崖正书含隶意。[1]

（4）刻经书法

清康有为（1858～1927），《广艺舟双楫》执笔第二十："魏碑大种有三：一曰龙门造像，一曰云峰石刻，一曰冈山尖山铁山摩崖，皆数十种同一体者。龙门为方笔之极轨，云峰为圆笔之极轨，二种争盟，可谓极盛。四山摩崖通隶楷，备方圆，高浑简穆，为擘窠之极轨也。"[2] "六朝大字，犹有数碑，太祖文皇帝石阙、泰山经石峪、淇园白驹谷，皆佳碑也。尚有尖山、冈山、铁山摩崖，率大书佛号赞语，大有尺余，凡数百字，皆浑穆简静，余多参隶笔，亦复高绝。"[3]

清杨守敬（1839～1915），《匡喆刻经颂·序》："相其格度，当与泰山石经《金刚经》、焦山《瘗鹤铭》相颉颃，云峰山郑氏诸碑尚觉不及，自非古德命世之英，安能有此绝诣哉！"

（5）刻经人物

清阮元（1764～1849），《山左金石志》卷第十（嘉庆二年，即1797年）："元所藏拓本只八十字，每以未见全文为憾。嘉庆丙辰夏，黄小松司马录寄新拓全本，始知造经人匡喆为丞相匡衡裔孙。书经撰颂之人已缺其姓。……案《县志》载，匡衡其先东海郡丞人，迁居邹县之羊下村，村在城北三十里元兴社，匡氏子孙当北齐时或仍聚居于此。"

---

① 《石刻史料新编》第二辑第20册，台湾·新文丰出版股份有限公司1979年版，第14844页。

② 包世臣等：《艺林名著丛刊》，北京市中国书店1983年版，第47页。

③ 包世臣等：《艺林名著丛刊》，北京市中国书店1983年版，第57页。

七、关于葛山刻经

（1）刻经年代

清阮元（1764～1849），《山左金石志》卷第十（嘉庆二年，即1797年）："此与小铁山'郭离佛善'等字笔意相同，疑一时所刻也。"

（2）经文字体

清段松苓（1744～1800），《山左碑目》卷二：北周葛山摩崖，正书，含隶意。[①]

八、关于冈山刻经

（1）经文字体

冈山刻经字体有八分书兼篆隶、隶体、正书、正书含隶意之说。

清阮元（1764～1849），《山左金石志》卷第十（嘉庆二年，即1797年）：冈山摩崖佛经四种。"如是我闻"、题名俱八分书。"神通之力"云云，正书。"炎如百千"书兼篆隶。

清黄易（1744～1802），《小蓬莱阁金石目》（乾隆稿本，南京图书馆藏）："岗山佛经，正书。"

清董纯（生卒年不详）、马星翼（生卒年不详），《邹县志稿》（道光十四年1834）："冈山北麓刻石五处……均无年月名姓，隶体肥甚，不若铁山石崖刻字之善。"

清李佐贤（1807～1876），《石泉书屋金石题跋》[道光己亥（1839）考察，同治辛未（1871）著，宣统三年（1911）版]："邹县冈山与小铁山毗连，亦有大象年刻经，隶书，亦多残泐……"[②]

清吴若灏（生卒年不详），《邹县续志》（光绪十八年，即1892年）："冈山北麓刻石五处……均无年月名姓，隶体，亦不如铁山石崖刻字。"

清陆增祥（1816～1882），《八琼室金石补正》（晚清编，1925年印刷）：抄

---

① 《石刻史料新编》第二辑第20册，台湾·新文丰出版股份有限公司1979年版，第14844页。
② 《石刻史料新编》第二辑第19册，台湾·新文丰出版股份有限公司1979年版，第14195页。

录冈山比丘惠晖等题名、经文。分书。"或有在尖山小铁山者"。

清段松苓（1744～1800），《山左碑目》卷二：北周冈山摩崖，正书，含隶意。[①]

（2）刻经书法

清孙葆田（1840～1911），《山东通志·艺文志》第十·石二提到冈山刻经："谨案：此刻五字，书家笔势已备详，其神理实与锺太傅王大令沆瀣一气，南北字派有时分而合也。"[②]

（3）刻经人物

清冯云鹏（生卒年不详）、冯云鹓（生卒年不详），《金石索》（道光元年，即1821年）：误冈山刻经题名中朝思和、韦传竹妃为"郑思祖之子传行"。考证曰："施主为郑思祖之子传行，考郑道昭之子侄有述祖、严祖、敬祖、遵祖、顺祖，在北齐乾明河清间，去此只廿余年，则思祖当亦述祖等之兄弟行矣。"

九、本时期日本学者对刻经的著录研究[③]

成果有：

松元文三郎：《支那佛教遗物》，大镫阁，大正三年（1914）。

常盘大定：《支那佛迹踏查古贤の旅へ》，金尾文渊堂，大正十年（1921）。

常盘大定：《支那佛教史迹踏查报告》，启明会第七次讲演集，大正十一年（1922）。

常盘大定：《支那佛教史迹》，金尾文渊堂，大正十二年（1923）。

常盘大定、关野贞：《支那佛教史迹评解》三，佛教史迹研究会，昭和二年（1927）。

水野清一、长广敏雄：《响堂山石窟》，东方文化学院京都研究所，昭和十二年（1937）。

常盘大定：《支那佛教史迹踏查记》，支那佛教史迹踏查记刊行会，1938年。

道端良秀：《概说支那佛教史》，法藏馆，昭和十四年（1939）。

---

① 《石刻史料新编》第二辑第20册，台湾·新文丰出版股份有限公司1979年版，第14844页。

② 孙葆田：《山东通志·艺文志》第十·石二，第4477页。

③ 魏广平：《北齐石刻经现状及其历史背景》（未刊稿）。

常盘大定、关野贞:《支那文化史迹》第一至十一辑，昭和十四至十五年（1939～1940）。

常盘大定、关野贞:《支那文化史迹解说》第九卷，法藏馆，昭和十五年（1940）。

常盘大定、关野贞:《支那文化史迹解说》第十二卷，法藏馆，昭和十六年（1941）。

常盘大定:《支那佛教の研究》，春秋社，1941年。

道端良秀:《中国佛教全集》第五卷，日本书苑出版社，1985年。

第二节　新时期的调查研究

新时期佛教刻经的考古调查与研究，是从20世纪80年代中期开始的。其标志和起点，是1986年秋开始的山东摩崖刻经的田野考古调查与1990年在山东邹城举办的"中国北朝摩崖刻经书学讨论会"。

（1）田野考古调查

山东摩崖刻经的田野考古调查，由山东省石刻艺术博物馆主持进行，参加人员全部是本馆业务和技术人员。业务内容包括对刻经作品的测量、绘图、照相、传拓、记录、文献校勘，以及对与刻经有关的遗迹遗物的考察。

对泰峄山区佛教摩崖刻经进行实地考察开始于清代黄易（1744～1802）[①]，

---

①　对泰峄山区佛教摩崖刻经进行实地考察的学者，黄易为第一人。清嘉庆二年（1797）正月二日，黄易携女夫李此山（生卒年不详）、同乡江秬香（生卒年不详）、拓工顾玉（生卒年不详）等，自济宁出发，至邹城、曲阜、泰山、济南，对沿线古迹孟子庙、孔林、孔子庙、铁山、岗山、尖山、大汶口、大明湖、龙洞、佛峪、千佛山、五峰山、灵岩寺、甘露泉、功德顶、铁袈裟、岱庙、王母池、经石谷、樱桃源、对松山、开元摩崖碑、岱顶、后石屋（坞）进行了访游，并对铁山、岗山、尖山、泰山石经峪刻经进行了记录、传拓、绘图。见清黄易:《岱麓访碑图》，嘉庆二年（1797），故宫博物院藏。清黄易:《岱岩访古日记》，山阴吴氏遁盦金石丛书，西泠印社聚珍版，故宫博物院图书馆藏。清黄易:《小蓬莱阁金石文字》，南京图书馆藏稿本。（转下页）

山东省石刻艺术博物馆的田野调查，围绕着如下内容展开：

一，经文刊刻目的与功能要求；二，刻经的宗教文化特点，刊刻仪式及其遗留痕迹；三，刻经与寺院之关系，与社会人群居落之关系；四，刻经组织者与工程人员组成；五，刻经书刻程序与镌刻技法特点；六，各作品特点，写法、刻法上的区别与联系；七，刻经之后历代文人的拜谒踪迹题识；八，刻经的破坏与保护。

调查工作从1986年3月22日开始，至2005年3月结束，历时19年，集中在五个时间段内。

第一阶段：水牛山刻经调查，1986年3月22～23日进行；铁山刻经调查，1986年9月13日～11月28日进行。

水牛山的调查时间较短，主要内容是摩崖刻经与山顶刻经碑的测量、绘图、照相与传拓。铁山刻经调查时间较长，工作内容包括测绘、传拓、照相、文字记录、寺院调查。发现并绘制了刻经碑全图，获得《大集经》《石颂》《题名》完整的文字资料与拓片资料。对铁山前寺院及铁山周围古文化遗存进行了调查，发现了山前战国至西汉早期墓地。

第二阶段：冈山刻经调查，1990年9月21日～10月1日进行；葛山刻经调查，1990年10月2～7日进行；峄山刻经调查，1990年10月8～15日进行；尖山刻经遗址调查，1990年10月17日进行；阳山刻经遗址调查，1990年10月18日进行。

冈山调查包括测量、绘图、照相、传拓、文字记录。新发现若干刻经石，搞清了刻经遗失内容和经文镌刻的顺序。根据经文镌刻顺序，找到了当年与刻经有关的寺院遗址。葛山刻经调查除一般技术性工作外，首次意识到葛山刻经位置与方向的选择与佛教活动道场营造有关。峄山刻经调查确定了刻经的年代，认识到邹县城由峄山前迁到铁山前，旧邹县城的文化历史地位仍非同一

（接上页）对泰峄山区佛教摩崖刻经进行实地考察的学者，董纯（生卒年不详）、马星翼（生卒年不详）为第二人。道光十四年（1834）前，董纯、马星翼为编撰《邹县志稿》，详细考察了尖山、铁山、峄山、冈山，其成果超过黄易。见清董纯、马星翼编撰：《邹县志稿》。

李佐贤（1807～1876）为泰峄山区佛教摩崖刻经实地考察的第三人。道光十九年（1839）仲秋，李佐贤在同年友孟广均（生卒年不详）的带领下，考察了尖山、铁山、峄山、冈山，其成果超越黄易、董纯、马星翼三人。见清李佐贤：《石泉书屋金石题跋》，《石刻史料新编》第二辑第19册，台湾·新文丰出版股份有限公司1979年版，第14195页。

般。尖山阳山刻经遗址调查，重点放在对诸作品的形式复原、位置复原、场景复原上。

第三阶段：泰山经石峪刻经调查，1991年4月17日～6月22日进行。徂徕山刻经调查，1991年6月23～29日进行。

经石峪刻经调查包括测量、绘图、照相、传拓、文字记录、刻痕鉴定。通过复原"字、行"界格，了解《金刚经》设计与实刻的字数，以确定选用经文的版本。通过刻工凿痕风格，确定石工人数。根据石工人数、工程量，计算工程工期与起止年月。提出经石峪刻经是只有善始没有善终的半截子工程，它的结局与北齐政权的灭亡有关。调查与刻经有关的北朝寺院，确定刻经与岱岳寺的关系。徂徕山刻经调查重点放在僧安道壹与光化寺、四禅寺等寺院的关系上，北齐梁父县遗址及其文物遗存也是关注点之一。

第四阶段：洪顶山刻经调查，1998年10月7～26日进行；洪顶山周围诸山与陶山刻经调查，1998～1999年进行。

洪顶山及其周围诸山刻经的调查，包括测量、绘图、照相、传拓、文字记录。在旧县乡屯村铺二洪顶山前龙山至汉代文化遗址上，发现了"洪顶山寺院"遗址。在老湖镇北庄村北发现了海檀寺遗址，在司里山上发现了"司里山寺"遗址。并对这一带历史上有记录的寺院（包括遗址）一一进行了拍照、记录与文献核查。寺院遗址的发现，对研究法洪的活动及僧安道壹身世经历至关重要。

洪范镇周围刻经调查，确定了崇梵寺遗址，对研究僧安道壹的出家及其刻经起点，至关重要。陶山周围刻经调查，发现了凤凰山刻经。在对泰峄山区大多山岭的全面普查中，又发现了罗汉山卓山刻经。

2004年3月31日至2007年底，德国海德堡科学院与山东省石刻艺术博物馆合作，对泰峄山区佛教刻经再次进行了田野调查（对山东省石刻艺术博物馆来讲，可以算作第五阶段）。山东省石刻艺术博物馆采用的是田野考古学与石刻考古相结合的考察方法，海德堡科学院采用的是美术史田野调查方法。前者既注重石刻作品本身的考察，又注重与刻石有关的历史文物遗迹与遗址的考察[1]，

---

① 赖非：《谈石刻书法作品的田野调查》，中国书法家协会编：《全国第十一届书法篆刻作品展览学术文集》（下册），书法出版社2015年版，第742页。

后者重点关注石刻作品本身，更多地利用了现代化照相、制图技术与手段。①

　　山东省石刻艺术博物馆的田野调查工作结束后，1990年，在第一场刻经学术讨论会上，王思礼、赖非《中国北朝佛教摩崖刻经》一文发表②，系统地介绍了北朝时期全国佛教刻经遗存及有关问题的研究，公布了他们对山东摩崖刻经现状的记录。③此后陆续出版了大型拓片集《山东北朝摩崖刻经全集》④《邹县摩崖刻经》⑤《泰山经石峪金刚经》⑥《山东佛教刻经全集》⑦《铁山大集经》⑧《铁山石颂》⑨《冈山入楞伽经》⑩《泰山经石峪金刚经》⑪，出版了调查报告集《山东北朝佛教摩崖刻经调查与研究》⑫。

　　2014年，山东省石刻艺术博物馆、德国海德堡科学院出版了他们的合作课题——"中国佛教石经"山东省内的刻经资料。⑬资料来自中德两国专业人员的三期现场考察，出版所用的拓片资料为山东省石刻艺术博物馆馆藏资料。

　　山东北朝摩崖刻经的田野调查，持续了二十多年的时间。在此之前，1983～1986年夏，我们曾对"云峰刻石"进行过系统的田野调查，同样积累了一些经验和想法。两课题的努力与探索，使我们对古代石刻田野考古调查有了

----

①　山东省石刻艺术博物馆、德国海德堡科学院编：《中国佛教石经·山东省第一卷》，中国美术学院出版社2014年版。

②　中国书法家协会山东分会、山东石刻艺术博物馆编：《北朝摩崖刻经研究》，齐鲁书社1991年版，第1～42页。

③　王思礼、赖非：《山东北朝佛教摩崖刻经现状》，中国书法家协会山东分会、山东石刻艺术博物馆编：《北朝摩崖刻经研究》，齐鲁书社1991年版，第397～454页。

④　山东石刻艺术博物馆、中国书法家协会山东分会编：《山东北朝摩崖刻经全集》，齐鲁书社1992年版。

⑤　山东石刻艺术博物馆、邹县人民政府编：《邹县摩崖刻经》，齐鲁书社1992年版。

⑥　山东石刻艺术博物馆编：《泰山经石峪金刚经》，齐鲁书社1992年版。

⑦　山东省石刻艺术博物馆编：《山东佛教刻经全集》，山东美术出版社2015年版。

⑧　赖非编著：《铁山大集经》，山东美术出版社2019年版。

⑨　赖非、杨勇编著：《铁山石颂》，山东美术出版社2019年版。

⑩　赖非编著：《冈山入楞伽经》，山东美术出版社2019年版。

⑪　赖非编著：《泰山经石峪金刚经》，山东美术出版社2019年版。

⑫　赖非：《山东北朝佛教摩崖刻经调查与研究》，科学出版社2007年版。

⑬　山东省石刻艺术博物馆、德国海德堡科学院编：《中国佛教石经·山东省第一卷》，中国美术学院出版社2014年。

不少心得收获。我们认为：这些收获（指理论与方法）在金石学界是没有的，在以田野发掘为主体内容的现代考古学那里也不存在，应该公布出来，接受学术界的检阅。成果名为《石刻田野调查课》，学界期待它的早日出版。

（2）刻经学术讨论会

讨论会是由山东省石刻艺术博物馆联合其他单位共同举办的中外学者参加的综合性讨论会（实地考察与会场讨论相结合）。

第一场是1990年10月联合中国书法家协会山东分会、山东省国际文化交流中心共同举办的"中国北朝摩崖刻经书学讨论会"，会址邹县（今邹城）。来自国内及日本、韩国的70余位专家学者参加现场考察与会场讨论，发言及论文内容涉及刻经的时代背景、书法特点、艺术环境、佛教文物、文字学特征等多个领域，具有较先进的学术思想。

第二场是2002年8月联合山东孔子国际旅行社共同举办的"中国·山东北朝摩崖刻经考察与学术研讨会"，会址分别在济南、泰安、邹城（此时邹县已改名为邹城）。来自国内及日本、韩国、美国的80多位专家学者，参加了新发现的洪顶山、二鼓山、书院东山等地刻经的现场考察，对刻经有关问题提出了自己的观点。涉及的课题，除对第一场讨论会提出的问题继续进行讨论、发表不同意见、延伸学术内涵外，还增加了刻经佛学理论的研究、刻经分期研究、僧安道壹名实籍贯研究、刻经文物保护研究等新内容。

第三场是2004年7月德国海德堡大学东亚艺术史研究所举办的"中国佛教刻经学术研讨会"，会址德国海德堡。来自中国、德国、日本、美国、英国、法国、瑞士等国的80余位学者参加了学术讨论。

第四场是2005年8月联合河北省邯郸市文物局、山东·中国青年国际旅行社共同举办的"第三届中国·北朝摩崖刻经学术研讨会"，会址河北省邯郸市。来自国内及日本、美国的90多位专家学者参加了中皇山、小南海、鼓山、滏山刻经的现场考察，对刻经诸多问题发表了各自的学术见解。讨论的对象不再局限于"山东""北朝""僧安道壹"，而是扩展到全国各个时代的佛教刻经，内容涵盖更多方面。佛教刻经的研究也像当年讨论儒家石经一样，逐渐形成一种新的学术门类。探讨的问题主要集中在刻经年代、经文书者、刻经书法、刻经人物、刻经背景、艺术环境、佛教史问题、经文教义、文化意义、刻经价值、书法史问题、刻经分期、文字注释、刻经形式、刻经保护诸方面：

一、刻经年代

欧阳中石《从泰山经石峪金刚经摩崖所想到的》认为，经石峪《金刚经》的刊刻年代"上限则不一定在北齐，甚或还早一些，亦有可能。从历史上看，北魏时期佛事便已大盛。兴此巨业，也不是不可能的……《泰山经石峪金刚经》的书刻应是北魏至北周之间的事"[1]。

姜丰荣《泰山经石峪摩崖刻经考》认为："为什么经石峪刻经善始而未能善终呢？笔者认为也和周武帝灭佛事件有关，不然决不会如此潦草从事，不了了之。"[2]

俞黎华《〈石颂〉初探》认为：《书法》1989年第二期介绍《石颂》的文章，将《石颂》推测为隋代作品是错误的。"《石颂》乃匡喆兄弟嘱其门人撰文、书丹，与经文同期刻成。"[3]

〔日〕桐谷征一《泰山铁山刻经同出北周论》认为：北齐佛教徒再刻经始于579年2月。最先着手的第一件作品是泰山《金刚经》，而最先完成的则是第二件作品铁山《大集经》，第三件作品是葛山刻经，第四件作品是冈山刻经。不过冈山刻经僧安道壹没有来，由弟子们二人以上书丹。[4]

二、经文书者

〔日〕道端良秀《中国佛教全集》第五卷认为："《山东通志》推测，尖山石经与徂徕山、水牛山一样由王子椿书。不过此处不见王子椿的名字，却有著名

---

[1]　中国书法家协会山东分会、山东石刻艺术博物馆编：《北朝摩崖刻经研究》，齐鲁书社1991年版，第223页。

[2]　中国书法家协会山东分会、山东石刻艺术博物馆编：《北朝摩崖刻经研究》，齐鲁书社1991年版，第233页。

[3]　中国书法家协会山东分会、山东石刻艺术博物馆编：《北朝摩崖刻经研究》，齐鲁书社1991年版，第320页。

[4]　山东省石刻艺术博物馆、河北省邯郸市文物局编：《北朝摩崖刻经研究》（三），内蒙古人民出版社2006年版，第107页。

书家唐邕、韦子深。此《般若经》想必为二人中之一书写。《泰山卷》称泰山的《金刚经》、尖山的《般若经》均出自韦子深之手。"①

周绍良《山东平阴三山北朝摩崖·序》："安道壹之名虽不见于史册，但以其在山东诸地摩崖石刻佛经的书迹等等，可见其在当时亦为颇有地位的高僧。"②

马忠理《邺都近邑北齐佛教刻经初探》认为："《武安县志》记：'邕在文宣之世，以善书能文，为时所重，故相都近邑，勒经造像多出邕手。'……所以说唐邕不仅是北齐时的政治家、军事家，而且是一位未见著录的北齐时的大书法家，他留下的书法经文，多达十万余字，是历代书法家现存作品字数最多的一位。"③

王学仲《天下第一壁经考》认为：河北涉县娲皇宫"则可定为四经文，三写手，三书体，似可概括娲皇宫摩崖刻经的总体内容"。四经文：《佛说思益梵天问经卷》《十地经》《深密解脱经》《妙法莲华经》。三写手：即一号摩崖为一写经手，4、5号石室为一写经手，6号为一写经手。三书风：瘦硬方正体；宽博伟岸体；圆和融通体。④

欧阳中石《从泰山经石峪金刚经摩崖所想到的》认为：泰山经石峪《金刚经》摩崖的书手，"就字断人，仅以此而疑断，很不可靠。倒莫若'不知作者是谁'的说法更为确切"⑤。

姜丰荣《泰山经石峪摩崖刻经考》认为："泰山经石峪经刻与邹县尖山摩崖经刻、铁山摩崖经刻同出安道壹之手。"⑥

〔日〕田熊信之《北朝摩崖刻经与安道壹》认为："《石颂》等分明是出其遗

---

①　山东省石刻艺术博物馆、河北省邯郸市文物局编：《北朝摩崖刻经研究》（三），内蒙古人民出版社2006年版，第304页。

②　柳文金编：《山东平阴三山北朝摩崖》，荣宝斋出版社1997年版，第4页。

③　中国书法家协会山东分会、山东石刻艺术博物馆编：《北朝摩崖刻经研究》，齐鲁书社1991年版，第180～181页。

④　中国书法家协会山东分会、山东石刻艺术博物馆编：《北朝摩崖刻经研究》，齐鲁书社1991年版，第219～220页。

⑤　中国书法家协会山东分会、山东石刻艺术博物馆编：《北朝摩崖刻经研究》，齐鲁书社1991年版，第224页。

⑥　中国书法家协会山东分会、山东石刻艺术博物馆编：《北朝摩崖刻经研究》，齐鲁书社1991年版，第235页。

弟之手，然与安道壹手笔十分相像。"①"有关《续高僧传》中的僧安纪事，也应充分地认识和研究。这里的僧安很大可能记述了安道壹其人的某一方面。"②

马忠理《邯郸鼓山、滏山石窟北齐佛教刻经》认为："山东的十处《文殊般若经》，特别其中的平阴1号和14号，及邯郸的j22等，并非全是高僧安道壹所书写……各地的"大空王佛"等，也并非全出于高僧安道壹之手。他们是一个时代佛教徒们的某种思潮的反映。"③

〔日〕桐谷征一《泰山铁山刻经同出北周论》认为：鼓山石窟寺《唐邕刻经碑》为僧安道壹书丹，不赞成长期以来笔者唐邕之说。刻经洞内《无量义经》也是僧安道壹的笔迹。④

张广存《铁山北朝刻经新考四题》认为：铁山《石颂》的作者及书丹人，乃是《题记》中的经主孙洽。而孙洽很可能就是《魏书·孙惠蔚传》中孙惠蔚的儿子孙伯礼。⑤

〔日〕北岛信一《彩色石壁摩崖刻经论及其年代考》认为：南响堂山j17①"是僧安道壹亲笔所书，并且是他在此后营造摩崖刻经时彩绘文字手法的先驱之作。"⑥

三、刻经书法

〔日〕清原实门《四山摩崖研究》认为："佛经由梵语译为汉语，随着译经

① 山东省石刻艺术博物馆编：《北朝摩崖刻经研究》（续），香港天马图书有限公司2003年版，第185页。
② 山东省石刻艺术博物馆编：《北朝摩崖刻经研究》（续），香港天马图书有限公司2003年版，第192页。
③ 山东省石刻艺术博物馆编：《北朝摩崖刻经研究》（续），香港天马图书有限公司2003年版，第262页。
④ 山东省石刻艺术博物馆、河北省邯郸市文物局编：《北朝摩崖刻经研究》（三），内蒙古人民出版社2006年版，第104页。
⑤ 山东省石刻艺术博物馆、河北省邯郸市文物局编：《北朝摩崖刻经研究》（三），内蒙古人民出版社2006年版，第221～222页。
⑥ 山东省石刻艺术博物馆、河北省邯郸市文物局编：《北朝摩崖刻经研究》（三），内蒙古人民出版社2006年版，第250页。

的形式而产生写经的形式。成为和佛像一样被人崇拜的经典，用当时的标准书体分隶敬诚地书写，以后又吸收楷书的成分，从而确立了独特的写经书体……受写经体的影响，又立足于汉魏以来的书写传统，从而形成北齐刻石书法……山东境内的刻经之所以是大字，是考虑到遇到废佛运动也不会遭到破坏……这样的刻经，显示出佛教徒对废佛运动抵抗的意味。"①

张乃森《齐鲁北朝摩崖刻经及其楷书隶化》认为："或许有人认为，齐鲁北朝摩崖刻经，从书法史上看，如不是过渡迟缓，也只是一条复古之路……楷书隶化在北朝摩崖刻经中占有无可分辩的主导地位。"②

李大斌《泰山金刚经摩崖书法刍议》认为：经石峪《金刚经》的艺术追求就是佛教的智慧追求。表现为"大、满、圆、空、白、虚、静、稳"。"佛教徒的最高精神境界是常静至极，无为无著，悠然无寄。《泰山金刚经》无论从整体上还是个体上，都无不弥漫着静的气韵。大、满、圆、空、白、虚，给人以恬静、静穆之感。"③

〔日〕桐谷征一《北齐大沙门安道壹刻经事迹》认为："他（指安道壹）的书法在中国传统中无疑是支流或异端，前无古人后无来者。"④

鲁大东、〔瑞士〕尤丽《"大空王佛"与飞白书》研究了北朝摩崖刻经的不同刻法和艺术特点，重点研究了洪顶山"大空王佛"的刻法及与"飞白书"的关系。⑤

刘涛《北齐摩崖刻经的书体与隶书大字的书刻方法》认为：泰山经石峪刻经，"这类隶书的翻挑都隐敛于笔势之中，笔画形态是以饱满圆浑、含蓄凝练为特征。结字正面取势，或密或疏，体态宽绰凝重，具有雍容大度的风范"。

---

①　中国书法家协会山东分会、山东石刻艺术博物馆编：《北朝摩崖刻经研究》，齐鲁书社1991年版，第195页。

②　中国书法家协会山东分会、山东石刻艺术博物馆编：《北朝摩崖刻经研究》，齐鲁书社1991年版，第273页。

③　中国书法家协会山东分会、山东石刻艺术博物馆编：《北朝摩崖刻经研究》，齐鲁书社1991年版，第347～348页。

④　山东省石刻艺术博物馆编：《北朝摩崖刻经研究》（续），香港天马图书有限公司2003年版，第48页。

⑤　山东省石刻艺术博物馆、河北省邯郸市文物局编：《北朝摩崖刻经研究》（三），内蒙古人民出版社2006年版，第192～220页。

冈山刻经"此类隶书是北齐摩崖刻经中颇为特殊的一例，笔画形态怪异，有方也有圆"①。

王均《邹县四山摩崖考察》认为："冈山摩崖刻石的字体风格很不一致，有楷书意味较浓者……有楷隶相间者……也有隶书意味较浓者……由此可知冈山刻石的书者不是一人，也可能不是同一时期。"②

四、刻经人物

〔日〕桐谷征一《泰山铁山刻经同出北周论》认为：综合分析北齐北周一系列刻经，"可以得出以下结论：它们都属一个有宏伟规划的刻经事业，由僧团组织分阶段实施。而僧安道壹则是其中的核心人物……他的学识和品格无愧是他们的统帅。从中我们可以看出他的人格魅力和组织能力"③。

张伟然《关于"僧安道壹"的再思考》认为：铁山刻经《题名》中"东岭僧安道壹署经"之"东岭"，即是峄山。④

〔日〕北岛信一《彩色石壁摩崖刻经论及其年代考》认为：僧安道壹生于北魏延昌四年（515），北周大象二年（580）圆寂，享年65岁。⑤列出僧安道壹年表：515年，出生于东平。520年，在本地生活。530年，出家洪顶山寺院，跟法洪修行。535年，学习经典，20岁进京修行。561年，司里山摩崖竣工。565年，开始营造南响堂石壁。568年，开始营造北响堂石壁。570年，徂徕山刻经刻成。572年，峄山妖精洞刻成。573年，成为僧官。574年，泰山经石峪开刻，北响堂"宝火佛"刻成。575年，尖山刻经开工。576年，刻经停止期，书《李云墓志》。577年，北齐灭，泰山刻经未竟。578年，洪顶山北崖壁"大空王

---

① 刘涛：《北齐摩崖刻经的书体与隶书大字的书刻方法》，《文物》2003年第5期，第84页。

② 王均：《邹县四山摩崖考察》，《中国书法》1990年第3期，第30页。

③ 山东省石刻艺术博物馆、河北省邯郸市文物局编：《北朝摩崖刻经研究》（三），内蒙古人民出版社2006年版，第98～100页。

④ 山东省石刻艺术博物馆、河北省邯郸市文物局编：《北朝摩崖刻经研究》（三），内蒙古人民出版社2006年版，第74～82页。

⑤ 山东省石刻艺术博物馆、河北省邯郸市文物局编：《北朝摩崖刻经研究》（三），内蒙古人民出版社2006年版，第267页。

佛”刻成。579年，铁山摩崖书丹。580年，葛山刻经。本年圆寂。581年，铁山《石颂》题额，葛山冈山未竟。①

五、刻经背景

为什么北齐时期山东河北一带出现那么多的佛教刻经作品？新时期的研究者们首先想到的是与灭佛运动有关。上海潘良桢《北朝摩崖刻经与灭佛》一文从魏武帝灭佛谈到慧思的《立誓愿文》，认为第一次灭佛，"佛徒已萌生长留经文以待劫波度尽重放光明的想法，并付之以金字写经的行动。北周再次灭佛，末世之说仿佛得到了证实，于是保存佛经使传之永久便成了佛教一大事业。在这个背景下，一时间出现了经碑，更出现了规模空前绝后的摩崖刻经"②。

〔韩〕崔泰默《中国北朝刻经与佛教的背景》认为："尤其儒教发祥地山东，为何与佛持有深厚的关联，到处造成庞大的经方刻石呢？""我是参观北朝时代的刻石、寺庵等后，感到这里必有时代上特别的背景。"这背景就是北魏的排佛政策，与文成帝的复兴佛教。③

马忠理《邺都近邑北齐佛教刻经初探》认为：北齐佛教刻经出现的原因，一是思想根源，主要是佛教末法思想的影响。二是社会原因，主要是佛教的势力发展已经影响到统治者的经济利益和政治权力。思想与社会的原因造成了两次大规模灭佛运动，给佛教徒以极大的教训与启示，于是他们发誓将佛经尽勒于名山，以求金石不灭，万世永存。④

---

① 山东省石刻艺术博物馆、河北省邯郸市文物局编：《北朝摩崖刻经研究》（三），内蒙古人民出版社2006年版，第271～273页。

② 中国书法家协会山东分会、山东石刻艺术博物馆编：《北朝摩崖刻经研究》，齐鲁书社1991年版，第76页。

③ 中国书法家协会山东分会、山东石刻艺术博物馆编：《北朝摩崖刻经研究》，齐鲁书社1991年版，第151页。

④ 中国书法家协会山东分会、山东石刻艺术博物馆编：《北朝摩崖刻经研究》，齐鲁书社1991年版，第171～174页。

六、艺术环境

〔日〕道端良秀《中国的石佛·石经》(法藏馆，1972年版)说：这个山(指冈山)是《楞伽经》中所说的大海毗摩罗耶山的模型，以大比丘众为首，是一切佛教徒集中的地方。经石的位置和经文的选择都是有意味的。[①]

李一《环境艺术的创造》认为："北朝摩崖刻经是书法艺术领域的特殊表现形态。无论是它的整体规模和艺术风格，还是其创造过程和文字内容，都与书法艺术的其他表现形式有着明显的区别。""以汉字为表现媒介的书法艺术的视觉功能大大增加，它参与了大的宗教环境艺术的创造。规模宏大的摩崖刻经，构成了宗教环境的一个基本原件，和寺庙建筑、佛教绘画、雕塑一样成为宗教环境的一个组成部分。"[②]

〔日〕桐谷征一《北齐大沙门安道壹刻经事迹》认为：安道壹刻的佛名均非经典佛名，他把自然的山体当成了巨大的佛像。而"安王佛"的"安"即达摩禅法目标境界中的"安心"的"安"，也通安道壹的安。冈山30余块巨石刻经，"一眼望去此处如同诸佛聚会的曼陀罗(大字即佛)，为修行者营造了在岩石边冥想，与诸佛同在的环境"。用文字使"佛"和"空"有相化，形成"字即佛""一字一佛"的信仰，成为佛的有相载体。[③]

焦德森、焦雅蕙《北朝摩崖刻经环境气氛之营造》认为：刻经地点的选择附丽于名山圣城，其标准一是优美的自然环境，二是浓厚的人文环境。泰山刻经是要在泰山占有一席之地。佛家经典已在泰山站住了脚，在禅地的梁父山刊经也就顺理成章。在峄山刻经与峄山的历史文化之丰厚不无关系。而阳山、尖山、铁山、葛山、冈山刻经，与圣城邹县城的搬迁有很大关系，其

[①]　转引自〔日〕清原实门《四山摩崖研究》。中国书法家协会山东分会、山东石刻艺术博物馆编：《北朝摩崖刻经研究》，齐鲁书社1991年版，第199～200页。

[②]　中国书法家协会山东分会、山东石刻艺术博物馆编：《北朝摩崖刻经研究》，齐鲁书社1991年版，第43、45页。

[③]　山东省石刻艺术博物馆编：《北朝摩崖刻经研究》(续)，香港天马图书有限公司2003年版，第71页。

政治色彩显而易见。①

　　〔日〕清原实门撰、〔日〕谷川雅夫译《四山摩崖研究》："山东以泰山峄山为首，本来盛行山岳信仰，佛教也受到这样的影响，因而在山崖上刻经就与这种山岳圣地的崇拜融合起来，意欲弘扬佛教，而'金石难灭，托以高山，永留不绝'的强烈的护法意识起了重要的作用。"②

七、佛教史问题

　　杜继文《平阴安道壹摩崖刻的佛教文化意义》以为："安道壹崇奉的佛经是曼陀罗仙译《文殊般若经》。般若的经类很多，在中国佛教史上最早盛行的《般若》是《道行》（即《小品》和《大品》），继之是《金刚经》和《心经》，它们都得到过上层统治者的大力提倡，承担过佛教显学的角色。《文殊般若》在南朝梁即有两个译本，唐玄奘则编译在他的《大般若经》中，而其在僧俗中的流通情况，则难知其详。直到唐代著名禅师神秀答武则天问，说其所禀禅法为'东山法门'，所依典诰是'《文殊般若》一行三昧'，才使人们认识到此经在禅宗形成期所起的作用，或许并不下于四卷《楞伽经》。讲'一行三昧'的那部《文殊般若》，也正是安道壹刻文所用的译本。这一事实提醒我们对早期禅宗的思想来源和经典依据，有进一步探讨的必要。对近现代讨论禅宗究竟是以《楞伽》还是以《金刚经》传宗，属于有宗体系还是空宗体系，应该重新提出质疑。……安道壹的佛教观念属于禅宗早期，也就是后人称为禅宗北宗的那种体系。……北齐灭后约一百五十年，高举'南宗'大旗的慧能弟子神会在滑台大云寺的无遮大会上，向'北宗'神秀的门徒发动了争取禅宗正统的斗争，迎接挑战的，是'山东崇远法师'，神会抨击的重点人物则是嵩岳普寂和东岳降魔。后者又称'兖州降魔世藏'，《景德传灯录》将其列为神秀弟子。换句话说，神会首先冲击的不是神秀在两京的门徒，而是在山东的

---

　　①　山东省石刻艺术博物馆、河北省邯郸市文物局编：《北朝摩崖刻经研究》（三），内蒙古人民出版社2006年版，第124～128页。

　　②　〔日〕清原实门撰、〔日〕谷川雅夫译：《四山摩崖研究》，《中国书法》1990年第3期，第33页。

势力。据此，人们很容易产生一个疑问：禅宗北宗为什么在山东会有如此强大的影响力，这与安道壹崖刻反映的那种禅思潮有无历史的联系，我认为是有探究价值的。"①

八、经文教义

〔日〕桐谷征一《北齐大沙门安道壹刻经事迹》认为："作为摩崖刻经对象的经典，明显有倾向于重视般若思想及空观的特色。庞大的般若经典在营造摩崖时需要相当的系统规划与现场处理能力。……安道壹本是达摩禅法的实践者和领导人，作为潜心于山岳现场修行的禅者。"②"大空王佛……并非出自经典，而是当时佛教信仰的重要的内容'空'观之佛名化表相，是安道壹独创的信仰的有相标记。"③

〔日〕相川政行《铁山大集经和经颂书法研究》认为，日本、中国对铁山刻经内容的认识很混乱。例如，中国方面，丛文俊《中国书法鉴赏大辞典》认作《金刚般若经》，《邹县志》认作"梵语"，焦德森《书法丛刊》(第十八集)认作《金刚经》，胡新立《邹县四山北朝摩崖刻经》认作《大集经·穿菩提品》，王思礼赖非《书法》(1998年，上海书画出版社)认作《大集经·穿菩提品》，王轩等《孟子故乡游览》认作《金刚般若经》。日本方面，道端良秀(大谷学报23卷5号)认作《金刚般若经》，后发表的《中国石佛石经法藏览》改为《大集经》的一部分，青山杉雨《近代书道图册》认作《大集经》，松村一德《墨·山东佛教摩崖碑访》认作《金刚般若经》，吉田成堂等《墨·别册第5号》认作《大集经》《金刚经》《般若波罗蜜多经》，西林昭一《中国博物馆》(雄山阁)认作《金刚经》。神田喜一郎《书道全集》卷六(平凡社)认作《大品般若经》，古川彻《北朝佛教摩崖之研究》认作《金刚经》。正式应写作《大

---

① 柳文金编：《山东平阴三山北朝摩崖》，荣宝斋出版社1997年版，第5～7页。

② 山东省石刻艺术博物馆编：《北朝摩崖刻经研究》(续)，香港天马图书有限公司2003年版，第48～49页。

③ 山东省石刻艺术博物馆编：《北朝摩崖刻经研究》(续)，香港天马图书有限公司2003年版，第63页。

方等大集经·海慧菩萨品第五穿菩提品》①。

〔日〕田熊信之《北朝摩崖刻经与安道壹》认为："安道壹一行的刻经，主要为与奉行波罗蜜直接有关……银山的刻书'佛说般若波罗蜜'这七个字表现了极端的真理智慧世界、慈悲世界，带来现世的福德。"②

〔日〕桐谷征一《泰山铁山刻经同出北周论》认为僧安道壹的第一期刻经在洪顶山，其特征：一个讲何为"观佛"；另一个讲"般若波罗蜜"。这是当时流行的般若经典共同的题目。也是当时修禅者修行的目标。③

张总《山东平阴北朝刻经与高僧安道壹》："总体说来，平阴三山的刻经内容中般若类经典内容相当突出，说明讲'缘起性空'的大乘空宗思想、佛教义学在此一地区的流行，其中《文殊般若》的两种内容又可直接与南响堂的刻经相连接，更明确地反映出刻经之间的传播流变。"④

周绍良《山东平阴三山北朝摩崖》序："……此处摩崖刻经中《文殊般若》《摩诃般若》《大集》等诸经籍内容，又见于汶上水牛山、邹城铁山等多处遗迹，可反映出北朝末期时，山东一带般若性空等佛教义学思想流行的事实。"⑤

九、文化意义

孙坚奋《试论泰峄诸山摩崖刻经的两个问题》认为摩崖刻经是中国佛教史上的一种特有宣教形式。第一，选择地址注意到名高地僻。寄托山岳，以示崇敬，地非通衢，免遭破坏，环境幽静，便于朝拜。第二，选录经文很少是整篇的，以求重点突出。字体却刻得大大的，以求严肃庄重一目了然。第三，聘请

---

① 山东省石刻艺术博物馆编：《北朝摩崖刻经研究》(续)，香港天马图书有限公司2003年版，第135～138页。

② 山东省石刻艺术博物馆编：《北朝摩崖刻经研究》(续)，香港天马图书有限公司2003年版，第197页。

③ 山东省石刻艺术博物馆、河北省邯郸市文物局编：《北朝摩崖刻经研究》(三)，内蒙古人民出版社2006年版，第103页。

④ 柳文金编：《山东平阴三山北朝摩崖》，荣宝斋出版社1997年版，第110页。

⑤ 柳文金编：《山东平阴三山北朝摩崖》，荣宝斋出版社1997年版，第4页。

书法高手书丹。这些都是为宣教而作的考虑。①

胡传海、王南溟《走向自然：四山摩崖刻经书法的文化意义》认为，四山摩崖在书法史上具有独特地位，其以全新的表现形式和山石信仰在中国书法史上占据一席之地。把佛经刻在山石上，让其与宇宙自然一起得到永恒。"统观四山摩崖，它有一种亦庄亦谐、幽默机智的审美情调统领着。它不像以后唐代书法那样整饬庄严，也不像南朝书法那样温润而富世俗情调，更不像北魏书法那样尖劲而锋芒毕露。"融合自然是四山摩崖作为佛教艺术的特质。佛教艺术的特质一是它的调和性，二是它的融摄性，三是它的简易性。坚守"三性"，四山摩崖的书法以宏伟的气势使书法滋生了一种宗教的魔性。体察自然是四山摩崖所蕴含的魏晋书法精神。这与当时书法理论的觉醒意识分不开。走向自然是四山摩崖的自然观及文化意义。道教钟情山林，提倡自然之美，佛教空宗思想与道教玄学思想是四山摩崖艺术的崇高灵魂。走向自然的文化精神使四山摩崖刻经书法获取了它在魏晋书法史上的特殊地位，成为一个独特的文化类型。②

〔德〕雷德侯《中国佛教石经》（山东省第一卷）："佛教僧人在山东成就了另一种意义上的非凡创举。当创作出空前数量和规模的露天摩崖石刻时，他们使文字成为风景的一部分，并纳入他们的宇宙建构之中。这些僧人是一个旷日持久的事件的主角，在此中自然环境被转化成文化环境。敌对的自然被逐渐、持续地安抚、占有和控制。人类想寻出许多方法来推动这一进程。僧人将文字融入景观，从而创造出一个地形特征富有意味的神圣的地理空间。……6世纪时，山东的僧人能够利用一个卓越而丰富的景观传统，此传统在塑造、改变和重新设计景观方面有独到之处。中国人这种对景观的迷恋普遍表现在大山崇拜、堪舆实践中，但它尤其兴盛于景观艺术和景观设计中，这种特殊的门类在中国已经发展了数世纪之久。大山崇拜无所不在。山是仙人们的居所：西王母居于崑崙山；皇帝们前往泰山举行封禅仪式；隐士们遁入山林修身养性。佛教僧人分享了这一强大、神秘的大山崇拜传统，将他们的铭文刻在山东群山的崖壁之

---

① 中国书法家协会山东分会、山东石刻艺术博物馆编：《北朝摩崖刻经研究》，齐鲁书社1991年版，第286页。

② 中国书法家协会山东分会、山东石刻艺术博物馆编：《北朝摩崖刻经研究》，齐鲁书社1991年版，第293～307页。

上。……从峄山上可以望见邹城其他五座刻有佛经的山峰；同样，环绕在东平湖沿岸的刻经群山也都处于彼此的视线范围之内，虽然刻铭本身无法辨识。摩崖刻经成为跨越诸山之网络的节点，并将它们联系在一起。凭藉其刊凿上石的书作，僧人将这些山岭转变成了佛境。"①

十、刻经价值

王长水《北朝摩崖刻经研究三题》认为：北朝摩崖刻经是北朝兴佛灭佛的标志，是儒道释文化融合的发展标志，是中国书法书体演变的标志。"北齐北周摩崖刻经的书法，主要特点：一是字大，超越了以前任何一代的碑刻；二是写出隶书笔意的真书；三是强调了书法与自然的融合。"②

马忠理《邺都近邑北齐佛教刻经初探》认为："北齐佛教摩崖等刻经，虽然是吸收了中国传统儒学石经镌刻的经验和技艺，但作为如此规模宏伟的佛经镌刻，则堪称中外佛教史上首创之举。它对后代的佛教刻经有着直接而深远的影响。"③北齐的佛教刻经，是我国历史上时代最早、字数最多、规模最大的佛教刻经，它的经主唐邕在《北史》《北齐书》中均有传，传中对这些刻经并没有记录。④

孙坚奋《试论泰峄诸山摩崖刻经的两个问题》认为：摩崖刻经对社会文化和后世书法艺术发展的影响是深远的。第一，在宏观上气势宏大，气宇轩昂，密茂厚实，雍容大度。阴阳氤氲，气象万千。第二，中锋圆劲，多取篆法，笔墨凝重，浑厚含蓄。第三，形通隶楷，五体具备，内虚外实，时出舒展。第四，不激不厉，意在笔先，凝神结思，万念俱灭。⑤

---

① 山东省石刻艺术博物馆、德国海德堡科学院编：《中国佛教石经·山东省第一卷》，中国美术学院出版社2014年版，第16页。

② 中国书法家协会山东分会、山东石刻艺术博物馆编：《北朝摩崖刻经研究》，齐鲁书社1991年版，第64～65页。

③ 中国书法家协会山东分会、山东石刻艺术博物馆编：《北朝摩崖刻经研究》，齐鲁书社1991年版，第178页。

④ 中国书法家协会山东分会、山东石刻艺术博物馆编：《北朝摩崖刻经研究》，齐鲁书社1991年版，第180页。

⑤ 中国书法家协会山东分会、山东石刻艺术博物馆编：《北朝摩崖刻经研究》，齐鲁书社1991年版，第292页。

十一、书法史问题

滋兰《从北朝摩崖刻经说到书分三派论》认为：清代阮元提出的"南北书派论和北碑南帖论"，是"一个不甚可靠的理论"。而王学仲于此基础上，又提出碑、帖之外"经系"自成系统。"经系"说难以成立。"还不仅是不同意王先生以文辞内容和职业不同来划分书法派系的研究方法，而是在我们看来，写经字的众多和风格类型的形成，还不足以成为屹立于中国书法史上的艺术派系。……从书法艺术的角度看，经字的实用色彩甚为强烈，书法意识淡薄，缺乏自觉的艺术追求。除部分佳品外，许多经生字的审美构成相当贫乏，意趣不够深邃、高远。……就艺术水准和艺术格调而论，显然远未达到独立成为派系的高度。"①

〔日〕清原实门撰、〔日〕谷川雅夫译《四山摩崖研究》："（冈山刻经中）特别是分刻的《楞伽经》的少字数，书法的装饰性强，轶出了书法历史的主流。"②

十二、刻经分期

马忠理《邺都近邑北齐佛教刻经初探》认为：邺都近邑的刻经，以北齐天统四年（568）为界，分为前、后两期。具体分法可见文中所附《北齐刻经分期表》③。

〔日〕清原实门《四山摩崖研究》认为："山东诸山摩崖刻经是以徂徕山和尖山为基础和开端而发展起来的。"④

---

① 中国书法家协会山东分会、山东石刻艺术博物馆编：《北朝摩崖刻经研究》，齐鲁书社1991年版，第95～96页。

② 〔日〕清原实门撰、〔日〕谷川雅夫译：《四山摩崖研究》，《中国书法》1990年第3期，第38页。

③ 中国书法家协会山东分会、山东石刻艺术博物馆编：《北朝摩崖刻经研究》，齐鲁书社1991年版，第188页。

④ 中国书法家协会山东分会、山东石刻艺术博物馆编：《北朝摩崖刻经研究》，齐鲁书社1991年版，第206页。

　　〔日〕桐谷征一《北齐大沙门安道壹刻经事迹》认为："在安道壹领导的刻经事业中，洪顶山摩崖是出发点，甚至可以说是原点。"①"洪顶山的'佛灭后一六二〇年'（慧思说）即北齐天保四年（553），此可印证北岭风门口《安公之碑》末尾所载'佛灭后一千六百廿年（553）'为最早石刻纪年，然后是特大字大空王佛题记'一千六百廿三年（556）'，最后是南岭法洪题记'河清三年（564）'。"②安道壹刻经可分七期。第一期：洪顶山。第二期：司里山、银山、云翠山、书院山、二鼓山、大寨山。第三期：滏山南响堂寺［观7、8、9］、鼓山北响堂寺［观10、11、12］、涉县中皇山［观13、14、15］。第四期：徂徕山、峄山、尖山、水牛山、陶山、阳山。第五期：林县洪谷寺、水浴寺、香泉寺。第六期：经石峪，北周灭北齐（557）以后开的工。第七期：铁山、葛山、冈山。"冈山摩崖的书丹可能是安道壹一门中两人以上的弟子所为。"③

　　赖非《僧安刻经考述》认为："僧安一生的刻经活动，应从北齐皇建二年（561）之前起，至北周大象二年（580）止，前后经历了20多年的时间。这20多年共经历了四个不同过程，大致可以分为两大阶段。所谓两大阶段，即以尖山刻经为过渡，武平六年（575）前为前段，武平六年（575）后为后段。具体依据是：（1）前后两段刻经规模不同；（2）前后两段佛名与经文内容不同；（3）前后两段刻经合作对象不同；（4）前后两段刻经书风不同；（5）前后两段刻经目的倾向不同。"④

　　赖非《北朝刻经的起源、发展与分布》认为：佛教刻经的起源受儒家石刻经典影响，而直接源头是佛教写经。北朝佛教刻经经历了三个阶段，分布各有重点。第一阶段（西秦—北魏太平真君时期）：刻经形式以塔为主。刻经目的

---

　　①　山东省石刻艺术博物馆编：《北朝摩崖刻经研究》（续），香港天马图书有限公司2003年版，第48页。

　　②　山东省石刻艺术博物馆编：《北朝摩崖刻经研究》（续），香港天马图书有限公司2003年版，第64页。

　　③　山东省石刻艺术博物馆编：《北朝摩崖刻经研究》（续），香港天马图书有限公司2003年版，第74～86页。

　　④　山东省石刻艺术博物馆编：《北朝摩崖刻经研究》（续），香港天马图书有限公司2003年版，第120页。

是祈福禳灾，报恩。刻经功能是供养。分布于新疆、河西走廊。第二阶段（北魏孝昌间—北齐河清间）：刻经形式是碑、摩崖。刻经目的是扬义，祈福禳灾。刻经功能是弘法。分布于山西、山东、河南、河北。第三阶段（北齐天统间—北周末）：刻经形式以摩崖为主。刻经目的是兴福，保存经文。刻经功能是护法。分布于邺都近畿、泰峄山区。①

十三、文字注释

俞黎华《〈石颂〉初探》②、张广存《〈铁山石颂〉识读并校注》③对《石颂》进行了注释校读，识出前人未识字句，注释亦颇有新得。

十四、刻经形式

胡新立《邹县北朝摩崖刻经调查与研究》认为："铁山刻经的形制，酷是一座巨大的龟趺、龙首碑。虽然刻写的是佛教经文，但表现形式却是汉族传统的碑刻形象，这是中西文化、佛汉文化融合的产物。……这座几乎与铁山一样高的佛教巨碑，类似开凿的云岗、龙门石窟的佛像，具有佛法无边的意味。"④

赖非、胡新立《北朝佛教刻经碑形制浅议》认为："刻经碑是随着北朝流行'刻经供法''刻经护法''刻经做功德'的意识而出现的。出现的时间，基本上与整个刻经活动的兴起同步。从其分布上看，刻经碑也与摩崖刻经、洞窟刻经的范围大体一致，即主要集中在邺城附近与泰峄山区。""佛教刻经碑的源头有两个：一为北凉时期新疆、酒泉、敦煌一带常见的刻经造像石塔；一为汉末与

---

① 山东省石刻艺术博物馆、河北省邯郸市文物局编：《北朝摩崖刻经研究》（三），内蒙古人民出版社2006年版，第1页。

② 中国书法家协会山东分会、山东石刻艺术博物馆编：《北朝摩崖刻经研究》，齐鲁书社1991年版，第308页。

③ 山东省石刻艺术博物馆编：《北朝摩崖刻经研究》（续），香港天马图书有限公司2003年版，第215页。

④ 中国书法家协会山东分会、山东石刻艺术博物馆编：《北朝摩崖刻经研究》，齐鲁书社1991年版，第260页。

三国时期刊立于洛阳太学门前的儒家石经碑。"①

〔日〕北岛信一《北朝摩崖刻经与书经人安道壹》认为有些刻经文字进行了有意装饰，或与佛教某些思想有关。"在西域人们发现了装饰外来文字的例子，把题字的一个笔画涂成几种颜色的'摩尼教典'。在洪顶山我们可以看到笔划内再刻出细线条的经文以及'大空王佛'的'大'字第三笔浮雕装饰性线条的表现手法。"②

十五、刻经保护

欧阳中石《从泰山经石峪金刚经摩崖所想到的》认为："为了留得资料，是否每过一定时间，各种石刻都新拓一过，将来可以计时留样，可以作出各种研究。至不济，总比坐以待损为好。"③

---

①　山东省石刻艺术博物馆、河北省邯郸市文物局编：《北朝摩崖刻经研究》（三），内蒙古人民出版社2006年版，第135页。

②　山东省石刻艺术博物馆编：《北朝摩崖刻经研究》（续），香港天马图书有限公司2003年版，第282页。

③　中国书法家协会山东分会、山东石刻艺术博物馆编：《北朝摩崖刻经研究》，齐鲁书社1991年版，第226页。

后　记

　　十几年前我曾想过，僧安道壹留下一批如此宝贵的文化艺术遗产，应该为他写本书。可这书怎么写呢？写得专业一点，没有人看，况且已经有了一本《山东北朝佛教摩崖刻经调查与研究》；写得通俗一点、"文学"一点，我又没这本事。更重要的，历史文献中没有僧安道壹的任何信息，离开他刻的佛经佛名，所有的语言几乎都会成为猜测与编造。想来想去，我犯了难。最后，自我相劝，算了，别自找麻烦了，我丢在脑后。

　　两年前，《中华泰山文库》编委会刘慧先生邀我写点泰山佛教刻经方面的文字，我接受了任务。一旦动笔，还是绕不开僧安道壹，于是就有了这本按照活动顺序来编排他一生功业的小册子。

　　人一生写的字，就像其一生过的日子，一天、一天，有一条完整的顺序链。认真观察，便可看出，字的风格是沿着一条线有规律地变化着的。我即是按照僧安道壹的书法风格规律，摸清了他的事业轨迹和心底的某些信仰变化。写得是否到位，还要请诸位老师评判指正。

赖　非

2020年3月于下坡村